장애인복지의 사상

오세영 지음

신정

머리말

장애인복지 사상은 장애인복지가 추구하는 기본적인 방향과 궁극적 가치를 결정해 주는 나침반과도 같고, 장애인복지정책의 등장 배경을 잘 설명해 주며, 장애인복지정책의 본질을 이해하는 데 큰 도움을 준다. 또한, 장애인복지 사상은 장애인복지정책의 변화를 가져온다는 점에서 매우 중요할 뿐만 아니라 엄청난 힘을 발휘한다.

이 책은 장애인복지의 사상을 고찰한 것으로 총 10장으로 구성되어 있다. 제1장은 1950년대부터 시작되어 오늘날에 이르기까지 세계적인 규모로 장애인정책과 운동에 커다란 영향을 미치고 있는 노멀라이제이션 원리에 대해 논의하였다. 덴마크, 스웨덴, 미국에서의 노멀라이제이션 사상의 발전을 고찰하였고, 이를 바탕으로 한국에의 시사점을 제시하였다.

제2장은 장애로 인해 자신이 권리를 주장하기에 많은 어려움이 따르는 지적장애인과 정신장애인에게 상당히 중요한 지원활동인 권리옹호에 대해 논의하였다. 미국과 영국의 장애인 권리옹호체계를 소개하였고, 이를 토대로 한국 장애인 권리옹호체계의 과제를 검토하였다.

제3장은 최근 우리나라에서 '돌봄통합지원'으로 일컬어지는 커뮤니티케어에 대해 논의하였다. 커뮤니티케어를 가장 먼저 도입한 나라이자 가장 오래 운영한 나라인 영국의 커뮤니티케어정책의 역사적 전개와 함의를 고찰하였고, 이를 토대로 한국 커뮤니티케어정책의 과제를 제시하였다.

제4장은 커뮤니티케어를 발전시켜 시설거주장애인을 지역사회로 복귀시키고자 하는 탈시설화에 대해 논의하였다. 탈시설화가 가장 오랫동안 전개되어 온 북구, 미국 그리고 영국의 탈시설화를 개관하고, 탈시설화의 촉진 요인과 그 결과를 비교적 관점에서 고찰하고, 이를 토대로 탈시설화의 전망과 한국에

의 시사점을 고찰하였다.

제5장은 장애인의 자립생활과 권리옹호운동의 철학적 기반인 자기결정권에 대해 논의하였다. 자기결정권이 주장되는 이유는 무엇이며, 자기결정과 자기결정권은 어떻게 다른가, 자기결정권의 근거는 어디에 있는가 등을 살펴본 후, 장애인의 자기결정권에 대해 논의하였다.

제6장은 장애인복지의 새로운 조류를 만들어낸 자립생활에 대해 논의하였다. 미국 자립생활운동의 역사적 고찰을 통해 자립생활운동이 지니는 의의와 한계를 살펴보았고, 이를 토대로 우리나라 자립생활운동의 과제를 고찰하였다.

제7장은 '정체성의 정치'에 기반을 둔 당사자주의에 대해 논의하였다. 당사자주의 운동의 등장배경과 역사적 의의를 고찰한 후, 당사자주의의 한계와 전망에 대해 살펴보았다.

제8장은 장애인복지의 기본이념이자 궁극적 목적이라 할 수 있는 사회통합에 대해 논의하였다. 먼저, 일반적인 사회통합의 개념과 필요성에 대해 논의한 후, 장애인의 사회통합에 대해 여러 측면에서 살펴보았다.

제9장은 20세기 후반 사회적 배제의 반대 개념으로 등장하여 장애인복지정책의 설정에 큰 영향을 미친 인클루전에 대해 논의하였다. 인클루전은 사회적 배제와 어떻게 다른지, 또 사회통합과는 어떠한 차이가 있는지를 각각 개념의 특성을 비교함으로써 인클루전에 대한 이해를 도왔다.

마지막 제10장은 장애인의 인권에 대해 논의하였다. 먼저, 인권의 개념과 역사, 인권의 국제적 동향 등을 개괄적으로 살펴보고, 왜 인권의 관점에서 장애인복지를 바라봐야 하는가, 장애인 인권과 관련한 이슈는 무엇이며, 장애인복지법에서는 인권을 어떻게 규정하고 있는가 등을 논의하였다. 아울러 장애인복지실천 현장에서는 장애인의 인권을 확보하기 위해 어떻게 접근하고 실천해야 하는가 등에 대해 논의하였다.

이 책의 집필 동기는 오랫동안 장애인복지를 강의해 오면서 장애인복지의 사상에 관한 내용을 학생들에게 어떻게 전달할까 하는 고민에서 비롯되었다. 시중에 나와 있는 『장애인복지론』 교재 속에 장애인복지의 사상이 너무 적게 소개되고 있다고 느꼈기 때문이다. 물론 전문 연구자들에 의한 논문은 많지만, 학도들이 일일이 파편화된 내용들을 찾아서 공부하기에는 다소 어려움이 따른다고 판단했다. 그래서 학도들이 쉽게 학습할 수 있도록 장애인복지의 사상을 한 권의 책으로 정리해 보아야겠다고 마음먹게 된 것이다.

책을 쓰기로 결심한 후 선학들의 연구논문에 매달렸다. 제한된 지면에 일일이 열거는 못하지만, 참고문헌의 저자들이 주신 도움과 가르침에 깊은 감사를 드린다. 선학들의 연구성과가 없었다면, 이 책은 열매 맺지 못했을 것이다. 덕분에 여기저기 흩어져 있는 조각들을 모아 퍼즐 맞추듯 장애인복지의 사상을 어렴풋하게나마 엮을 수 있었다. 어쩌면 필자가 한 작업은 기존 연구성과들을 짜깁기하는데 지나지 않을지 모른다. 선학들의 긴 고뇌와 밤새움의 결과를 허락도 없이 그저 정리해서 옮겨놓았는데, 모든 분께 누를 끼치지는 않았는지 심히 염려스럽다. 만일 그렇다면 용서를 구한다.

한두 번의 경험도 아닌데, 책을 세상에 내놓을 때마다 왜 이렇게 두려운지 모르겠다. 자신의 부족함 때문이리라. 그런데도 이 책이 장애인복지학도들의 학습에 도움이 되었으면 하는 바람을 가지고 용기를 내어보기로 했다. 아울러 이 책이 장애인에 대한 올바른 인식의 전환을 가져오는 데 도움이 되었으면 한다.

끝으로 여러 가지로 부족하지만, 기꺼이 출간을 허락해 주신 최용구 사장님께 감사드리며, 장만동 전무님을 비롯한 편집부 직원들께 진심으로 감사를 드린다.

2025년 7월 무더운 여름날

신용벌 연구실에서 저자

차례

제1장
노멀라이제이션

1. 노멀라이제이션 원리의 이론과 전개
2. 덴마크에서의 노멀라이제이션 사상과 실천
3. 스웨덴에서의 노멀라이제이션 사상과 실천
4. 미국에서의 노멀라이제이션 사상과 실천
5. 노멀라이제이션에 대한 비판적 견해
6. 노멀라이제이션의 유산과 한국에의 시사점

제1장 노멀라이제이션

1. 노멀라이제이션 원리의 이론과 전개

> 노멀라이제이션 그 자체는 지적장애인도 비장애인과 같은 권리와 의무를 가져야 한다고 하는 것 이외에 어떠한 표현도 추가되지 않는다. 노멀라이제이션은 지적장애인을 이른바 비장애인으로 만드는 것을 목표로 하는 것이 아니라, 그들이 가지고 있는 장애를 함께 수용하는 것으로서 이들에게 평범한(normal) 생활 조건을 제공하는 것을 말한다. 즉, 최대한 능력을 개발할 수 있도록 장애인 개개인의 욕구(needs)에 적절한 처우나 교육 또는 훈련을 포함하여 다른 모든 시민에게 주어지는 것과 동일한 조건을 제공하는 것을 의미한다(나카조노 야스오, 2004: 11에서 재인용).

이것은 세계에서 처음으로 노멀라이제이션(normalization) 원리의 이념을 규정한 덴마크의 뱅크미켈센(N. E. Bank-Mikkelsen)의 말이다. 이 말 속에는 노멀라이제이션의 기본적인 의미가 담겨 있다.

최초의 노멀라이제이션 원리의 제안은 스웨덴에서 이루어졌지만,[1] 노

1) 가토우(河東田博, 2000)는 스웨덴 사회부에 설치된 '어느 정도 생산노동에 종사하는 것이 가능한 사람들을 위한 검토위원회'(이하 장애인고용 검토위원회)의 보고서를 스톡홀름대학교 도서관에서 발견하고, 그것을 토대로 『노멀라이제이션 원리란 무엇인가』를 쓴 바 있는데, 그에 의하면, 노멀라이제이션 원리를 최초로 제안한 것은 스웨덴 사회청의 '장애인고용

멀라이제이션 사상은 1950년대에 덴마크에서 일어난 지적장애인 부모회(NAP)의 운동을 통해서 구체화되어 왔다. 1951년부터 1952년에 걸쳐 각지에서 설립된 지적장애인 부모회는 자신의 아이들에 대한 비인간적인 처우 개선을 요구하는 활동을 하고 있었다.[2] 당시 부모회는 서비스체계에 많은 결함(시설의 정원초과 등)이 있다고 비판했다. 1953년 12월에 부모회는 복지담당부서인 사회부장관에게 각서를 보내 복지서비스의 문제점을 토의할 위원회의 발족을 요청하였다(나카조노 야스오, 2004: 74). 또한, 다음 사항을 사회부장관에게 요구했다. ① 수용시설의 개선, ② 부모와 친척이 거주하고 있는 주택 근처에 침대 수 20~30개 정도의 소규모 거주시설의 설립, ③ 상담 및 조언 제도와 재정원조, ④ 교육 가능한 모든 아이에게 의무교육의 실시, ⑤ 시설입소자의 법적 권리 보장, ⑥ 후견인제도, ⑦ 불복종 신청의 보장, ⑧ 작업장을 포함하는 생활시설의 설립, ⑨ 시설운영에 부모회 대표의 참가 등이 그것이다(나카조노 야스오, 2004: 49).

지적장애인이 시설에서 비참한 생활을 하는 모습을 목격하고 '나치스의 강제수용소와 조금도 다르지 않다.'라고 느낀 뱅크미켈센은 부모회의 활동에 개인적으로 협력하였다. 그는 1953년에 사회부장관에게 제출된 요청서의 초안을 작성하게 되는데, 요청서의 타이틀에 '노멀라이제이션'을 사용하였다. 그에 따르면, "요청서의 타이틀을 정할 때 'equalization'이나, 'humanization'이란 용어도 검토되었는데, 결국에는 부모회의 바람을 가장

검토위원회'의 보고서라고 한다. 사회부장관의 자문기관으로서 장애인 당사자를 포함해 9명으로 구성된 이 위원회는 1946년에 보고서를 발간하였는데, 그 보고서에는 장애인의 사회적 불평등을 해소하기 위해서 'the normalization principle'이라는 용어를 사용하여 장애인들의 생활과 고용상황을 'normal화'할 필요가 있다고 기술하고 있다는 것이다. 그러나 1946년의 노멀라이제이션 원리는 1960년대 후반에 새로운 전개가 이루어질 때까지 공백기간을 가지게 된다.

2) 당시 지적장애인은 1,500병상 이상의 거대시설에 평생 수용되어 본인과 가족의 동의 없이 우생(단종) 수술이 시행되고 있었다(花村春樹訳, 1994; 鈴木勉 · 田中智子, 2019: 29).

잘 표현한 노멀라이제이션이라는 말로 결정되었다."라고 한다(花村春樹訳, 1994; 鈴木勉 · 田中智子, 2019: 29-30에서 재인용).

1953년에 제출된 요청서를 접수한 덴마크 정부는 수개월 후에 '지적장애인에 관한 복지정책위원회'를 설치하고, 뱅크미켈센을 위원장으로 선임했다. 수년간의 심의를 거쳐 '지적장애를 가지고 있어도 그 사람은 한 사람의 인격을 지닌 존재이며, 장애를 가지고 있지 않은 사람들과 동등하게 생활할 권리를 지닌 인간이다.'라는 지적장애인관이 확인되었으며, 1959년에 노멀라이제이션 원리를 기본으로 한 최초의 법률인 「지적장애인케어법」(이하 1959년법)이 성립되었다(鈴木勉 · 田中智子, 2019: 30).

이처럼 역사적으로 보면, 노멀라이제이션은 덴마크에서 1952년 당시 시설개혁을 요구하는 지적장애인 부모회로부터 생겨난 물음에 대한 뱅크미켈센의 협력의 산물로서 성립된 개념이다.

이후 뱅크미켈센의 노멀라이제이션의 원리는 스웨덴의 뉴리에(B. Nirje)에 의해 이론적으로 체계화되었다. 뉴리에는 미국에 있는 몇 군데의 공립시설 견학을 통해 본 비인간적이고 비참한 상황을 「스칸디나비아 시찰원의 미국시설보고서(A Scandinavian Visitor Looks at U.S. Institutions)」(1969)에 기록하였는데,[3] 이 보고서에서 최초로 노멀라이제이션에 대한 정의를 내

3) 이 보고서에서는 다음과 같이 기록하고 있다. "대규모시설은 지적장애인에게 더욱 장애가 되는 환경을 만들어줌으로써 지적장애인을 증가시키고 있으며, 충격적이고 인간성을 말살하는 결과를 초래하는 자멸적인 시스템을 상징하고 있다. (중략) 시설은 한마디로 지적장애인에 대한 두려움이라는 기반 위에 이루어지고 있다. (중략) 지적장애인은 이해력이 결핍되고, 방법을 잘 모르며, 지나치게 앞서가는 것도 없고, 또한 본질적으로 너무나도 온순하여 비공격적이기 때문에 그들은 지금까지 시설의 벽을 없애려고 하지 않았고, 도망가지도 않았다. 만약, 그들이 지적장애인이 아니었다면 벌써 시설의 벽을 부수고 자유를 쟁취했을 것이다. 누가 그리고 무엇이 '이러한 쥐덫과 같은 최악의 상태와 오랜 기다림의 시간'을 생각해 낸 것일까?". 보고서의 끝에는 이러한 상황에 대한 태도로서 노멀라이제이션 원리 선택의 필요성을 논하고 있다(나카조노 야스오, 2004: 58에서 재인용).

렸다.[4] 뉴리에의 사상은 스웨덴의 복지정책에 큰 영향을 미쳤다.

한편, 북미에 노멀라이제이션 원리를 소개한 사람은 미국의 울펜스버거(W. Wolfensberger)인데, 그는 사회학적으로 접근하여 이 원리를 재정의함으로써 새로운 이념을 확립했다. 울펜스버거는 일탈이론을 도입하여 노멀라이제이션 원리의 의미를 밝혀 나갔으며, 후에 일탈이론을 '가치'의 문제로 발전시켰다. 1983년 무렵부터 노멀라이제이션 사상에 입각하여 '사회적 역할의 가치화(Social Role Valorization: SRV)' 이론을 체계화시켰는데, 그것은 '가치가 저하된(devalued)' 사람으로 장애인의 위치를 부여하고, 어떠한 방법으로 이들의 가치를 향상시켜 인간의 역할을 실현해 나갈 수 있게 할 것인가 하는 것이었다.

노멀라이제이션 원리는 이상과 같은 이론과 전개과정을 거쳐 유럽, 미국, 일본 등으로 확산되었으며, 세계적인 규모로 장애인정책과 운동에 커다란 영향을 미쳤다. 이러한 노멀라이제이션 사상은 계속해서 발전 · 확산되어 서비스 제공에서 가장 강력한 하나의 이데올로기로 자리 잡게 되었다. 그리고 노멀라이제이션 사상은 장애인복지 분야의 서비스 질을 개선시키는 강력한 기준으로 자리 잡아가고 있다.

4) 단, 1963년경까지 노멀라이제이션이라고 하는 말이 '개념화'되지 않은 것이지 사용하지 않은 것은 아니다. 1959년 법에서 시설생활의 노멀라이제이션을 목표로 제시하고 있다. 한편, 뱅크미켈센이 노멀라이제이션 원리를 개념화한 것이 1976년 논문(The Principle of Normalization, FLASH, No.39)이므로 뉴리에가 먼저 개념화했다고 볼 수 있다.

2. 덴마크에서의 노멀라이제이션 사상과 실천

1) 뱅크미켈센의 이론과 사상

뱅크미켈센의 노멀라이제이션 원리

뱅크미켈센[5)]은 1976년 논문에서 노멀라이제이션의 원리를 체계적으로 밝히고 있다. 그 요지는 노멀라이제이션은 지적장애인을 보통 사람으로 변화시키는 것이 목표가 아니라 그들의 장애를 수용하는 것이고, 그들에게 보통의 생활조건을 제공하는 것이다. 보통의 생활조건이란 주거, 일, 여가 이 세 가지 조건을 정비하는 것을 말한다(나카조노 야스오, 2004: 38-40).

먼저, 주거조건의 경우, 장애가 있는 아동들도 부모와 함께 생활해야 한다는 것이다. 가정에서 생활하지 못하는 아동들은 시설이나 그룹홈에서 생활하되, 지역사회의 아동들과 같은 가정생활 환경이 제공되어야 한다는 것이다. 성인의 경우 부모의 집을 떠나서 자립생활을 할 조건을 갖추어야 하며, 장애인에게도 자연스러운 성생활을 할 권리가 동등하게 주어져야 한다.

둘째, 일의 조건의 경우, 아동일 경우 교육받을 권리가 보장되어야 하고,

---

5) 뱅크미켈센은 1919년 덴마크의 로스킬레 출생으로 1944년에 코펜하겐대학에서 법학을 전공하였으며, 졸업 후 신문기자가 되었다. 나치스가 덴마크를 점령했을 때 저항운동을 하다가 체포되었으며, 수용소에서 인권이 무시된 생활을 체험한 이후, 평화와 자유 문제를 생각하게 되었다. 전쟁이 끝난 후, 사회청에 입사하여 정신지체과에 배치되었다. 주된 업무는 시설방문이었는데, 업무 수행과정에서 시설의 인권침해 상황을 알게 되었다. 그는 대규모 시설에서 장애인의 해방이나 인간적 처우를 위해 서비스 개혁을 호소하던 부모회의 활동에 관여하여 부모회의 요구를 구체화하려고 노력하였다. 그 결과, 노멀라이제이션 원리를 목표로 하는 세계 최초의 법률인 1959년 법을 탄생시켰다. 뱅크미켈센은 1968년에 케네디 기금상을 수상했고, 퇴직 후 전국장애인협회의 사무국장을 역임했으며, 1991년에 사망하였다(나카조노 야스오, 2004: 31).

성인의 경우 다른 시민과 같이 일을 해서 임금을 받을 권리를 가져야 하며, 이를 위해서는 직업훈련의 기회가 보장되어야 한다.

셋째, 여가 조건의 경우, 다른 시민과 같이 여가시간을 가지고, 모든 시민에게 열려 있는 여가 계획에 참여해야 한다.

한편, 뱅크미켈센은 노멀라이제이션 원리의 최종 목표(가장 달성하기 곤란하다는 의미에서)로서 성생활의 권리를 강조하고 있다. 성문제와 관련하여 1989년 2월 10일 『사회청 지도서』라는 성에 관한 지침서가 사회청에서 나왔는데, 주로 시설에 입소 중인 중증의 지적장애인과 신체장애인의 성교육과 훈련 방법을 지도하는 것이었다. 피임, 성병, 에이즈 문제, 자위행위 보조나 보조기구 등에 대한 구체적인 문제도 취급하였다. 이 지침서에 의해 성교육을 담당하는 교원이나 시설직원들이 취해야 할 입장과 장애인의 권리가 명확해졌다. 여기서 주목할 만한 것은 원칙적으로는 자위행위의 보조, 또는 성행위의 보조, 또는 성교를 원하는 장애인끼리의 보조에 한정되어야 하지만, 장애인이 원하면 직원은 윤락여성과의 연결에 도움을 줄 수 있다는 것이다. 이 지침서는 윤락여성의 이용을 합법화하고 있는 것이다(나카조노 야스오, 2004: 47). 노멀라이제이션 원리가 지향하는 장애인의 인간해방을 향한 철저한 노력을 엿볼 수 있는 대목이다.

뱅크미켈센의 2가지 중심사상

뱅크미켈센은 노멀라이제이션 원리의 원천이 된 부모회의 운동과 관련하여 '장애인에게 시민권을 주자, 지역사회의 보통 주택에서 살고 교육을 받도록 하자.'라는 요구를 근거로 노멀라이제이션 원리를 발전시켰다. 뱅크미켈센이 일관되게 주장해 온 중심사상은 크게 두 가지로 집약된다.

첫째, 장애인은 평등한 존재라는 것, 즉 '장애인은 다른 장애를 가지지 않은 시민과 똑같은 인간이다.'라는 것이다.[6] 장애인에게 통상의 장애를 지니지 않은 시민과 똑같은 생활조건을 제공하고, 인간으로서 어울리는 '평범한 생활(normal life)'을 영위할 수 있도록 해야 한다는 실질적 평등의 실현을 제기하고 있는 것이다. 단지, 여기서 주의할 점은 장애로 인해 특별한 케어가 필요한 경우는 당연히 케어가 충분히 제공되어야 하며, 그런 다음 다른 같은 연령의 시민과 동등한 생활을 영위할 수 있도록 하는 것이다. 예를 들면, 입소시설보다는 가정에서의 생활, 장애인학교보다는 일반학교, 공동작업장 등의 복지적 취로보다는 일반기업에서의 취로가 노멀라이제이션을 실현하는 것처럼 보이지만, 그것이 장애인에 대한 적절한 케어가 결여된 곳을 선택하는 것이라면 현재의 장애에 더해 또 다른 장애나 곤란을 초래할 수도 있다. 형식적인 측면만이 아니라 '삶의 질'의 실현이라는 시점에서 노멀라이제이션을 파악해야 한다. 이 점에 관해서 뱅크미켈센도 노멀라이제이션을 형식적으로 이해해서는 안 되며, 실질적인 평등을 실현하기 위해서 장애에 대한 특별한 배려(케어)의 보장을 강조하고 있다. 게다가 이러한 특별한 케어는 가능한 한 통상에 가까운 방법으로 제공하려는 노력이 요구된다고 말한다(鈴木勉 · 田中智子, 2019: 32-33). 요컨대, 노멀라이제이션이란 장애를 지닌 사람들이 특별한 케어를 받을 권리를 행사하면서 개인의 생활에서도 가능한 한 통상적인 조건에서 통상적인 방법으로 그 능력을 발휘하고, 그것을 통해서 사회발전에 공헌하는 것이라고 할 수 있다.

둘째, 특별법을 폐지하여 다른 시민과 같은 일반법으로 원조를 받아야 한다는 것이었다. 그는 장애인만을 대상으로 한 법률은 장애인을 시민사회로부터 분리시키는 결과를 초래한다고 믿었다. 그는 1974년 논문에서 "20

6) 뱅크미켈센은 1969년의 논문에서 "보통의 생활상태를 지적장애인에게 제공하는 것은 특별한 보호나 지원을 제공하는 것이 아니다. 장애인을 있는 그대로 받아들여, 그들이 장애를 가진 채 생활하는 것을 가르치는 것이며, 다른 모든 시민에게 제공하는 서비스나 시설이 원칙적으로 똑같이 지적장애인에게도 제공되어야 한다."고 기술하고 있다(나카조노 야스오, 2004: 35에서 재인용).

세기 중반까지 덴마크에서의 지적장애인 정책은 보호주의적 특징을 가지며, 그 결과 서비스는 특별한 법률과 연결된 특별한 조직(special organization)을 가지게 되었다. 이 특별한 조직이 격리를 조장하여 다른 시민이 가지는 시민적 권리를 공유하는 것을 방해했다. 따라서 지적장애인의 서비스 조직은 그 나라의 다른 일반법에 통합되어야 한다."라고 논하였다(나카조노 야스오, 2004: 36에서 재인용). 또한, 1976년의 논문에서 장애인은 비장애인과 같은 인간이며, 비장애인과 같은 평등한 권리를 가지고 있다고 강조하고, 이러한 원리에 입각해서 장애인을 위한 특별법은 필요가 없다고 단언하고 있다. 특별법은 장애인의 생활과 유지를 보장하기 위한 최소한도의 규칙으로 출발하여 장애인을 보통 주택에서 생활할 수 없는 특별한 집단으로 보고, 그들을 거대한 시설로 격리시켜 버린다는 것이다. 또한, 특별법은 그들이 가지고 있는 여러 권리, 예를 들면, 결혼의 권리, 투표권, 강제수용을 거부할 권리 등을 빼앗는다고 주장한다. 이러한 특별법은 특별한 조직을 필요로 하게 되는데, 예컨대 교육이 필요한 경우 특수교육으로, 그리고 정신병원이라는 특별시설로 보내지게 된다는 것이다(나카조노 야스오, 2004: 41).

이상을 정리하면, 뱅크미켈센의 노멀라이제이션 원리는 지적장애인의 생활을 가능한 한 보통의 생활에 가깝게 하는 것이다. 그리고 '주거 · 일 · 여가' 세 가지의 생활조건 시점에서 지적장애인이 다른 사람들과 평등한 생활을 실현하고자 하는 이념이다. 또한, 지적장애인은 이러한 보통의 생활을 할 수 있도록 「지적장애인복지법」과 같은 '특별한 법'이 아닌 「사회서비스법」이나 오늘날의 「커뮤니티케어법」과 같은 일반법의 원조를 받아야 한다.'라는 이념이다. 이러한 이념은 지적장애인이 다른 사람들과 평등하게 보통의 생활을 영위할 수 있도록 법적 권리나 인권의 시점에서 제창되고 있다.

2) 덴마크에서의 법적 발전

1959년 법의 성립

노멀라이제이션 원리를 기본으로 한 최초의 법률이 바로 1959년에 제정된 덴마크의 「지적장애인케어법」(이하 1959년 법)이다. 「1959년 법」에서 노멀라이제이션은 "지적장애인의 생활을 가능한 한 통상의 생활상태에 가깝게 한다."라고 정의되었고, 그 후 1976년에 "지적장애인에게 주거, 교육, 일, 여가 등을 포함하여 다른 모든 시민이 가지고 있는 법적 권리와 인권을 부여하는 것을 의미한다."라고 재정의되었다(竹原健二編, 2004: 8).

「1959년 법」은 지적장애인의 '시민적 권리의 거의 모든 측면'을 처음으로 인정한 법률이었다. 이 법률로 인해 덴마크의 12지구에서는 지적장애인 서비스 부문이 독립된 조직으로 확립되었다. 이외에 '가능한 한 보통의 생활상태에 가까운 생활'을 만들기 위해 수용시설 개혁에 의한 시설생활의 노멀라이제이션, 지역사회와의 통합화, 법 앞의 평등 등을 현실화하는 것을 목표로 제시하였다. 그리고 이후 법률의 개정과 서비스의 발전은 이러한 목표에 따라 단계적으로 발전되었다(나카조노 야스오, 2004: 73).

1980년 법

뱅크미켈센의 중심사상은 「1980년 법」(The Law on Social Services)에서 실현되는데, 이 법은 노멀라이제이션 원리의 귀결이라 할 수 있다. 장애인 복지서비스의 분권화가 이행되는 동시에 모든 특별법이 폐지되어, 일반사회법이 장애인을 포괄하게 된 것이다. 포괄적인 사회원조법이 특별한 욕구를 가진 사람들에 관한 조항을 모두 규정하고 있어, 장애인과 비장애인에게 같은 규칙이 적용되었다. 이 법의 주요한 특징은 장애인을 표현하는 모든 범주(시각장애 · 청각장애 · 언어장애 · 지체부자유 · 정신지체 등)를 삭제시킨 점이다. 원조의 기준은 이들이 속해 있는 장애의 범주를 근거로 분류하는 것이 아니라 개인의 욕구를 근거로 하는 것이다. 이런 점에서 특별법의 폐지는 장애인이 모든 시민과 같이 평등한 존재로서 개별적인 욕구에 근거하여 적절한 서비스를 받을 수 있다는 것을 인정한 획기적인 변화였다고 할 수 있다(나카조노 야스오, 2004: 76-77).

특별법이 폐지되어 일반사회법에서 장애인을 포괄함에 따라 나타난 성과는 다음과 같다(伊東敬文, 1991; 나카조노 야스오, 2004: 77-78).

첫째, 지적장애를 이유로 사람을 시설에 구속할 수 없게 되었고, 모든 서비스는 자발적인 의사에 따라 받게 되었다. 둘째, 1980년까지 서비스 제공에 중요한 역할을 해왔던 의료직 종사자는 1980년 이후 자문위원으로서만 일하고, 운영에는 참여하지 않게 되었다. 셋째, 복지행정이 관료형에서 서비스형으로 이행되어 운영의 합리화가 진행되었다. 넷째, 1987년에는 「노인주택법」이 성립되고, 요양원의 설립이 금지되었다.

이와 같은 사실은 덴마크에서는 1959년에서 제시된 노멀라이제이션 원리의 사상이 착실하게 실현되었음을 시사하고 있다.

3. 스웨덴에서의 노멀라이제이션 사상과 실천

1) 뉴리에의 이론과 사상

행정관이었던 뱅크미켈센은 "노멀라이제이션이란 장애가 있는 사람들에게 장애가 없는 사람들과 동등한 생활조건을 만들어내는 것이다."라는

견해를 밝혔지만, 학문적으로 정의를 내리는 것은 자기 일이 아니라고 생각하고 있었다. 노멀라이제이션의 정의는 뱅크미켈센이 추진했던 개혁의 협력자였던 스웨덴의 뉴리에(B. Nirje)가 시도했다. 뉴리에는 뱅크미켈센이 제창한 노멀라이제이션의 원리를 성문화하고 이론적으로 체계화시켰다. 그리고 그는 노멀라이제이션의 원리를 철학적, 특히 법철학과 문화의 시점에서 제창하였다. 뉴리에는 지적장애인도 한 사람의 인간으로서 자립할 수 있다는 이념에 기초하여 지적장애의 개념과 노멀(normal)한 생활이라는 시점에서 노멀라이제이션의 이념을 실현하는 원리를 추구하였다. 그가 말하는 지적장애는 〈표 1-1〉과 같이 3가지의 복합장애로 구성되는 개념이다(ニィリエ, B. 著, 河東田博 · 橋本由紀子 · 杉田穩子訳編, 1998: 56-57).

〈표 1-1〉 지적장애의 개념(복합장애)과 노멀(normal)한 생활

지적장애의 개념(복합장애)	노멀(normal)한 생활
① 개인적인 선천적 지적장애: 인지장애, 적응행동장애, 학습장애 ② 후천적 장애: 타인의 태도에 대한 불만, 환경이나 생활조건의 미비에 의한 기능장애나 부적응 ③ 장애의 인지 곤란: 왜곡된 자기 개념, 경험의 부족, 타인에 대한 자기표현의 3가지 복합장애	① 장애인 한 사람 한 사람의 생활의 노멀라이제이션: 중증 지적장애인을 포함한 자립생활과 자기표현 ② 처우에 있어서 직원의 노멀라이제이션: 대등한 관계 ③ 부모 입장의 노멀라이제이션: 보통의 부모 자녀 관계 ④ 일반적인 기준이나 규모로 일반적인 장소: 편의시설이나 보편적 디자인 ⑤ 자립지원: 지적장애인을 위한 적정한 표준의 설정, 설비나 프로그램의 충실 ⑥ 자립과 공생: 개인적 통합과 사회적 통합 ⑦ 기회적 균등: 지적장애인의 장애를 충분히 고려하고 인간으로서 제조건의 평등

출처: ニィリエ, B. 著, 河東田博 · 橋本由紀子 · 杉田穩子訳編(1998), pp.56-57에서 재구성.

첫째, 개인적인 선천적 지적장애이다. 인지장애, 적응행동장애, 학습장애가 여기에 해당한다. 이 장애는 인내심이나 타인에 대한 이해의 측면에 문제가 있다. 실패가 원인이 되어 스트레스가 생겨나 이러한 경험을 반복하거나 새로운 경험에 적응하지 못하게 된다.

둘째, 후천적 장애이다. 후천적 장애는 다른 사람의 태도에 불만을 느끼고 있거나, 환경이나 생활조건이 미비하여 기능장애나 부적응을 일으킨다. 사회체제를 정비하면 이 장애는 해소할 수 있고, 다른 두 가지 장애도 어느 정도 개선할 수 있다.

셋째, 장애의 인지 곤란이다. 장애인 스스로 자기 자신에게 왜곡된 개념을 가지고 자기방어적이 되어 슬픔이나 체념 때문에 안으로 틀어박히는 일이 있다. 진정한 자신을 표현하는 것은 누구에게나 어려운 일이지만, 특히 지적장애인이 자신을 긍정적으로 이해하는 것은 매우 어렵다.

뉴리에[7)]는 후천적 장애에 초점을 맞추어 사회적 환경을 고찰하고 있는데, 노멀라이제이션을 다음과 같이 정의하고 있다.

> 노멀라이제이션의 원리란 생활환경이나 그들의 지역생활이 가능한 한 보통의 생활에 가깝거나 완전히 같도록 생활양식과 일상생활의 상태를 모든 지적장애나 다른 장애를 가지고 사람들에게 적합한 형태로 바르게 적용하는 것을 의미한다.

노멀(normal)한 생활이란 처음에는 '규범'이나 '주류'로 표현됐는데, 최근에는 '통상적인' 생활양식으로 표현되고 있다. 노멀(normal)한 생활은 단순한 환경이 아니라 그 상징이다. 따라서 노멀(normal)한 생활의 의미는 〈표

7) 뉴리에(B. Nirje)는 1924년 스웨덴 출생으로 우프사라대학과 스톡홀름대학에서 비교문학을 전공(석사학위)하였으며, 1952년부터 1954년까지 이엘대학과 소르본대학에서 학업을 마쳤다. 이후 2~3년간 문화평론가로서 일했으며, 1956년부터 1958년까지 오스트리아의 스웨덴 적십자사와 국제연합에서 일했다. 1961년부터 1971년까지는 민원조사관(ombudsman)과 스웨덴 지적장애인협회의 책임자(executive director)로 일했고, 1971년부터 1978년까지는 캐나다의 온타리오 주정부의 지역사회서비스(community social service)부에서 일했으며, 1978년부터 1983년까지는 스웨덴 우프사라군에서 케어서비스의 책임자가 되었다(나카조노 야스오, 2004: 55).

1-1〉과 같이, 지적장애인의 자립생활, 보통의 부모 자녀 관계, 처우에서 직원과의 대등한 관계, 지원제도, 복지마을 만들기, 법제도 등 다면적인 측면을 가리킨다. 이 원리는 뱅크미켈센의 '거주 · 일 · 여가' 세 가지의 생활조건뿐만 아니라 지적장애인의 생활조건, 상징으로서의 문화(뉴리에는 '문화형'으로 부르고 있음), 나아가 노멀(normal)한 생활리듬과 생애주기에서의 일반적인 발달적 경험이라는 시점에서 규정하고 있다. 더욱이 뉴리에는 경제와 환경의 조건, 인간의 존엄, 남녀가 있는 세계의 시점을 추가하여, 문화를 초월한 보편적인 8가지의 노멀라이제이션 원리를 제시하였다(ニィリエ, B. 著, 河東田博 · 橋本由紀子 · 杉田穏子訳編, 1998: 23-28, 58-66).

첫째, 노멀라이제이션의 원리는 지적장애인이 하루의 일상적인 리듬을 보낼 수 있음을 의미한다. 설사 중증지적장애인이나 신체장애인이라도 아침에 일어나 침대에서 나와 옷을 갈아입고, 충분한 돌봄 아래서 정상적으로 활동할 수 있다는 것을 의미한다. 식사도 정상적인 환경에서 가끔 외식도 하고, 단체로 식사를 하기도 하지만, 대체로 조화롭고 만족스러운 가정환경에서 식사하는 것을 의미한다. 일상적인 하루의 리듬은 또 지적장애인이라는 이유로 동료나 형제보다 일찍 자야 하는 것은 아니며, 또 시설에서 직원이 부족하다는 이유로 필요 이상으로 일찍 잘 필요도 없다는 것을 의미한다. 시설에서는 각 개인의 리듬을 유지하기 위해 때로는 그 그룹과는 다른 일과를 보낼 수도 있다. 중증장애인이 일상적인 리듬에 따른 생활을 하기 위해서는 설비와 프로그램, 활동의 개선과 함께 직원의 태도 개선과 노력이 필요하다.

둘째, 노멀라이제이션의 원리는 일상적인 일주일의 리듬을 보내는 것을 의미한다. 대부분 사람들은 일정한 장소에서 살며, 거기서 일하러 나가거나, 학교에 다니거나, 여러 장소에서 여가활동을 한다. 따라서 지적장애인이 훈련을 받거나 치료를 받는 장소나 여가활동의 장소가 그들의 '주거'인시설의 같은 건물 안에서 이루어지는 것은 바람직하지 않다. 일을 마친 후에는 기분이 편안해지는 즐거운 여가를 보내는 것으로 만족감을 얻을 수 있다. 여가활동은 개인적이고 교육적인 의미를 가지며, 시설 안이나 특별히 준비된 장소에서 실시되는 경우도 있지만, 사회참여를 촉진하는 의미에서 지역에 있는 여가설비를 이용해야 한다. 폭넓은 경험과 적절한 사회생활 훈련을 받으면, 지적장애인도 일반 여가시설을 사용할 수 있고, 또 일반인들이 경험하는 예상치 못한, 미리 설정되지 않은 상황에도 당황하지 않고 대처할 수 있게 된다.

셋째, 노멀라이제이션의 원리는 가족과 함께 보내는 휴일이나 가족 단위의 축하나 행사 등을 포함한 일 년 동안의 일상적인 리듬을 보내는 것을 의미한다. 대부분 사람은 자신의 생활환경을 바꾸고, 적어도 일 년에 한 번은 휴가를 떠나 심신을 재충전한다. 스칸디나비아에서는 해외여행을 포함한 여행은 중증의 지적장애인에게도 중요하고 가치 있는 것으로 인정되어 왔다.

넷째, 노멀라이제이션의 원리는 개인의 생애주기를 통해 노멀한 발달 경험을 할 기회를 얻는 것을 의미하고 있다.

a) 아이들은 가능한 한 따뜻한 분위기, 풍부한 감각 자극, 적당히 조화로운 환경에서 자라야 한다. 특히, 장애아는 지식과 능력을 키우는 자극이 주어질 필요가 있다. 지적장애아가 자신의 가족과 함께 살 수 없는 경우에는 더욱 이 일이 중요해진다. 노멀한 사회에서는 어린아이들이 어린이를 위한 별도의 배려가 있는 세상에 살고, 다수의 어른들에게 보호를 받으며 길러지고, 교육을 받고 있다. 아동시설에서는 직원교체는 될 수 있는 한 최소화하고, 부모 역할을 대신하는 어른들은 아이들에게 기본적인 안정감과 좋은 기회를 줄 수 있도록 노력할 필요가 있다.

b) 노멀한 사회의 학령기 젊은이 역시 특별히 정돈된 세계에 살고 있다. 어린 시절은 학교 졸업 후 탄탄한 삶을 살 수 있도록 자신의 능력과 가능성을 알고, 자신을 이해하며, 자존감을 확립하는 것이 매우 중요하다. 또한, 학교 이외의 장소에서의 사회 경험이 개인의 발달과 자극에 중요한 시기이다. 따라서 학령기의 지적장애아는 성인 지적장애인과 같은 제한된 장소에 사는 것은 좋지 않다. 그것은 젊은이의 인생관이나 생활의 사회화는 격리된 사회로부터가 아니라 가능한 한 노멀한 사회의 사람들과의 접촉을 통해 얻어져야 하기 때문이다.

c) 지적장애인에게 청년기에서 성인기에 걸친 성장은 다른 사람들보다 길고, 시련이 많은 불안정한 과정인 경우가 많다. 그들은 반드시 어른으로 받아들여지고, 처우되고, 존경받고 있다고는 할 수 없으며, 자기자신에 대한 이미지는 왜곡되고 혼란스러운 경우가 많다. 이 시기 부모나 친척, 시설직원 같은 사람들이 이들을 대하는 태도가 가장 중요하다. 그리고 다른 사람들과 마찬가지로 지적장애인도 다양한 생활환경의 변화 속에서 자기 자신도 변화를 보이면서 다가올 성인기를 맞이해야 한다. 아이가 부모와 함께 사는 것이 정상인 것처럼, 어른이 되어 집을 떠나 가능한 한 독립적으로 자신의 생활을 시작하는 것 또한 정상인 것이다. 따라서 성인이 된 지적장애인이 청소년과 같은 집에 사는 것도 좋지 않다. 왜냐하면, 그들은 자신이 다른 어른들과 달리 아이처럼 취급받는다는 의식을 항상 심어주기 때문이다. 젊은 지적장애인 훈련프로그램은 가능한 한 자립적인 일상생활이 가능하도록, 또한 가능한 한 통상의 지역사회에 참여할 수 있도록 유익한 사회적 기능을 습득할 수 있도록 지원하는 것이어야 한다.

d) 노령기에는 더 이상 일을 할 수 없는 경우 일반적으로 그 나이에 맞는 의의와 만족을 주는 가정적인 장소와 가까운 친구들과의 접촉을

유지하며 살 수 있는 환경이 필요하다. 따라서 노령기의 지적장애인을 위한 시설을 선택할 때에는 이들이 성년기를 보낸 장소나 가급적 그 근처에 있는 시설을 선택해야 한다.

다섯째, 노멀라이제이션의 원리는 지적장애인 본인의 선택이나 소망, 요구가 가능한 한 충분히 배려되고 존중되어야 한다는 것을 의미한다. 이것은 과묵한 자기 생각을 잘 표현하지 못하는 그들을 이해하는 것이다. 개인의 소지품에 관해서도 예를 들면, 의류나 가구는 그들의 취향을 존중하고, 가능하면 스스로 사러 갈 수 있도록 원조한다. 또한, 지적장애인 자신의 모임을 결성해 그들의 대표가 규칙이나 일과, 행사에 관해 직원들과 대화할 수 있도록 해야 한다.

여섯째, 노멀라이제이션의 원리는 남녀가 함께 사는 세계에서 생활하는 것을 의미한다. 일반 사회와 마찬가지로 자연스럽게 남녀가 함께 생활하면서 의욕이 높아져 행동이나 환경을 더욱 좋아지게 한다. 그리고 경증지적장애인은 고독감에 휩싸일 수 있지만, 다른 사람들처럼 결혼함으로써 더 나은 삶을 살게 될지도 모른다.

일곱째, 지적장애인이 가능한 보통에 가까운 생활을 하는 데 필요한 것은 정상적인 경제 수준을 얻는 것이다. 이는 일반적으로 법적으로 인정되는 기본적 경제보장이 지적장애인에게도 주어진다는 것을 의미하며, 또한, 아동수당, 개인연금, 노인수당, 최저임금 보장, 기타 일반에게 주어지는 경제적 보조 등이 주어짐을 의미한다. 이들 원조액의 대부분은 식사나 주거에 충당되지만, 일반적인 금액이 정기적으로 개인적인 목적을 위해 충당되어야 한다. 그것은 실제적인 사회생활 훈련이나 자립생활을 하는 데 필요한 일이다. 따라서 일반 업무나 복지작업장, 시설에서의 일에 대해서도 그에 상응하는 임금이 지급되어야 한다.

여덟째, 노멀라이제이션의 원리에서 특히 중요한 것은 병원, 학교, 그룹홈, 복지홈, 케어홈 등과 같은 장소의 물리적 설비기준이 일반 시민의 같은 종류의 시설에 적용되는 것과 동등해야 한다는 점이다. 각 시설이 이러한 기준을 달성하기 위해서는 다음과 같은 조건이 충족되어야 한다.

a) 시설의 규모는 그 지역사회 안에서 노멀하고, 인간적이어야 한다. 특히, 조심해야 할 것은 주위 사람들의 일상생활에 녹아들 수 없는 대규모시설은 적당하지 않다.
b) 또한, 이러한 시설의 설치 장소를 검토할 때 단순히 지적장애인이라는 이유로 고립된 장소에 설치해서는 안 된다. 일반적인 규모의 시설이 일반적인 장소에 설치되면 입소자는 지역생활에 몰입하기 쉬워질 것이다.

이상의 내용을 정리하면 다음 〈표 1-2〉와 같다.

〈표 1-2〉 뉴리에의 노멀라이제이션 원리

노멀한 '생활조건'	① 하루의 일상적인 리듬 ② 일주일간의 일상적인 리듬 ③ 1년간의 일상적인 리듬 ④ 생애주기에 있어서 발달 경험: 유아기, 아동기, 청년기, 성인기, 노령기에 상응한 경험
노멀한 존엄 (개인적인 인간관계의 측면)	⑤ 개인의 존엄과 자기결정
이성 간의 관계(그 문화)	⑥ 그 문화에서의 노멀한 성적 관계
경제적 조건과 환경적 조건	⑦ 그 사회에서의 다른 시민과 같은 경제 수준과 그것을 획득할 권리보장 ⑧ 그 지역에서의 일상적인 환경상태와 수준

출처: ニィリエ, B. 著, 河東田博 · 橋本由紀子 · 杉田穏子訳編(1998)에서 재구성.

이 8가지 원리는 〈표 1-3〉에서 제시하고 있는 것처럼 노멀라이제이션을 달성하는 목표이자 각각을 경험하는 기회이기도 하다. 또한, 사회생활 훈련을 하는 노멀라이제이션의 과정이고, 그것을 실현하는 수단이며, 지적장애인의 사회통합이다. 아울러 복지실천원리 등 다양한 측면에서 통합적으로 지적장애인의 자립생활을 지탱하는 이념이기도 하다.

〈표 1-3〉 노멀라이제이션 원리의 제 측면

노멀라이제이션 과정	① 발달 가능성과 교육 ② 교육, 훈련, 발달기회를 가질 권리 ③ 다양한 능력개발 ④ 자기 이미지 형성 ⑤ 자존심의 발달
수단	① 장애인의 처우 개선 ② 교육적, 사회적 서비스의 발전과 개선, 직원양성과 직원에 의한 지원, 협력에 대한 이해 ③ 입법이나 서비스의 중요한 구성기반 ④ 사회변동의 이해 · 분석에 대한 다면적 접근의 네 가지 수준에서 필요
통합	① 물리적 통합: 물리적인 환경 ② 기능적 통합: 공공기관의 이용기회 ③ 사회적 통합: 이웃 · 학교 · 직장 · 지역에서의 대인관계나 일반적인 사회관계 ④ 개인적 통합: 소중한 사람과의 개인적인 상호관계가 발전하고 변화해가는 욕구와 관계 ⑤ 사회 시스템적 통합: 시민으로서 법적 권리가 충분히 행사되고 자기결정이 존중, 성장, 성숙하며, 자아실현의 기회 획득 ⑥ 조직적 통합: 장애인의 통합을 원조 · 지지하는 조직형태나 행정기구의 구별
복지실천	① 문제제기나 문제해결 ② 문제의 처리방법 ③ 조언의 방법 ④ 원조계획 수립방법 ⑤ 특정 상황에서의 결정을 가능하게 함

출처: 竹原健二編(2004), p.10에서 재구성.

뉴리에가 제기하는 노멀라이제이션은 일반인이 보내는 일상생활을 기준으로 동등한 생활 리듬과 패턴을 지적장애인에게도 보장하는 것으로서 그 실현을 위한 지원 제공을 요구한 것이다. 뉴리에의 견해는 지적장애인을 특수한 존재로 간주하고, 그 사람들에 대한 특별한 지원을 제공한다는 기존의 복지관에 변경을 요구하는 점에서는 뱅크미켈센의 견해와 일치하고 있다.

2) 스웨덴에서의 법적 발전

1968년 법의 성립과 그 후의 발전

스웨덴에서는 덴마크의 1959년 법과 같은 성격을 가진 주요한 법률이 1968년에 성립(「지적장애인원호법」)되었다. 이 법률은 뉴리에의 이론을 기반으로 하고 있으며, 스웨덴 장애인복지의 기본원리를 담고 있다. 이 법이 제정되기까지의 경위는 다음과 같다. 스웨덴 최초의 지적장애인에 대한 대책으로 1928년에 격리시설(종신수용)을 만드는 법률이 제정되었다. 1930년경부터는 대규모의 수용시설이나 전문병원이 정비되어 많은 지적장애인이 강제수용되었다. 이러한 상황에 대하여 부모들은 이들에게도 보통생활이 보장되어야 한다고 주장하며 시설직원, 교사들과 함께 1956년에 지적장애인 · 청년 · 성인의 전국협회(FUB)를 결성하여 강력한 운동을 전개하였다. 이에 따라 시설수용 중심이었던 정부의 방침이 전환되고, 1968년에 노멀라이제이션 이념을 중심으로 한 「지적장애인원호법」이 제정되었다(나카조노야스오, 2004: 81-82).

1968년 법의 기본원리는 사회의 특별한 원호를 필요로 하는 모든 지적장애인을 가능한 일반적인 사회생활에 참가시키는 것이다. 따라서 지역사회에 거주하는 지적장애인은 이 법률을 근거로 교육 등을 받을 권리가 있고, 이러한 책임은 지방당국이 수행하여야 한다고 규정하고 있다. 이러한 의미에서 1968년 법은 스웨덴 최초의 '권리법'이다(河東田博, 1992: 30).

스웨덴에서는 1968년 법 이후, 노멀라이제이션의 보급 및 통합화가 급속하게 현실화되었다. 이러한 배경하에 1982년에 「사회서비스법」이 성립되었다. 「사회서비스법」은 여러 분야로 나누어진 스웨덴의 「사회서비스법」을 총체적으로 파악하여 하나의 종합적인 법률로 규제하기 위해서 만들어진 법률이다.[8] 이 사상은 덴마크에서 1980년에 시행된 「사회서비스법」과 유사하다(河東田博, 1992: 51).

한편, 1986년 11월 1일에는 「지적장애인특별원호법」(1985년 제정)이 시행되었다. 이 법률이 시행된 날부터 모든 입소시설에는 신규 수용이 정지되었고, 성인 시설입소자 약 5천여 명이 지역사회의 그룹홈으로 이동했다. 이 법률의 제3조에는 원호 활동의 목적이 나타나 있는데, 이것은 보통생활을 하는 데 필요한 특별서비스의 제공과 서비스 수급자의 자기결정권을 포함한 조항으로서 노멀라이제이션 원리의 실현을 위한 조건으로써 규정되었다. 또한, 이 법률에는 휴식 및 케어, 그룹홈, 경제적 보장, 교육 보장, 상소권 등이 조문으로 명기되어 있다(나카조노 야스오, 2004: 83).

이 법은 스웨덴에서 최초로 중증장애인을 포함한 모든 지적장애인이 지역사회 생활에 참여할 수 있는 권리를 명시한 법이다.

---

8) 「사회서비스법」 제1조에 명기된 목표는 다음과 같다. "공적서비스는 경제적 · 사회적 보장, 생활조건의 평등 및 지역사회 생활에의 적극적인 참가를 촉진한다는 관점을 가지고, 민주주의와의 연계를 기초로 하여 확립되어야 한다. 사회서비스는 개개인이나 각 그룹이 본래 내재적으로 가지고 있는 자원을 발굴하고, 개발하는 것에 초점을 두어야 하며, 동시에 사회서비스 활동은 개인의 자기결정과 사회생활 보호를 기초로 해야 한다"(나카조노 야스오, 2004: 82).

노멀라이제이션 원리의 구체화

노멀라이제이션 원리는 대규모 형태의 서비스를 선호하지 않는 스웨덴의 전통적인 사고방식에 적합했다. 서비스의 형태는 소규모로서 지역사회에 통합되어 있으며, 특별한 처우보다도 사회환경이 중요하다고 인식되었다. 스웨덴에서의 노멀라이제이션 원리는 현실적이며 보통생활을 원하는 사람들에 의해 추진되었고, 시설 면에서도 소규모화, 개인의 존중, 지역사회와의 통합이 지향되었다. 통합은 보통생활을 달성하는 가장 중요한 수단으로 인지되어, 오늘날 노멀라이제이션 원리는 지적장애인의 모든 생활 속에 구체화되었다. 스웨덴에는 26개의 지역자치회가 조직되어 그룹홈, 시설, 일상활동센터, 장애아동 학급 등의 책임을 지고 있다. 지적장애아동과 청년의 주거조건을 보면, 아동은 주로 가정에서, 청년은 그룹홈에서, 성인은 그룹홈과 아파트에서의 사회화의 기회가 주어졌다. 일상생활은 주간보호센터가 중요한 역할을 했다. 시설에서 그룹홈으로 이동이 쉬운 것은 바로 이 주간보호센터에서의 준비 기간이 있었기 때문이다(나카조노 야스오, 2004: 86-88).

정리하면, 스웨덴에서는 많은 시설 변화가 일어났는데, 대규모시설일수록 감소 또는 폐쇄되었으며, 중증지적장애인의 병원도 전면 폐지되었다. 대규모시설보다 그룹홈이 더 나은 시설로 여겨지면서 시설입소방지책의 실행과 더불어 그룹홈으로 이동이 이루어졌다. 아동과 청소년을 위한 시설은 전면 폐쇄되었으며, 성인시설은 입소 인원과 규모가 축소되었다. 1986년 법에 의해 시설의 신규등록은 긴급 시에만 허용되었다.

4. 미국에서의 노멀라이제이션 사상과 실천

1) 울펜스버거의 이론과 사상

울펜스버거(W. Wolfensberger)[9]는 노멀라이제이션 원리를 이론으로써 전개할 때, '과학적 사회이론' 또는 '일탈 현상에 관한 사회반응이론'을 개념적인 틀로써 활용했다. 울펜스버거는 지적장애인을 일탈된(devalued) 사람으로 개념화했다.[10] 일탈된 사람이란 장애를 가지고 있지 않은 사람들의 의식이 만들어낸 것이다. 즉, 일탈이란 타인과 매우 확연한 차이가 있고, 그것이 부정적으로 낙인찍혀 일탈 행위를 한다고 본다. 울펜스버거는 일탈된 사람들은 인간으로서의 가치나 존엄성이 인정되지 않고, 역사 속에서 일탈된 사람으로 처우를 받아왔다는 문제의식을 바탕으로 노멀라이제이션 원리의 의미를 밝혀나갔다(나카조노 야스오, 2004: 98).

그렇다면 울펜스버거는 노멀라이제이션을 어떻게 정의했는가? 울펜스버거는 처음에는 노멀라이제이션을 "가능한 한 문화적으로 통상적인 인간의 행동과 특성을 확립하고 유지하기 위해 문화적으로 통상적인 수단을 이용하는 것"(Wolfensberger, 1972)이라고 정의하였다. 다소 광범위하고 추

9) 울펜스버거는 1934년 독일에서 태어나 1950년에 미국으로 이주했다. 1962년에는 네슈빌의 조지피바디 교육대학에서 심리학과 특수교육학 박사학위를 취득했다. 1964년부터 1971년까지 오마하시의 네브래스카 정신의학연구소에서 정신지체연구원으로 ENCOR의 활동에 관련된 일하였다. 1973년까지 캐나다 토론토시의 국립정신지체연구소에서 객원연구원으로 일을 하고, 그 후에는 뉴욕주 시러큐스대학에서 인간행동 연구 교수로 활약했다(나카조노 야스오, 2004: 95).

10) 여기에서 일탈이란 사회문제론 등에서 말하는 '일반적인 규범에서 벗어나는 행위를 지칭하는 것'이 아니라 '한 사회의 지배적인 것 또는 보편적인 것과 다른 무엇, 그리고 이로 인해 야기되는 결과를 언급하는 것(Wolfensberger, 1972: 24)을 말한다.

상적인 정의이지만 노멀라이제이션 원리를 문화적 특성에서 찾은 것이다.

이 정의는 이후 1980년의 논문에서 약간 수정되었는데, 그는 노멀라이제이션을 "적어도 다른 모든 시민과 같은 생활상태(수입, 주거, 보건서비스 등)를 가능하게 하기 위해서, 또한 장애인의 행동(기능이나 능력 등)을 최대한 개발하거나 향상시키고 지지하기 위해서 문화적으로 통상적인 여러 수단을 이용하는 것"(Wolfensberger, 1980: 80)이라고 재정의했다.

울펜스버거는 이후 일탈이론을 '가치'의 문제로 발전시켜 나갔다. 1983년 무렵부터 '가치가 저하된(devalued)' 사람으로 장애인의 위치를 부여하고, 어떠한 방법으로 이들의 가치를 향상시켜 인간의 역할을 실현해 나갈 수 있게 할 것인가라는 관점을 강조하였는데, 이것을 그는 '사회적 역할의 가치화(Social Role Valorization: 이하 SRV)'라 불렀다.

2) SRV

가치절하의 개념

울펜스버거는 SRV이론을 전개하는 데 있어서 사회적 가치절하의 문제를 핵심적인 출발점으로 삼았다. 그는 장애인을 본래 같은 사회적 역할을 지니고 있음에도 불구하고, 그 사회적 역할을 이해하지 못하는 주변 사람들에 의해 일탈된 상황에 있는 사람들로 간주하고, 그 상황을 '가치절하'라고 표현하였다. 다시 말하면, 사회적 가치의 절하는 사회에서 부정적 이미지가 형성되어 사회의 특정한 문화적 가치에 적응할 수 없는 상태를 의미한다. 이 '가치절하'는 몇 가지 과정을 통해서 발생한다. 즉, 장애인이 부정적인 의미로 구분되고(제1의 가치절하), 그 결과 장애인이 정상적인 생활로부터 격리된다. 이 격리가 장애인의 사회적으로 가치 있는 역할과 행동의

수행을 방해하게 되고, 이로 인해 장애인의 가치는 낮아지는 것(제2의 가치절하)이다(レイモン, S. 著, 中園康夫 · 小田兼三 · 清水隆則訳, 1995; 竹原健二編, 2004: 12).

'가치절하'의 결과 또한 예상된다. 즉, 가치절하를 받은 사람들은 인간으로서의 가치나 존엄성이 인정되지 않고, 거부나 비난의 대상이 될 것이며, 사회적 역할에 대한 부정적인 인식을 고착시키는 결과를 가져올 것이다. 그리고 가치절하를 받은 사람은 계속해서 부정적인 역할기대에 직면하게 될 것이고, 그 결과 그의 행동은 사회적으로 가치를 평가받을 수 없는 방식으로 나타나게 될 것이다(김용득, 2007a: 32-33). 이러한 사회적인 가치절하의 결과로 나타나는 것은 결국, 상처이다. 울펜스버거는 가치절하를 당하는 사람들이 받는 상처의 실제 예를 21가지로 설명하고 있다. 이 21가지의 상처는 상처의 기본적 내용 2가지, 사회적 거부의 내용에 관한 것 6가지, 상처로 인한 상실에 관한 것 10가지, 상처받은 사람들의 반응에 관한 것 3가지로 구성되어 있다. 이를 정리하면 〈표 1-4〉와 같다.

〈표 1-4〉 울펜스버거가 제시한 21가지 상처의 예

구분	내용
기본적인 상처	① 신체적 손상 ② 기능적 손상
사회적 거부	③ 낮은(일탈적) 사회적 지위로의 추방 ④ 가족, 이웃, 사회, 지역사회, 서비스 담당자에 의한 거부 ⑤ 연민, 자선, 위협, 질병, 비인간, 조소, 공포, 아이, 죽음의 9가지 일탈적 역할 중 1가지 이상의 역할자로 치부 ⑥ 상징적인 스티그마(별명 붙이기, 일탈적 이미지화, 낙인 등) 부여 ⑦ 중복적인 일탈을 가진 것으로 간주 ⑧ 사회와의 분리와 분리된 사람들만의 집합화를 통한 사회적 거리감 확대

상처로 인한 상실	⑨ 스스로에 대한 통제감 혹은 자율성과 자유의 상실 ⑩ 물리적 환경과 대상물들과의 단절 ⑪ 사회적 그리고 관계적인 면에서의 단절 혹은 포기 상태 ⑫ 자연스럽고 자유로운 관계의 상실과 인위적이고 구매적인 관계로의 대체 ⑬ 비인격화 ⑭ 비자발적인 물질적 빈곤 ⑮ 전형적이고 가치 있는 세계에 대한 경험의 황폐화 ⑯ 상위의 가치체계(예: 종교)에 대한 참여 기회의 배제 ⑰ 자기 삶의 낭비 ⑱ 야수화 또는 죽을 지경에 이르게 하는 것
상처받은 사람들의 반응	⑲ 자신이 사랑하는 사람들에게 분노의 대상이 된다는 자각 ⑳ 가치 있는 세계에서 이방인이 된다는 자각, 개인적인 불안정감, 자신에 대한 혐오 또는 분노 ㉑ 특권계층에 대한 분개와 혐오감

출처: 김용득(2007a), pp.34-35의 내용을 토대로 구성.

이처럼 가치의 절하는 사회적으로 배제된 상태, 즉 일탈 등 다양한 형태로 나타난다. 그것은 분리정책의 결과이다. 따라서 이 사회적 가치의 절하는 장애인 자신이 원인이 아니라 주위의 사회적 환경이나 문화가 중요한 요인이다. 이 메커니즘은 사회적인 적응력과 타인에 의한 사회적 이미지와 관련되어 있고, 이러한 두 가지 요인 간에는 피드백 관계가 내재되어 있다. 즉, 장애인에 대한 긍정적인 사회적 이미지가 높아짐으로써 적응력이 증진한다. 또한, 장애인의 적응력이 촉진되면 장애인에 대한 긍정적인 사회적 이미지가 형성된다. 그 결과, 주변 사람들은 장애인의 사회적 역할에 대해 이해하게 되고, 장애인은 자기의 사회적 역할을 획득하는 것이다(竹原健二編, 2004: 12).

울펜스버거는 이와 같은 사회적 역할의 가치화를 "특히, 가치상실의 위험에 처해 있는 사람들에게 가능한 한 문화적으로 가치 있는 수단을 통해서 가치 있는 사회적 역할을 할 수 있게 하고, 그 역할을 확립, 증진, 유지나 방어하는 것"(ヴォルフェンスベルガー, W. 著, 冨安芳和訳, 1995)이라고 정

의하였다. 따라서 사회적 역할의 획득은 최고한도까지 그리고 가능한 한 많은 생활영역에서, (가치가 절하된) 장애인이 개인적으로 사회의 가치 있는 생활에 통합될 수 있도록 그 기회를 제공하는 것이 기본 전제가 된다.

사회적 역할 강화 전략

울펜스버거는 7가지의 주요 쟁점을 통해서 사회적 가치절하를 최소화하고 사회적 역할을 강화하기 위한 전략을 제시하였다(Wolfensberger & Thomas, 1983; 이성규, 2000: 57-62; 김용득, 2007a: 50-61).

첫째, 무의식의 의식화이다. 즉, 가치 있는 사회적 역할 강화의 핵심적인 전략 중의 하나는 서비스 전달과정에서 서비스 제공자들에게 가치절하의 현실과 가치절하를 당하고 있는 사람들의 본질, 대인서비스의 진정한 기회 등에 관해서 의식화시켜야 한다는 것이다. 울펜스버거는 "일단 사회가 어떤 정책을 결정하고 나면, 결정된 정책이 클라이언트를 억누르게 되더라도 가능한 수단들을 동원하여 집행을 끝내려고 한다. 이 과정에서 종종 클라이언트의 혜택을 위한다는 명분으로 클라이언트가 원하지 않는 수단까지도 동원된다."라고 하면서 정책담당자와 서비스 대상자 등 모든 사람의 의식이 중요하다고 강조하고 있다.

둘째, 일탈 극복을 위한 '역할'의 중요성이다. 장애인이 사회적으로 가치절하를 당하거나 일탈적인 존재로 간주되는 상황을 방지하고, 긍정적인 사회적 역할이 기대되고, 그에 부합되는 역할기대가 확장되어야 한다. 장애인에 대한 일탈적 역할기대를 사회 기여적이고, 긍정적인 역할기대로 바꿀 수 있도록 서비스를 제공하는 것이다. 예컨대, 서비스는 매력적이고, 편안한 장소에서 전달하고, 클라이언트는 나이에 맞으며 사회적으로 가치 있는 외모를 가꾸도록 하는 것이다. 클라이언트를 지칭하는 언어의 지위를 높이는 것도 이에 해당한다.

셋째, 취약성의 예방이다. 가치절하를 경험한 사람들은 계속해서 가치절하를 경험할 가능성이 크다. 그리고 부정적 경험에 매우 취약하다. 그러므로 이러한 취약성을 예방하거나 긍정적으로 평가될 수 있는 특성을 증진함으로써 취약성을 상쇄시키는 것이 중요하다. 따라서 사회적으로 가치절하를 받는 사람들은 일반 시민과 동등한 삶을 경험할 필요가 있으며, 문화적으로 가치 있는 삶의 조건들을 경험할 수 있도록 해야 한다.

넷째, 개개인의 능력과 권한의 향상이다. 인간은 누구나 성장과 발전 가능성이 있으므로 개인의 발달을 지원하기 위하여 효과적인 교육방법과 바람직한 장비를 사용해야 한다. 울펜스버거는 장애인들이 비록 장애로 인해 직업이나 대인관계 면에서 많은 어려움을 겪고 있지만, 서비스를 전달할 때 서비스 이용자 개개인의 능력을 향상시켜야 한다는 점을 강조하였다.

다섯째, 긍정적 모방과 모델링의 추구이다. 노멀라이제이션은 긍정적 모방과 모델링을 통하여 사회적으로 가치절하를 받은 사람들에게 사회적으로 적절하고, 가치 있는 행동 모델이 제공될 수 있도록 모방의 역동적 과정이 긍정적으로 형상화되어야 함을 강조한다.

여섯째, 이미지와 상징의 개선이다. 노멀라이제이션은 사회적 가치절하를 받은 사람들의 이미지가 향상되어야 함을 강조한다. 따라서 모든 대인서비스 요소들은 긍정적인 이미지를 전달하는 것이어야 한다.

마지막으로 사회통합이다. 가치절하를 받은 사람에게 가능한 한 다양한 영역과 가장 높은 수준에서 사회적 가치를 인정받는 생활에 통합될 기회가 주어져야 한다. 가치절하를 받은 사람들에 대한 가치 있는 사회통합이 성공적으로 이루어지기 위해서는 이념적인 측면과 함께 행정적인 측면에서의 지원이 이루어져야 한다. 일정한 영역에서 통합이 성공적으로 이루어지지 않을 때는 충분하고 다양한 지원 서비스가 제공되어야 한다.

3) PASSING

울펜스버거는 1983년 노멀라이제이션 원리와 SRV 이론의 목표를 얼마나 달성했는지를 측정하는 계량적 도구인 PASSING을 발표하였다.[11] PASSING의 기본이념은 장애가 있는 사람의 사회적 이미지를 향상시키는 것과 장애가 있는 사람의 능력을 향상시키는 것이다. 이 둘은 서로 관련되어 있다. PASSING에서는 이 두 가지의 기본이념에 따라 앞서 설명한 7가지 중심 주제를 도출해 내어 이것이 어떻게 구성되어 있는가를 평가하고 있다. PASSING의 평가항목(도구)은 〈표 1-5〉와 같다.

〈표 1-5〉 PASSING의 평가항목

1. 사회적 이미지의 향상과 관련한 주요 영역
(1) 이미지와 관련한 서비스의 물리적 환경: 11항목 ① 서비스시설의 물리적 상황(건물 등)은 주변과 조화되어 있는가. ② 서비스시설은 그 기능에 맞는 지역사회에 설치되어 있는가. ③ 서비스시설의 외부는 잘 되어 있는가. ④ 서비스시설의 내부는 잘 되어 있는가. ⑤ 서비스시설의 외부가 문화적으로 가치를 두는 유사물과 동일한가(외부, 크기, 벽, 땅 주변 등). ⑥ 서비스시설의 내부가 문화적으로 가치를 두는 유사물과 동일한가(내부의 구조, 인테리어 등). ⑦ 서비스시설의 외부는 이용자의 나이에 적합한가. ⑧ 서비스시설의 내부는 이용자의 나이에 적합한가. ⑨ 서비스시설의 이미지 투영: 물리적 접근성(좋은 이미지가 있는 건물과 인접해 있는가). ⑩ 서비스시설의 이미지 투영: 역사(긍정적인 이미지를 훼손하는 사건이 과거에 없었는가). ⑪ 서비스시설의 이미지 투영: 내부 기타(사회적 이미지를 훼손하는 내부나 비품은 없었는가).
(2) 서비스 구조화에 의한 집단화와 사람들과의 관계 이미지: 7항목 ① 유사한 프로그램에 주는 이미지가 좋은가. ② 서비스가 주변 지역에 융합하고 있는가(이용자의 수가 주변 지역의 사람들의 수와 비교해서 너무 많지 않은가). ③ 서비스 구성상 이용자의 분류는 사회적 가치에서 볼 때 적절한가(이용자의 가치를 박탈시키

11) PASSING은 Program Analysis of Service Systems' Implementation of Normalization Goals의 약자이다.

는 조건이 지나치지 않는가, 가치가 저하된 사람과 그렇지 않은 사람의 비율은 적절한가, 성비는 적절한가).

④ 서비스 구성상 이용자의 분류는 나이 측면에서 볼 때 적절한가(사회통념상 나이에 적절한 프로그램이 시행되고 있는가).

⑤ 통합장면에서 이용자가 이미지에 관계하는가(관련되는 사람 자신의 이미지, 참가하는 활동의 이미지, 관련되는 장의 이미지).

⑥ 서비스를 제공하는 직원이 주는 이미지는 좋은가(직원의 외모나 태도, 경력, 사회적 지위 등).

⑦ 직원이 가지는 서비스에 대한 정체성과 역할의 이미지가 이용자의 이미지와 일치되어 있는가.

(3) 서비스 구조화에 의한 활동과 기타 시간 활동에 관련한 이미지: 3항목

① 프로그램의 기능이 문화적으로 적절하게 분화되어 있는가(프로그램의 기능마다 적절한 장소에서 시행되고 있는가).

② 프로그램의 활동과 시간을 활용하는 방법은 적절한가(나이나 사회통념에 비추어 볼 때 적절한가).

③ 이용자의 자율성과 권리가 촉진되는가.

(4) 서비스의 명칭, 상징, 기타 다양한 요인들의 이미지: 6항목

① 이용자가 주는 인상(태도, 예의, 장애의 낙인, 장애의 개인차에 따른 낙인, 의복, 옷차림, 기타).

② 이용자 개인의 소유물(사회적으로 가치가 있다고 여겨지는 소유물을 가질 수 있는가).

③ 직원이 이용자나 그룹을 적절한 이름으로 부르고 있는가(나이나 입장에 적합한가).

④ 서비스 기관의 명칭, 프로그램의 명칭, 서비스시설의 명칭, 주소 표시, 머리글자의 표시는 적절한가.

⑤ 서비스의 자금(권리옹호의 자금인가, 나이에 맞는 분류 · 단체에 의한 자금인가, 자금의 사회적 이미지는 좋은가).

⑥ 서비스의 기타 여러 가지 측면(서비스프로그램, 기관의 명칭, 활동의 명칭, 상징기호, 서비스 주체의 이미지, 소개 비디오의 제목, 팸플릿 등은 적절한가)

2. 개인의 능력향상과 관련한 주요 영역

(5) 능력향상과 관련한 서비스의 물리적 환경: 6항목

① 서비스시설은 이용자나 가족 편에서 교통이 편리한 곳에 있는가.

② 서비스시설은 이용자나 가족 또는 서비스 관계자로부터 볼 때 교통이 편리한 곳인가.

③ 이용자가 필요로 하는 지역사회 자원이 가까이에 있고 이용하기 쉬운가.

④ 서비스시설의 물리적 환경은 쾌적함을 주는가.

⑤ 서비스시설의 물리적 환경은 이용자의 능력에 있어서 적절한가(가능한 한 사회 통념상의 구조로서 과잉 보호적이지 않아야 하지만 안전도 확보되어야 한다).

⑥ 서비스시설의 물리적 상황은 이용자 각각의 개별성에 맞는 구조로 되어 있는가(개인 고유의 공간이 있는가, 사생활 보호는 보장되어 있는가, 좋아하는 가구를 둘 수 있는가).

(6) 능력향상과 관련한 집단과 사람들 관계의 서비스 구조화: 6항목

① 서비스 제공 시 이용자 그룹의 인원수는 적절한가(많아도 안 되고 적어도 안 된다. 능력발달

이 촉진될 수 있는 인원수가 좋다).

② 서비스 제공 시 이용자 그룹의 분류는 적절한가(학습 원리에 맞는가, 학습을 촉진하는 집단역동이 있는가, 욕구나 나이는 비슷한가).

③ 통합장면에서 이용자가 관련되는 사항으로서, 능력향상에 관계되는가(보다 능력이 높은 사람과 함께 참가할 수 있는 기회나 활동은 다양한가, 참가나 활동 시 분위기는 좋은가).

④ 서비스시설에서 사람들과의 관계(직원과 이용자, 직원끼리, 직원과 방문자, 이용자끼리, 이용자와 방문자)가 상대방을 존중하고 따뜻함이 있는가.

⑤ 프로그램은 이용자 개인의 개별성에 적절한가.

⑥ 이용자의 사회적 · 성적 정체성의 발달이 촉진되는가(적절한 역할이 기대되어 있는가, 적당한 교육이나 안내 및 상담이 받아들여질 수 있는가, 적당한 모델을 적용할 수 있는가, 문화나 나이 등에 적절한 성적 표현수단이 있는가).

(7) 서비스 구조화에 의한 능력향상과 관련한 활동과 기타 시간활용: 3항목

① 프로그램은 이용자의 서비스 욕구에 적합한가.

② 서비스 구성상 이용자의 능력을 향상시키기 위해 시간을 잘 활용하고 있는가(시간의 효율적인 활용, 활동의 집중도, 기계의 이용, 이용자의 발달에 적절한 프로그램 실시).

③ 능력을 향상시키는 이용자 개인의 소유물이 있는가.

주: 가장 낮은 점수 1점에서 최고점 5점까지의 5단계의 점수 수준에 대한 기준 제시.

출처: 나카조노 야스오(2004), pp.116-119의 내용 재구성.

PASSING의 실행 방법을 간단히 소개하면 다음과 같다(신인미, 1998; 이진우, 2006).

(1) 3명 이상의 '평가자'로 구성되는 팀으로 실시한다. 예를 들어, 3명 이상의 전문가, 직원, 이용자의 부모, 자원봉사자 등이 평가에 참여하는 형태로 시행될 수 있다.

(2) 팀은 PASSING 훈련을 받은 지도자나 감독자에 의하여 평가를 하되, 다음 7가지에 중점을 둔다.

① 도보나 차편으로 서비스가 소재하고 있는 환경을 둘러본다.

② 서비스 시설의 내부와 외부를 둘러본다.

③ 기관장이나 이사들을 대상으로 한 심층적 인터뷰를 실시한다.

④ 서비스 전달 실무자와 인터뷰를 실시한다.

⑤ 프로그램이 운영 및 전달되는 과정을 관찰한다.

⑥ 프로그램에 관련된 문서(정책자료, 사업목적, 클라이언트 개별 기록, 개별 프로그램 계획서, 활동 시간표, 활동 기록표, 규정, 업무분담표, 홍보용 문건 등)를 분석한다.

⑦ 클라이언트, 클라이언트의 가족이나 옹호인, 서비스의 주변 이웃들과 이야기한다.

(3) 일단 7가지를 끝낸 후에 각 평가자는 평가 · 기재의 해당 사항에 점수를 매긴다.

(4) 평가점수를 매긴 다음, 평가팀의 성원이 함께 모여 서로의 점수를 근거로 하여 가장 적절한 평가점수가 몇 점인지에 대한 의견의 일치를 본다. 이 과정을 조정(conciliation)이라고 한다.

(5) 조정과정이 끝나면, 팀의 대표가 평가된 서비스에 대해 보고한다.

소결

이상을 정리하면, 1980년대 이후 장애인복지의 새로운 경향으로 주목받고 있는 SRV는 가치절하된 사람들이 가치가 인정되는 사회적 역할을 창출할 수 있도록 하는 것을 목표로 하는 이론이다. 이를 위해서는 장애인들이 사회적으로 인정받는 삶의 조건과 사회적 역할을 확보할 수 있도록 해야 하며, 이를 위해서는 이미지 개선과 능력 고양이라는 전략이 필요하다. 그 구체적인 전략은 위에서 설명한 7가지 대안 쟁점에 근거해서 이루어지는 것이다. SRV는 장애인복지에 대한 기본적인 가치와 이론을 결합했고, 이에 따른 구체적인 분석 도구를 제공하였다는 점에 있어서 장애인복지에 중요한 기여를 했다고 평가받는다.

5. 노멀라이제이션에 대한 비판적 견해

존스의 비판

존스(Jones, 1984)는 노멀라이제이션이 정책의 산물로 나타나고 있음에도 불구하고 장기적인 수용시설이 여전히 남아 있고, 또 앞으로도 불가피하게 존재할 것이라는 비판적 견해를 밝히고 있다.

존스의 기본적인 생각은 노멀라이제이션 주창자들에 의해 각종 시설은 그 존재 자체가 어려울 정도로 문제가 많기 때문에 철폐되어야 한다는 비판을 받으면서도 사라지지 않는 것은 그만큼 시설이 근본적으로 필요하기 때문이라는 것이다. 존스는 어떠한 상황에서도 시설은 절대로 없어질 수 없으며, 앞으로도 계속 존재할 것이라고 주장하였다(이성규, 2000: 68-70).

세인스베리의 비판

세인스베리(Sainsbury, 1993)는 우선 '노멀라이제이션'이라는 말 자체에 대해서도 부정적이다. 그녀는 노멀라이제이션이라는 말보다는 'normal life'라는 말을 쓸 것을 권하고 있다. 그 이유는 'normal'에 'zation'을 붙이는 노력 자체가 자연스럽지 못하고, 인위적이라고 보기 때문이다. 즉, 어떠한 목적을 가진 활동가들이 그들의 지향성을 작위적으로 호소하려는 방법으로는 적절할지 몰라도 논리와 체계의 세계인 학문영역에서는 적합한 용어가 아니라는 것이다. 물론 사회정책이 가치 지향적인 것은 부인하지 않지만, 지나친 작위는 가치의 범주를 넘어선다는 견해다. 세인스베리는 장애인들이 생활의 중심에 있어야만 'normal life'가 보장된다는 논리를 정면으로 반박했다. 실증적 연구에 따르면, 장애인들은 집에 있다고 해서 모두가 다 편안함을 느낀다고 단언할 수 없으며, 많은 장애인이 가족들의 짐이 되는 상황을 벗어나면서 오히려 편안함을 느낀다고 주장했다(이성규, 2000: 70).

올리버의 비판

모든 복지문제를 유물론적 입장에서 조망하고 있는 올리버(Oliver, 1990)는 '장애'의 개념을 자본주의적 개념으로 보고 있다. 산업화가 진행되기 전에는 일터에서의 작업속도, 출퇴근의 문제, 대학진학의 문제, 고용의 문제 등 장애인들이 현재 겪고 있는 문제들이 인식되지도 못했다는 것이다. 자본주의가 발달하면서 경제 동기에 집착하는 사회의 구성적 특징 때문에 장애와 노동능력 등이 돌출되어 보인다는 것이다. 올리버는 장애의 개념을 사회가 장애인 개인이 장애를 느끼도록 하고 경험하도록 만들기 때문에 발생한 개념으로 보고 있다(이성규, 2000: 72-73).

올리버는 정상성과 비정상의 과제 내에서 후기 자본주의 사회구조를 논할 수 없다고 보았다. 사회구조를 특징짓는 요소들은 정상과 비정상이 아니라 성별, 인종, 배경, 성적 취향, 능력, 종교적 신념, 부, 나이, 직업 보유 여부 등의 차이이며, 이러한 '차이'는 서로 얽혀 있다고 하였다. 특히, 올리버는 개인적 · 집단적 상이함은 정상 · 비정상이라는 이분법으로 설명될 수 없다고 비판했다(문상민, 2006: 22).

이러한 맥락에서 볼 때, 올리버는 노멀라이제이션이 장애인복지의 핵심가치가 되기에는 다음과 같은 한계가 있다고 지적한다(Oliver, 1990; 이성규, 2000: 72-74; 유동철, 2013: 25).

첫째, 노멀라이제이션은 서비스 전달기관이나 형태의 전환(즉, 시설화에서 탈시설화)만을 논의했을 뿐이며, 장애인들이 억압받고 있는 갈등과 모순관계를 설명하지 못한다는 것이다. 이 근본적인 관계가 해결되지 않은 상태에서 지역사회로의 무모한 복귀는 차별과 억압상황을 더욱 직접적인 것으로 만들기 때문에 매우 위험한 결과만 낳을 수 있다는 것이다.

둘째, 노멀라이제이션 가치에 따라 양질의 서비스를 제공한다고 할지라도 서비스의 통제권이 전문가들에게 있는 한 장애인 권리의 실현은 제한된다는 것이다. 장애인들은 궁극적으로 그들 자신이 서비스에 대한 통제권을 갖기를 원한다는 것이다.

셋째, 노멀라이제이션 논의에서는 사회 · 정치적 변화라는 것이 결국은 힘이 있는 쪽에서 힘이 약한 쪽으로 선물이 흘러 들어가는 형태의 소극적 의미를 지닐 수밖에 없다는 것이다. 즉, 제한된 의미의 평등을 보장하는 선에서 기득권층이 베푸는 복지상품을 기다리는 형태가 될 수밖에 없다는 것이다.

이와 같은 이유로 올리버는 노멀라이제이션 개념으로는 사회이론의 세 가지 요건, 즉 경험에 대한 묘사의 적절성, 경험을 설명할 수 있는 능력, 경험을 전환시킬 수 있는 잠재력 중 어느 하나도 만족스럽게 설명할 수 없다고 보았다. 따라서 노멀라이제이션은 그 속에 내포된 수상에도 동의할 수 없다고 하였다(Oliver, 1994; 이성규, 2000: 74; 2001: 424; 유동철, 2013: 25).

정동영의 울펜스버거에 대한 비판

정동영(2010)은 울펜스버거의 노멀라이제이션 사상을 중심으로 노멀라이제이션이 갖는 함정을 다음과 같이 논하고 있다.

첫째, 노멀라이제이션은 의도하였든 의도하지 않았든 노멀라이제이션을 선(善)과 등식화하는 태도와 더불어 정상을 지향하는 함정을 지니고 있다. 울펜스버거(Wolfensberger, 1972: 68)는 지적장애인들이 "가능한 한 문화적으로 정상적인 것으로 개인적 행동을 확립하고 유지하도록 하기 위하여" 노멀라이제이션을 제안하였다. 이러한 제안은 정상을 강조하며 정상을 지향하고 있다는 것이다.

둘째, 울펜스버거의 노멀라이제이션은 차이를 일탈로 보는 함정을 지니고 있다. 울펜스버거(Wolfensberger, 1972)는 평가절하되고 일탈된 개인들이 집합적으로 모여 있는 상태를 일탈 병치(deviant juxtaposition)라고 하면서 노멀라이제이션은 "일탈된 사람들과 비일탈적인 사람들의 통합을 요구한다."라고 하였지만, 차이를 일탈로 규정하는 특성이 있다. 노멀라이제이션에서 사용하는 일탈 개념은 "한 사회의 지배적인 것 또는 보편적인 것과 다른 무엇, 그리고 이로 인하여 야기되는 결과를 언급하는 것"(Wolfensberger, 1972: 24)을 말한다. 그는 어떤 사람이 비교적 중요하게 여겨지는 면에서 다른 사람들과 매우 다르다고 판단되고, 이러한 차이가 부정적으로 가치화된 것을 일탈이라고 보았다(Wolfensberger, 1972: 25). 따라서 노멀라이제이션은 장애인의 통합을 위하여 사회에 변혁을 요구하지만, 차이를 부정하고 일탈이라고 규정하는 함정을 지니고 있다는 것이다.

셋째, 울펜스버거의 노멀라이제이션은 장애인을 평가절하하는 함정을 지니고 있다. 울펜스버거(Wolfensberger, 1983: 234)는 "노멀라이제이션의 최상의 목적은 사회적으로 평가절하될 위험에 있는 사람들을 위하여 가치 있는 역할들을 창조하고 지원하며 지키는 것이어야 하고, 만약 개인의 사회적 역할이 사회적으로 가치 있는 것이라면, 기타 바람직한 것들은 적어도 그 개인이 속한 사회의 규준과 자원 내에서만 자동적으로 그에게 일치한다."고 지적하였다. 이 지적에는 장애인을 평가절하하는 주장이 포함되어 있다. 분명히 노멀라이제이션은 장애인이 사회의 규준과 자원에 일치하지 않는 경우 사회적으로 평가절하하며, 그런 위험에 있는 사람들을 위하여 가치 있는 사회적 역할을 창조하고 지원하며 방어하여야 한다고 가정하고 있다. 따라서 노멀라이제이션은 장애인을 평가절하하는 함정을 지니고 있다는 것이다.

넷째, 노멀라이제이션은 주류의 규범과 문화만을 강조하면서 장애인에게 변화를 요구한다는 함정을 지니고 있다. 노멀라이제이션은 장애인을 배제하는 장소와 환경에 대하여 의문을 제기하기보다, 그들을 배제하는 사회에 접근하기 위하여 장애인에게 스스로 변화해야 한다고 요구한다(김성욱, 2004: 15). 분명히 노멀라이제이션은 주류의 가치체계에 장애인을 편입시키거나 일방적으로 주류의 규범을 요구하는 측면이 있다. 그러면서 그 요구에 따르지 않은 개인을 평가절하한다.

다섯째, 울펜스버거의 노멀라이제이션은 그 대상을 평가절하된 개인으로 보는 함정이 있다. 울펜스버거의 노멀라이제이션은 장애인에게 행동, 용모 및 선호를 바꾸도록 요구한다는 데 제한이 있다. 울펜스버거(Wolfensberger, 1972: 45)에 의하면, "일탈된 개인은 가능한 정상적으로 행동하는 것, 즉 정상적인 이미지를 습득하여야 한다."라고 한다. 그러므로 노멀라이제이션은 장애인을 정상으로 바꿔야 한다는 함정을 지니고 있다는 것이다.[12)]

마지막으로 노멀라이제이션은 장애인에게 준비를 요구하는 함정을 지니고 있다. 노멀라이제이션은 사회에 장애인에 대한 수용 능력의 증대를 요구하지만, 일반인에게 정상적인 것이 모두에게 정상적이기 때문에 장애인에게 정상적인 수단을 획득하도록 준비를 요구한다는 것이다.

12) 울펜스버거의 노멀라이제이션 사상은 '보호주의적'이며, 그 시대나 사회의 문화에 장애를 가지는 사람들의 행동을 '적응시킨다'는 것을 목표로 하고 있어, 그 시대나 사회(즉, 비장애인이 지배하는)의 규범이나 가치관을 긍정하고 있다는 비판(H.Brown& H. Smith ed., 1992)도 있다.

6. 노멀라이제이션의 유산과 한국에의 시사점

이상 살펴본 노멀라이제이션의 원리를 함축적으로 표현하면 '완전한 참여와 평등'이라 할 수 있을 것이다. 즉, 장애인이 지역사회의 모든 시민과 동등한 평범한(당연한) 생활을 하는 것이다. 최근 지역사회를 기반으로 한 장애인에 대한 사회복지서비스는 노멀라이제이션의 영향을 많이 받았다. 장애인이 탈시설하여 지역사회에서 거주하면서 보건시설과 여가시설을 이용하며 생활하는 것도 노멀라이제이션의 영향이며, 장애학생들이 통합교육을 받게 된 것도 역시 노멀라이제이션의 영향이다. 이러한 노멀라이제이션의 원리는 장애인복지뿐만 아니라 사회복지의 모든 분야에서 사회복지서비스의 기본원리로 확대되고 있다.

노멀라이제이션의 가장 큰 유산은 노멀라이제이션 이념이 장애인 권리와 함께 장애인의 사회통합 이념을 발전시켰다는 것이다. 장애인의 권리는 장애인복지의 기본 가치이며, 장애인의 통합된 삶은 권리의 결과이자 완성이라 할 수 있는데(김미옥 외, 2004: 19), 노멀라이제이션은 장애인의 자기결정과 존중받을 권리, 정상적인 경제활동과 공동체에 참가할 권리를 보장하여야 한다고 요구하였으며, 장애인의 물리적, 사회적 통합을 촉진시켰다. 그뿐만 아니라 노멀라이제이션은 사회에 조정을 요구하며, 장애인의 참여를 요구하고 공공의 관심을 요구하며, 사회의 수용 능력 증대를 요구하는 유산을 남겼다(정동영, 2010: 154-155).

노멀라이제이션 원리의 실현 및 발전을 할 수 있으려면 우선 국가의 사회보장제도가 충실해야 하며, 시민의식이 높아져야 한다. 노멀라이제이션의 실현을 위해 국가재정이나 지자체의 재정에서 예산이 지출되어도 당연하다는 인식이 시민에게 있어야 하며, 시민의 복지 욕구를 중시여기는 정당이 존재해야 한다. 아울러 노멀라이제이션의 실현을 위해서는 복지행정관의 의식이 높아져야 한다. 노멀라이제이션 자체가 재정 투입의 대폭적인 증대를 통해 서비스의 질을 향상시켜 온 것이므로 경제적 상황에 따라 서비스 시스템의 유지와 확대가 어려움에 직면할 수 있다. 하지만 노멀라이제이션 사상이 어려운 외적인 조건 아래 있어도 평등성과 권리성을 소중하게 생각하는 시민의식이 강하다면 극복할 수 있을 것이다.

제2장
권리옹호

1. 권리옹호란 무엇인가
2. 미국의 장애인 권리옹호체계
3. 영국의 장애인 권리옹호체계
4. 한국의 장애인 권리옹호체계

제2장 권리옹호

1. 권리옹호란 무엇인가

권리옹호의 의미

장애인복지에서 빼놓을 수 없는 중요한 사상이 바로 권리옹호(advocacy)이다. 특히, 지적장애인과 정신장애인 등은 장애로 인해 자신이 권리를 주장하기에 많은 어려움이 따르기 때문에 이들에게 있어서 권리옹호는 상당히 중요한 지원 활동이다.

권리옹호는 다양한 개념을 포함하고 있으므로 한마디로 정의하기에는 어려움이 있지만, 통상적으로 사회적 약자를 위해 변호 · 지지 · 주장하는 활동을 지칭한다.[1] 영어의 권리옹호(advocacy)는 프랑스어 'voco'에서 유래한 말로 'voco'는 'to call'이며 '목소리를 높인다'라는 의미가 담겨 있다. 결국, 권리옹호는 자신 또는 누군가를 위해 큰 소리로 말하는 것을 의미한다.

사회복지에서 권리옹호란 사회정의의 보장과 유지를 목적으로 개인, 집단, 지역사회의 이익을 위해 일련의 행위를 직접 대변, 옹호, 지지하는 활동이며, 클라이언트를 서비스 이용의 권리주체로서 인식하는 것을 말한다. 여기에는 이용자가 일정한 이익을 얻을 권리가 있지만, 현실에서는 그 권리의 실현이 곤란하므로 권리실현을 지원할 활동이 필요하다는 의미가 담

1) 영어의 advocacy는 권리옹호, 권익옹호, 옹호 등으로 사용되기도 한다.

겨 있다(이명현, 2004: 30).

권리옹호는 사회복지 이용자의 권리획득과정을 중시하고, 주체성에 가치를 둔 개념으로 인권 개념이 그 성립 기반이 되고 있다. 즉, 생존권이 '삶의 질(QOL)'로서 중시되고, 노멀라이제이션의 영향으로 사회 전체에 적용되는 사상이 되었다(이명현, 2004: 33).

권리옹호의 유형

장애인 권리옹호의 유형은 다양하다. 대표적인 권리옹호의 유형으로는 자기권리옹호(self advocacy), 시민권리옹호(civil advocacy), 법적 권리옹호(legal advocacy), 제도적 권리옹호(system advocacy) 등을 들 수 있다(小沢温編, 2003: 4-5; 村上武志, 1994: 31-32).

자기권리옹호란 장애인 자신(단체도 좋음)이 자신들의 권리를 스스로 주장하고 행동하는 것이다. 이 경우의 권리는 법적인 권리라기보다는 욕구(needs)나 이익으로 바꾸어 말할 수 있는 점에서 폭넓은 의미가 있다. 장애인단체는 정도의 차는 있지만 자기권리옹호를 행하는 단체로서 규정할 수 있다. 이 점에서 장애인단체의 활동은 장애인복지에서 한층 기반적인 권리옹호 활동이라고 말할 수 있다.

시민권리옹호는 장애인과 서비스 제공자로부터 독립된 제3자인 시민이 행하는 권리옹호 활동으로서 이해할 수 있다. 단지, 장애인과 독립되어 있다는 의미는 장애인단체의 구성원이나 관계자가 아니라는 의미이며, 장애인의 권리를 옹호하는 점에서는 장애인 측에 선 입장이라 할 수 있다. 대표적인 시민 권리옹호 활동으로는 최근의 시설 옴부즈만 활동을 들 수 있다. 시설 옴부즈만 활동은 시설로부터 독립된 제3자인 시민(단체)이 시설의 서비스 내용을 점검하고, 서비스 이용자(그 대부분은 시설입소자)의 권리가 침해받고 있지 않은지, 질 좋은 서비스가 제공되고 있는지에 대해서 점검하는 형태를 지니고 있다.

법적 권리옹호는 법률적인 측면에서 장애가 있는 사람들의 욕구(needs)를 충족시키거나 인권을 옹호하는 활동을 말한다. 예를 들면, 변호사 등의 법률 전문가가 장애가 있는 사람과의 계약을 통해서 법적인 권리가 침해받고 있는지를 점검하는 등의 권리옹호 활동을 일컫는다. 법적 권리옹호는 법률 면에서의 권리에 한정되기 때문에 활동 범위는 한정되지만, 법적인 권리에 관해서는 재판을 통해서 주장할 수 있으므로 강제력이 강한 권리옹호 활동이라 할 수 있다.

제도적 권리옹호는 장애가 있는 사람이 어떠한 원조를 원하고 있는가, 어떠한 행정서비스를 요구하고 있는가 등을 제시하면서, 이들이 요구하는 서비스를 빠짐없이 받을 수 있도록 제도적인 측면에서 개선을 도모해 가는 활동이다.

그밖에도 권리옹호를 행하는 주체를 중심으로 전문가옹호, 법률옹호, 시민옹호, 자기옹호, 가족옹호, 동료옹호 등으로 구분하기도 하고, 옹호 활동에 대한 금전적 보상 여부에 따라 자기옹호와 비용을 지불하는 전문가옹호, 비용을 지불하지 않는 아마추어옹호 등으로 구분하기도 한다. 그리고 옹호 활동의 지속시간을 기준으로, 즉 옹호 활동이 단기간 이루어지는 것인지 장기간 지속되는 것인지에 따라 구분하기도 한다. 자기옹호와 시민옹호는 장기간 지속되는 옹호에 해당하고, 유료의 독립적인 옹호, 직원에 의한 옹호, 어떤 이슈를 해결하기 위한 위기 또는 사례옹호 등은 단기간의 옹호에 해당한다(강희설, 2010: 11-13).

권리옹호 활동의 방법

권리옹호의 방법은 크게 두 가지로 구분된다(小沢温編, 2003: 5). 하나는 장애인의 권리를 지키고, 회복하기 위해서 기존 제도의 운용, 해석을 최대한으로 이용하는 방법이다. 복지행정은 원래 제도의 운용, 해석을 좁고 한정적으로 보는 경우가 많으므로 제도의 운용, 해석을 장애인의 생활 실태에 근거해서 폭넓고 유연하게 해석함으로써 장애인의 권리를 옹호한다. 이 방법은 사회복지사나 변호사 등 법과 제도의 전문직에 의해 이루어지는 경우가 많다. 행정에 대한 불복종이나 복지서비스에 관한 고충처리제도 등이 구체적으로 이용된다.

다른 하나는 기존 제도의 미비, 또는 정비되지 않은 상황에 의해 장애인의 권리보장에 지장을 주고 있는 경우, 제도의 개정이나 새로운 법 · 제도의 제정 등을 실시함으로써 권리옹호를 하는 방법이다. 이 방법은 정치적인 로비활동, 소송 등의 법적 활동, 그리고 사회운동을 통해 이루어지는 경우가 많으므로 장애인단체의 운동이나 시민단체의 운동이 중요한 역할을 수행한다.

권리옹호의 이념 기반

장애인의 권리옹호는 장애인의 인권이 침해당했을 때, 그들의 목소리를 높이고, 대응역량을 강화시켜 인권을 회복시키는 데 초점을 둔다. 그 과정에서 반드시 지켜야 할 이념적 지향은 다음과 같다.

첫째, 장애인의 존엄성과 다양성을 존중해야 한다는 것이다. 인간의 존엄성은 인간 사회에서 절대적인 가치이자 최고의 목적적 이념이다. 즉, 인간이 신분이나 직업, 경제 상태나 신체적 조건, 출신 지역이나 민족, 피부색, 성별, 연령 등을 이유로 해서 차별하거나 차별받거나, 인간성이 부정되어서는 안 된다는 것이다. 인간 존엄의 완전한 실현은 편견과 차별이 없는 사회를 만들기 위한 노력으로 비로소 가능한 것이다. 이러한 노력의 하나가 권리옹호의 실천이다. 또한, 인간의 다양성 존중은 개인의 정치적, 문화적, 유전적 차이 등 다양한 차이를 인정하고 있는 그대로 받아들인다는 것을 의미한다. 따라서 장애를 하나의 유형으로 인식한다거나, 장애인을 장애가 있는 하나의 집단으로 인식하지 않고, 장애를 장애 그 자체로 받아들여야 한다(이석구, 2007). 그러나 현실에서는 이러한 것이 존중되지 않는 경우가 많기 때문에 장애인에 대한 권리옹호가 필요하다는 것이다.

둘째, 장애인 스스로 목소리를 낼 수 있어야 한다. 전문가의 개입은 자신이 자신의 권익을 지키기 위한 노력이 전제되어야만 가능하다. 현재의 어려움에 매몰되기보다는 스스로 권익을 지킬 수 있는 역량을 강화시키는 것이 중요하다(김진우, 2019).

셋째, 자기결정권을 존중해야 한다는 것이다. 우리 인간의 삶에 있어서 소중한 가치 중의 하나가 바로 자기결정권이다. 자기결정권이 없는 삶은 그림자와 같은 삶과도 같다. 자기결정권이란 자신의 삶을 구성하는 내용을 자신의 의지에 따라 스스로 선택하고 결정하는 권한을 말한다. 자기결정권이 박탈되면 장애인의 권리를 스스로 지키지 못하게 되고 심각한 인권침해를 받을 수밖에 없다. 따라서 적극적인 지원을 통해 장애인 스스로 결정한 것을 자신 또는 누군가가 적극적으로 주장해 주고 지원해 주어야 한다. 이것이 권리옹호가 필요한 이유다.

권리옹호의 실천 원칙

먼저, 미국의 경우를 살펴보자. 미국의 장애인권리옹호기관들은 다음과 같은 원칙을 가지고 활동한다(임성택, 2016; 정영진: 2020). 첫째, 평등과 공평, 공정(equality, equity, and fairness)의 원칙이다. 둘째, 의미 있는 선택과 권한 부여(meaningful choice and empowerment)의 원칙이다. 셋째, 지원과 참여(supports and participation)의 원칙이다. 넷째, 독립(independence)의 원칙이다. 다섯째, 문화적 역량(cultural competency)의 원칙이다. 여섯째, 자원 창출(resource generation)의 원칙이다.

다음 영국의 경우를 살펴보자. 영국의 권리옹호 원칙은 2002년도에 공포된 권리옹호헌장(Advocacy Charter)에 기초하여 권리옹호행동(Action for Advocacy, A4A)에 의해 개발된 것으로 그 내용은 다음과 같다(김용득 외, 2012; 염형국, 2014; 정영진, 2020).

첫째, 목적이 명료해야 한다. (목적의 명료성)

둘째, 옹호인은 이익이 상충될 수 있는 체계와 독립적이어야 한다. (독립성)

셋째, 권리옹호실천은 당사자 우선이어야 한다. (당사자 우선)

넷째, 권리옹호실천은 역량강화의 과정이어야 한다. (역량강화)

다섯째, 권리옹호실천은 모든 서비스 이용자에게 동등한 기회를 부여해야 한다. (동등한 기회)

여섯째, 누구든지 쉽게 접근 가능해야 한다. (접근가능성)

일곱째, 모든 체계는 옹호와 관련된 책임성을 가져야 한다. (책임성)

여덟째, 옹호인에 대한 지원체계의 구성이 필요하다. (옹호인에 대한 지원체계 구성)

아홉째, 옹호의 전 과정에서 비밀보장이 되어야 한다. (비밀보장)

열째, 옹호체계에는 이의제기 절차가 마련되어야 한다. (이의제기 절차)

한편, 우리나라에서 논의되어 온 장애인 권리옹호기관의 기본원칙을 요약하면, 다음과 같다. 즉, ① 장애인의 존엄성과 다양성 존중, ② 장애인의 자기결정권 존중, ③ 장애인의 학대예방과 권리침해에 대한 구제, ④ 정부, 서비스 제공자(시설) 등으로부터의 독립성, ⑤ 시설에서의 인권침해, ⑥ 권리옹호기관의 조사권, 소송제기권 등 실질적인 권한 강화, ⑦ 피해자의 특성에 대한 전문적 이해를 갖춘 인력의 확보, ⑧ 장애인의 역량강화, ⑨ 장애인의 참여보장, ⑩ 국가 및 지방자치단체의 재정적 지원 강화 등이다.

2. 미국의 장애인 권리옹호체계

1) P&A 역사

미국에서 장애인 권리옹호에 대한 필요성이 제기된 것은 지적장애인 거주시설 윌로브룩(Willowbrook)에서의 인권침해 사건이 사회적인 문제로 인식되면서부터였다(염형국, 2010: 69). 이 사건을 계기로 장애인의 보호 및 옹호(Protection and Advocacy, 이하 P&A) 시스템이 도입되었는데, 최초의 P&A 프로그램이 PADD(Protection and Advocacy for Individuals with Developmental Disabilities)이다. 이 프로그램은 발달장애인을 위한 보호 및 옹호 프로그램이다.

[책갈피 2.1]

윌로브룩(Willowbrook)에서의 인권침해 사건

뉴욕주 스텐튼섬(Staten Island)에 있는 윌로브룩(Willowbrook)은 1937년에 설립된 발달장애인 수용시설이다. 처음에는 지적장애아동들을 수용하면서 시작되었으나, 1965년에 이르러 4,000명 정원에 6,000명 이상을 수용하는 과정에서 환경이 극도로 악화되었다. 이에 스테튼지역의 신문들이 윌로브룩의 과밀수용, 지저분한 생활환경과 거주자들에 대한 부당한 처우 등에 대해 보도를 하였고, 1972년에 이르러 제랄도 리베라(Geraldo Rivera) 기자가 지역방송(WABC-TV)을 통하여 '윌로브룩, 최후의 수치'(Willowbrook, The Last Disgrace)라는 탐사보도를 방송한 뒤 전국적인 관심을 끌게 되었다. 이후 1974년 발달장애아동을 위한 한 권리옹호단체가 뉴욕주 윌로브룩을 상대로 소송을 제기하였고, 판결에서 윌로브룩이 부모들의 권리(위험으로부터 보호받을 권리)를 침해했다고 판단되었는바, 재판과정에서 윌로브룩에서 생활했던 학생의 증언이 나왔는데, "눈을 잃고, 이가 부러지고, 귀 일부가 다른 이의 이빨에 물려 떨어져 나가는 상황이 발생하고, 잦은 상처와 부상이 일상적이었다."라고 함으로써 윌로브룩의 처참함이 밝혀졌고, 폭력과 부적절한 감금, 부상의 방치, 심지어는 의학적인 실험을 위한 의도적인 질병에의 노출 등이 밝혀지게 되었다.

출처: 송시섭(2013), p.240.

P&A는 법률에 기반을 둔 옹호를 통하여 장애인의 권리를 보호하는데, 그 법적 근거는 1975년 「발달장애인 지원 및 권리장전법」(Developmental Disabilities Assistance and Bill of Rights Act: DD Act 또는 「발달장애인법」이라고도 함)이 제정되면서 마련되었다. 이 법에서는 각 주(州)에 장애인들을 위한 지역서비스를 개선하여 연방자금을 지원하도록 규정하고, 자금지원을 전제로 권리옹호기구의 설립을 요구하였는데, 그 결과 발달장애인을 위한 P&A 프로그램을 시행하게 되었다. P&A 기관은 비록 연방이나 주로부터 재정지원을 받고 있지만, 「발달장애인법」은 P&A 기구로 하여금 연방이나 주로부터의 독립성을 요구하고 있다. 즉, 각 주지사가 P&A 기관을 지정하고 그 기관이 어떤 서비스 공급자로부터도 독립성이 보장될 것을 규정한 것이다(송시섭, 2013: 242).

P&A 시스템은 원래 지적장애인시설에 있는 사람들을 학대와 방임으로부터 보호하기 위한 것이었는데, 법령에서 그 권한은 더욱 구체화되고 확대되었다(염형국, 2010: 69). 그리고 연방의 재정지원이 이루어지면서 1977년에는 모든 주에서 P&A 시스템을 갖추게 되고(송시섭, 2013: 239-240), 그 후로 P&A 시스템은 모든 종류 장애인들의 권리를 보장하는 것으로까지 확대되었다.

1973년에 제정된 「재활법」(Rehabilitation Act)이 1984년에 개정되면서 사회복지서비스 이용자들에 대한 옹호서비스를 제공하는 프로그램인 CAP (Client Assistance Program)가 도입되었다. CAP는 「재활법」하에서 주 재활기관으로부터 서비스를 받거나 받으려고 하는 사람들에게, 그들의 권리를 보장하기 위한 행정적, 법적 원조는 물론 정보와 적절한 원조를 제공한다. 그리고 1986년에 거주시설에 있는 정신장애인의 권리옹호를 위한 PAIMI (Protection and Advocacy for Individuals with Mental Illness)가 제정되었다. 이로써 각 주의 P&A 기관들은 PAIMI법에 근거하여 부적절한 격리와 강박의 사용과 관련된 학대 사건, 방임과 이들 시설에서 벌어진 시민권 위반사건을 조사하는 동안 공·사립주거시설 거주자, 거주자 기록, 관련 사망자에 대한 접근권을 부여받았다.

한편, 위의 세 가지 프로그램, 즉 PADD와 CAP, PAIMI에 의한 서비스는 주로 발달장애인, 직업재활기관을 찾는 사회복지서비스 이용자를 대상으로 하고 있었기 때문에 시각장애인, 청각장애인, 지체장애인은 서비스를 받을 자격이 없었다. 그리하여 의회에서 이들의 권리를 보호하기 위해 1993년 「재활법」을 개정하여 PAIR(Protection and Advocacy for Individuals Rights)을 도입하였다. 시각장애인, 청각장애인, 지체장인을 포괄하게 되면서 모든 유형의 장애인을 위한 프로그램으로 발전해 나가는데, 그 이듬해인 1994년에는 보조공학을 위한 보호 및 권리옹호인 PAAT(Protection and Advocacy for Assistive Technology)가 만들어졌고, 1999년에는 「노동인환권 및 노동유인증진법」(Ticket to Work and Work Incentive Improvement Act: TWWIIA)이 제정되면서 PABSS(Protection and Advocacy for Beneficiaries of Social Security)가 도입되었다. 그리고 2002년에는 외상성 뇌손상을 입은 장애인에게 보호 및 권익옹호 서비스를 제공하기 위한 프로그램 PATBI (Protection and Advocacy for Individuals with Traumatic Brain Injury)가 도입되었다. 그리고 그 이듬해인 2003년에는 장애인의 투표접근권을 위한 보호 및 옹호 프로그램인 PAVA(Protection and Advocacy for Voter Access)가 도입되었고, 가장 최근에는 수취대리인(Representative Payee) 시스템을 도입하기에 이른다. 이는 장애인에게 지급되는 수당을 대신 받아서 장애인을 위해서 관리하는 경우 수취대리인이 자기의 임무를 제대로 수행하지 않는 것을 방지하기 위한 시스템으로 2018년 8월부터 시행되었다.

2) P&A 시스템 프로그램

이러한 역사적 흐름에 따른 P&A 시스템 프로그램을 간단히 소개하면, 다음과 같다.[2)]

PADD

PADD(Protection and Advocacy for Individuals with Developmental Disabilities, 1975)는 발달장애인을 위한 보호 및 옹호 프로그램이다. 서비스 대상자는 「발달장애인 지원 및 권리장전법」에서 정의된 발달장애를 가진 사람이다. 구체적으로 ① 22세 전에 발달장애가 명백한 사람, ② 발달장애가 지속적으로 계속될 가능성이 높은 결과 자기돌봄, 듣기와 말하기, 학습, 이동성, 혼자 다니기, 독립생활능력, 경제적 자급자족 등의 주요 생활 활동에서 3가지 이상 실질적인 기능상의 제한이 있는 사람, ③ 출생 시부터 9세까지 실질적인 발달지연, 또는 선천적 혹은 후천적 장애를 가진 사람 중 서비스 지원을 받지 않으면 그러한 요건에 해당될 가능성이 큰 사람이다.

P&A 기관은 주지사가 지정한다. P&A 기관으로 지정된 대부분의 단체는 민간 비영리단체이다. 그러나 몇몇 P&A 기관들은 주정부의 일부이고, 소수는 준공공기관이며, 소수의 P&A 기관들은 민간 법률서비스 프로그램

2) P&A 시스템 프로그램에 관해서는 조한진, 「미국 장애인 권리옹호체계의 현황과 그 함의」, 『장애인 권리옹호체계 확립을 위한 정책토론회 자료집』, 2010; 조한진, 「미국 장애인 권리옹호체계」, 『장애인 권리옹호체계 확립을 위한 정책토론회 자료집』, 2014; 염형국, 「미국의 P&A(Protection and Advocacy) 제도 검토」, 『장애인 권리옹호체계 확립을 위한 정책토론회 자료집』, 장애인차별추진연대 · 탈시설정책위원회, 2010; 송시섭, 「미국 장애인 권리옹호체계의 국내법 체계 수용 가능성」, 『법학논집』 20(2), 2013; 서재경 · 제철웅 · 최윤영, 「한국 장애인 권익옹호 지원체계의 도입과 과제-추진배경과 과정을 중심으로」, 『한국장애인복지학』 32, 2016 등을 참조하여 정리하였다.

내에 존재한다.

PADD 시스템의 권한은 다음과 같다. ① 해당 주에 있는 발달장애인의 권리를 보호 및 옹호하기 위한 법률적, 행정적 그리고 적절한 구제수단을 취할 수 있는 권한, ② 발달장애인[3]의 욕구에 맞는 프로그램과 서비스에 관한 정보를 제공하거나 관련 기관을 안내할 권한, ③ 발달장애인에 대한 학대 및 방임 사건이 기관에 보고되거나, 그러한 사건이 발생하였다고 믿을 만한 상당한 이유가 있는 경우에 그 사건에 대해 조사할 수 있는 권한, ④ 발달장애인에 관한 모든 기록에 접근할 수 있는 권한,[4] ⑤ 기관이 문서로 관련 기록에 대한 요구를 한 이후 3일 이내에 조사와 관련 있는 발달장애인의 기록에 접근할 수 있는 권한, ⑥ 기관이 문서로 그러한 요구를 한 이후 24시간 이내에 다른 제3자의 동의 없이 즉시 그 기록에 접근할 수 있는 권한,[5] ⑦ 정책입안자들을 교육할 수 있는 권한 등(염형국, 2010).

PADD는 「발달장애인 지원 및 권리장전법」에 근거하고 있으며, 미국 보건 및 인적 서비스부, 아동가족국, 발달장애국이 담당하고 있다.

CAP

CAP(Client Assistance Program, 1984)는 주 직업재활기관을 찾는 사회복지서비스 이용자들에 대한 옹호서비스를 제공하는 프로그램이다. 이 프로

---

3) 여기서 말하는 발달장애인은 첫째, 기관의 의뢰인인 발달장애인 당사자(법률상 후견인, 보호자 또는 그 외에 기관에 접근권을 부여한 다른 법률상 대리인이 의뢰한 경우도 포함), 둘째, 정신상, 신체상 조건을 이유로 기관에 그러한 접근권을 부여할 수 없는 장애인, 셋째, 법률상 후견인, 보호자, 그 외 다른 법률상 대리인이 없거나 후견인이 주정부인 발달장애인을 말한다.

4) 이 경우 기관에 접수된 진정은 모니터 결과 해당 장애인이 학대나 방임에 처해 있을 상당한 근거가 있어야 한다.

5) 이 경우는 기관이 해당 장애인의 건강과 안전이 심각하고도 즉각적인 위험에 처해 있는 상당한 근거가 있다고 판단한 경우와 발달장애인이 사망한 경우에 해당한다.

그램은 모든 주에서 입법화되었고, 절반 이상의 주 지정 P&A 기관에서 CAP 서비스를 제공하고 있다. 주요 서비스의 내용은 ①「재활법」 및 미국 「장애인법」 Title I (고용) 규정상 이용 가능한 모든 서비스의 신청자와 수혜자에게 정보를 제공하고 자문하는 일을 비롯하여 ② 기금지원 서비스를 받도록 도와주는 일, ③ 불만 사항 조사, ④ 프로그램 또는 상담가의 결정에 대해 진정을 제기하는 데에 도움을 주는 일, ⑤「재활법」상 받을 자격이 있는 처우나 서비스 또는 재활을 받지 못하였을 때 행정상, 법률상 또는 다른 적절한 절차를 대리하는 일, ⑥ 서비스 신청자와 수혜자에게 P&A 기관과 같이 그들을 도울 수 있는 다른 기관을 연결해 주는 일 등이다.

CAP 운영기관은 다음과 같은 권한과 책임이 있다. ① 재활법상의 이용 가능한 혜택을 받으려는 의뢰인과 지원자에 대한 정보제공, ② 재활법상 제공되는 프로젝트, 프로그램, 서비스와 관련 있는 이들에 대한 지원 및 권리옹호,[6] ③「재활법」 및 미국 「장애인법」의 고용 관련 조항에 따른 이용 가능한 서비스와 혜택에 관한 정보제공, ④ 장애인고용을 촉진하는 것과 직접 관련 있는 서비스에 관한 지원 및 권익옹호 등(염형국, 2010).

CAP는「재활법」에 근거하고 있으며, 미국 교육부 산하 특수교육 및 재활서비스 부서와 재활서비스국이 담당하고 있다.

PAIMI

PAIMI(Protection and Advocacy for Individuals with Mental Illness)는 주로 병원과 다른 거주시설에 있는 정신장애인의 권리옹호를 위한 것으로 1986년에 제정되었다. PAIMI 프로그램은 「발달장애인법」상 각 주에서 지정된

6) 재활법상 그들의 권리를 보장받기 위해 법률상, 행정상, 또는 다른 적절한 구제수단을 취하고 있는 개인들에 대한 지원 및 권리옹호를 포함한다.

P&A 시스템에 의해 관리된다. P&A 기관들은 정신장애인의 권리를 보호 및 옹호하도록 그리고 정신장애인을 돌보거나 치료하는 시설에서의 학대와 방임의 보고를 조사하도록 위임받는다. 이 프로그램의 대상자는 첫째, 주 법에 따라 자격을 받은 정신보건전문가의 진단결과 심각한 정신장애나 정서장애를 가진 것으로 판명된 자 둘째, 정신장애인의 요양을 위한 공립 및 사립병원 입원환자 및 주거시설 입소자 셋째, 공립 및 사립주거시설에 있을 당시 학대나 방임 또는 권리침해를 당하였거나, 그런 위험에 있었던 자 등이다. 한편, 2000년에는 지역사회에 거주하는 정신장애인들을 위한 기구로 확대되었다.

P&A 기관들은 이러한 대상자를 위해 다음의 경우에 개입할 수 있다. 첫째, 요양시설로의 이동 또는 입소허가 기간 동안 둘째, 요양시설에서 퇴원 및 퇴소한 후 9일 이내 셋째, 요양시설에 있는 동안 누군가가 사망하였거나, 그의 행방이 밝혀지지 않은 경우 넷째, 보호소나 교도소에 범죄혐의로 유죄판결을 받고 복역하는 것이 아니라 다른 이유로 강제로 감금된 경우 등이다(염형국, 2010).

PAIMI는 「정신장애인 보호 및 권리옹호법」에 근거하고 있으며, 미국 보건 및 인적 서비스부 산하의 약물남용 및 정신보건서비스국과 정신보건서비스센터가 담당하고 있다.

PAIR

PAIR(Protection and Advocacy for Individuals Rights)은 장애가 있는 개인들의 권리를 보호하기 위해 의회에서 1993년 재활법의 개정으로 만들어졌다. 시각장애인, 청각장애인, 지체장애인은 이전에 수립된 PADD와 CAP, PAIMI에 의해서는 서비스를 받을 자격이 없었는데, PAIR 프로그램은 이러한 장애인들을 지원하기 위해 만들어진 것이다. 이로써 시각장애인, 청각장애인, 지체장애인을 포괄하게 되었다. PAIR이 PADD와 PAIMI보다는 기금이 적지만, PAIR은 모든 장애인의 권리옹호를 위한 포괄적 시스템이라는 점에서 의미가 있다.

PAIR은 「재활법」에 근거하고 있으며, 미국 교육부 산하의 특수교육 및 재활서비스 부서와 재활서비스국이 담당하고 있다.

PAAT

PAAT(Protection and Advocacy for Assistive Technology)는 1994년에 만들어졌는데, 장애인들이 보조공학기기나 보조공학 서비스를 취득하거나 이용하고 유지할 수 있도록 지원하는 것을 목표로 하고 있다. PAAT는 「재활법」과 특수교육, 저소득층 의료보험인 메디케이드(Medicaid), 노인 · 장애인을 대상으로 하는 의료보험인 메디케어(Medicare), 민간보험 또는 다른 재원으로 보조공하기기나 서비스를 받을 자격이 있는 장애인들을 위한 것이다. PAAT는 장애인들이 휠체어 같은 보조기기 등의 구입과정에서의 자금지원이 거절된 경우에 이를 구제하는 절차가 원활해지도록 하였다.

PAAT는 정보제공 및 관련 기관 안내, 장애인들을 위한 보조공학 서비스를 받을 행정적, 법률적 혹은 비공식적 구제 등의 권익옹호 등의 서비스를 제공한다.

PAAT는 「보조공학법」(Assistive Technology Act, 1998)에 근거하고 있으며, 미국 교육부 산하의 특수교육 및 재활서비스 부서와 재활서비스국이 담당하고 있다.

PABSS

PABSS(Protection and Advocacy for Beneficiaries of Social Security)는 사회

보장수급권자들을 위한 권리옹호 프로그램으로 1999년 「노동인환권 및 노동유인증진법」(Ticket to Work and Work Incentive Improvement Act: TWWIIA)이 제정되면서 도입되었다. PABSS는 장애가 있는 사회보장수급자가 필요로 하는 취업을 위한 권익옹호 등의 서비스를 제공한다. 이 프로그램은 사회보장국에서 「발달장애인법」에 따라 각 주에 설립된 P&A 기관에 기금을 지원한다. 2009년에는 사회보장청이 P&A로 하여금 고용주 등이 사회보장수당을 받는 장애인들의 자금을 마음대로 사용하지 못하도록 감시 감독하는 시스템도 도입하였다.

PABSS는 「사회보장법」에 근거하고 있으며, 사회보장국 산하의 장애 및 소득보장 프로그램에서 담당하고 있다.

PATBI

PATBI(Protection and Advocacy for Individuals with Traumatic Brain Injury)는 외상성 뇌손상을 입은 장애인에게 보호 및 권익옹호 서비스를 제공하기 위한 프로그램으로 2002년에 도입되었다. PATBI 서비스 대상자는 외상성 뇌손상을 입은 모든 사람이다. 서비스의 내용은 정보제공, 관련 기관 안내 및 조언, 개인 및 가족에 대한 권익옹호, 법적 대리, 자기옹호에 대한 지원 등이다.

PATBI는 「공중보건서비스법」에 근거하고 있으며, 미국 보건 및 인적서비스부 산하의 공중보건서비스부서 및 보건자원 및 서비스국이 담당하고 있다.

PAVA

PAVA(Protection and Advocacy for Voter Access)는 투표접근권을 위한 프로그램으로 2003년에 출범하였다. 2002년 의회에서 「미국투표지원법」(the

Help America Vote Act: HAVA)을 제정하면서 투표접근을 위한 P&A 프로그램이 신설된 것이다. 의회에서는 장애인들이 투표에 대한 접근권을 확보할 수 있도록 광범위한 권한을 P&A 시스템에 부여하였다. 이로 인해 P&A 기관들은 장애인들이 투표등록, 투표, 선거 장소에 대한 접근 등을 포함하여 선거과정에 충분히 참여할 수 있도록 노력하고, 투표 기기나 시스템 이용에 관한 훈련을 제공한다. 그리고 그러한 기기나 시스템 이용을 시각장애인이나 다른 장애인들이 접근할 수 있도록 시범을 보이고 평가하는 등의 서비스를 제공한다.

PAVA에서 제공된 재원은 「발달장애인법」에 따라 각 주에 설립된 P&A 기관에 지원된다. 다만, 이 기금은 투표 접근성과 관련된 어떠한 소송도 제기하거나 참여하는 데에 사용될 수 없다.

PAVA는 「선거관리법」에 근거하고 있으며, 미국 보건 및 인적서비스부 산하의 아동가족국 및 발달장애국이 담당하고 있다.

3) P&A 기관

P&A 기관의 성격

법률에서는 각 주의 결정으로 P&A 기관을 주 행정기구(state agency)로 둘 수도 있고, 외부에 사설 비영리기구로 둘 수도 있다. 둘 중의 하나를 선택할 수 있다는 것이다. 그러나 어떠한 경우에든 주정부와는 독립성을 유지해야 한다. 이를 위하여 특히 「발달장애인법」에서는 주지사가 기구위원의 1/3 이상을 임명하지 못하도록 하였다. 또한, 「발달장애인법」은 주가 P&A 기관이 자신의 임무를 수행하는 데 있어서 제한을 가할 어떠한 조치(예를 들어 채용제한 등)를 취하지 못하도록 하였다. 한 번 기관의 성격이 정해지면 특별한 사정이 없으면 변경할 수 없도록 하고 있다. 이러한 조치들을 통해 P&A 기관이 유명무실해지는 것을 차단하고 있는 것이다(송시섭, 2013: 242-245).

P&A 기관의 권한과 책임

미국 의회는 P&A 기관들에 장애인을 보호하고 옹호하도록 독특한 권한과 책임을 부여했는데, 이를 소개하면 다음과 같다(조한진, 2010: 23-25).

첫째, 조사권한이다. P&A 기관들은 「발달장애인법」에 근거하여 장애인의 학대, 유기 · 방임 또는 권리의 침해 사건과 관련하여 조사할 수 있는 권한을 부여받는다.

둘째, 접근권한이다. P&A 기관들은 주어진 권한이 효과적으로 수행될 수 있도록 사건과 관련된 장애인들의 모든 기록(정보)에 대하여 접근과 자료 제출을 요구할 수 있는 권한을 부여받고 있다.

셋째, 소송권한이다. P&A 기관들은 장애인을 대신하여 소송을 제기할 수 있다. 즉, 지정된 원고의 일을 맡을 원고적격(standing)의 권리가 있다.

넷째, 책임기제이다. P&A의 이사회는 P&A의 원조를 구하는 사람들의 욕구를 광범위하게 대표하고, 그 욕구에 대한 지식이 있는 사람들로 구성되어야 한다. P&A 기관들은 또한 현재와 잠재적 클라이언트가 양질의 옹호서비스에 대해 전면적으로 접근하도록 보장하기 위하여 이러한 사람들을 위한 내부의 고충 처리수단을 가져야 한다.

다섯째, 우선순위이다. 각 P&A 프로그램이 그 주에서 장애계의 가장 중대한 욕구에 부응하도록 보장하기 위하여, P&A 법령들은 매년 우선순위를 개발하도록 요구하고 있다.

P&A 기관의 재정

P&A 기금은 각 프로그램의 근거 법령에 따라 인구에 기초한 포뮬러 보조금을 통하여 배분된다. 하지만 작은 주는 대부분의 프로그램에서 '최소한의 할당액'(minimum allotment)만 보장받는다. 몇몇 P&A 기관들은 연방 기금만을 사용하여 운영하고, 몇몇은 다른 연방 프로그램이나 주 프로그램을 통하여 추가의 돈을 받으며, 또 몇몇은 개별적인 모금 활동을 한다(조한진, 2010: 28).

3. 영국의 장애인 권리옹호체계

1) 영국 장애인 권리옹호운동의 역사

영국 권리옹호운동의 대표적인 조직으로서 1971년에 조직된 CMH와 1982년에 결성된 권리옹호동맹을 들 수 있다(나카조노 야스오, 2004: 134, 321-323).

권리옹호동맹은 마인드(MIND),[7] 맨캡(MENCAP, 지적장애인협회), 원 · 투 · 원(One · to · One),[8] 수퍼스틱협회(뇌성마비협회), 레오나르도체이셔재단(Leonard Cheshire Foundation) 등 5개 단체가 모인 것이다. 당시에는 장기적으로 병원(심신장애아시설)에 수용되어 인권을 보장받지 못하고 지낸 사람들을 지역사회로 돌아가게 할 필요성이 인식되고 있었다. 1971년과 1980

7) 장애인의 인권을 지키고, 보통생활을 실현하기 위해 운동하고 있는 단체로서 전국에 지부가 있다.

8) 장기수용 생활을 하는 장애인을 방문하거나 우호 관계를 만드는 등의 활동을 하는 단체이다.

년에 간행된 정부 문서는 이러한 현상의 개혁을 지적하는 것이었으며, 권리옹호동맹은 당시의 상황을 개혁하기 위한 운동조직이기도 했다. 이러한 운동은 장애인이 보통시민(ordinary citizen)으로서 보통생활을 실현하기 위한, 즉 검소하지만, 장애인으로서 당연한 인권을 옹호해 나가는 운동이 되어 갔다.

한편, CMH는 지적장애인을 위한 권리옹호운동으로 당시 지적장애인 권리옹호운동에 관계하는 사람들이 모여 정기적으로 런던에서 모임을 가져 지역사회에 기반을 둔 질 높은 서비스의 실현을 위해 의견교환을 하였던 것이 조직적 발전의 계기가 되었다.

1972년 7월 14일부터 16일까지 런던에서 개최된 제1회 전국대회는 지적장애인 22명, 비장애인 15명이 참석했다. 참석한 지적장애인 22명 가운데 8명은 병원에서 생활하고 있고, 5명은 공적 호스텔, 2명은 민간호스텔, 1명은 자원봉사조직경영의 호스텔, 6명은 자택에서 생활하는 사람들이었으며, 참가자의 장애 정도 수준은 중증 수준이었다. 대회의 주제는 '우리들의 삶'에 관한 것으로서, 3차에 걸친 회의에서는 '어떻게 살고 싶은가?', '어떻게 일하고 있는가?', '여가시간에는 무엇을 하고 싶은가?'에 대해서 이야기를 나누었다. 1973년에는 '들어 줘'라는 주제로 개최되었으며, 그 후에도 매년 전국대회가 개최되었다.

CMH는 1972년경부터 출판 활동을 시작하여 노멀라이제이션 원리, 인권, 권리옹호운동, 커뮤니티케어 등에 관한 것을 출판하였으며, 1974년에는 기관지인 「CMH」를 발행하여, CMH의 주장이나 활동을 전국적으로 확대하였다. 1987년까지 런던 본부 이외에 15개의 지부가 생겼다.

1980년 전후부터는 미국의 피플퍼스트(people first) 운동의 영향을 많이 받기 시작했다. 1984년 미국에서 개최된 제1회 국제자기권리옹호회의에는 18명의 장애인이 참석했으며, 이들은 많은 감명을 받았다. 귀국 후 이들은

10월에 런던에 있는 왕립기금센터(King's Fund Center)[9]의 '장기체류와 커뮤니티케어부(部)'에 피플퍼스트 사무실을 두고 운동을 시작하였다. 발족 당시 'London Teams People First'라고 명명하고 25명의 구성원이 월 1회 토요일 오후 사무실에서 모임을 가졌다. 1988년 9월에는 런던에 있는 대학에서 제2회 국제자기권리옹호회의가 개최되었으며, 이 회의에는 유럽 각지에서 300명 이상이 참석했다.

CMH는 작은 조직으로서 재정적인 곤란에 직면하고 있지만, 많은 지지와 함께 권리옹호 활동을 통해 노멀라이제이션 원리의 실현을 위해서 노력하였다. 1990년에 CMH는 VIA(Values Into Action)로 명칭을 변경하였으며, 1994년에는 잉글랜드 지역을 아우르는 피플퍼스트 컨퍼런스를 개최하였다. 이를 통해 영국의 피플퍼스트 집단들은 조직화함으로써 발달장애인의 정치적 위상을 확보해 나가기 시작했다. 발달장애인의 자기옹호는 피플퍼스트 운동을 통해 1990년대까지 꾸준히 성장해 나갔다.

9) 왕립기금센터는 CMH와 같은 입장에서 함께 협조하면서 '보통의 생활'의 실천을 위해 노력해 온 조직으로 보건서비스의 개선과 개혁을 지향하는 활동을 하고 있다. 이 센터에는 보건서비스에 관한 다양한 연구실천 분야가 있는데, 이 중에서도 '장기요양보호와 커뮤니티케어' 그룹은 보통생활, 자기권리옹호, 피플퍼스트(people first) 등에 관한 연구 활동을 통하여 노멀라이제이션의 실현에 노력하고 있다(나카조노 야스오, 2004: 136).

[책갈피 2.2]

미국의 피플퍼스트(people first) 운동

미국은 최초로 피플퍼스트 집단이 조직화되었고, 이 집단을 통한 자기옹호가 성장하였다. 미국에서 피플퍼스트 집단이 만들어진 계기는 1973년 미국 오리건 주가 운영하던 발달장애인 거주시설인 페어뷰(Fairview Hospital and Training Center)의 직원 2명과 발달장애인 거주인 3명이 캐나다 브리티시 콜롬비아 빅토리아(British Columbia Victoria)주의 팍스빌(Parksville)에서 '우리에게 선택권이 있을까'라는 주제로 열린 제1회 북미 정신장애인대회에 참석하면서부터였다. 팍스빌 대회에 참석했던 발달장애인들은 이듬해인 1974년에 '우리는 자신을 위해 말하고 싶고 우리는 우리 자신을 위해 많은 것을 할 수 있다는 것을 세상에 보여주고 싶다.'라는 자기옹호집단 설립 취지를 알리면서 최초로 오리건주 살렘에서 피플퍼스트 집단을 만들었다. "장애가 아닌 사람이 먼저"라는 의미의 '피플퍼스트'를 자기옹호집단 명칭으로 사용하기 시작한 것은 1974년 미국 오리건주 자기옹호 워크숍 컨퍼런스를 준비하는 과정에서 발달장애인 당사자의 발언("I wanna be known that disability is second, people is first")에서 비롯되었다고 알려져 있다. 워크숍에 참석한 한 발달장애인은 장애라는 꼬리표, 즉 사람들이 자신들에게 부착한 특별한 표식에 대한 문제의식을 제기하였고, 이 대회를 계기로 많은 자기옹호집단들은 '피플퍼스트'를 자기옹호집단 명칭으로 사용하였다고 한다. 이후 1981년 오리건주에서 제1회 국제피플퍼스트대회를 개최하였고, 1990년에는 미국 전역을 아우르는 제1회 전미자기권리옹호 컨퍼런스가 콜로라도 에스테스 파크(Estes Park)에서 열리면서 피플퍼스트 집단을 중심으로 한 발달장애 자기옹호는 1990년대까지 성장을 이루게 된다. 피플퍼스트는 스스로를 옹호하고 대변하는 자기옹호로 말하거나 새로운 사회운동으로 언급하기도 하며, 피플퍼스트 집단행동은 정치적 방식의 자기옹호운동으로도 불린다.

출처: 서재경(2018), pp.9-17.

그런데 2010년대 이후 영국은 피플퍼스트 자기옹호집단의 쇠락과 발달장애 자기옹호의 동력을 잃게 되었다. 서재경(2018: 27-32)은 발달장애 자기옹호를 둘러싼 여러 쟁점들을 통해서 그 주된 요인을 다음과 같이 정리하였다.

첫째, 지자체 주도의 자기옹호정책이 발달장애 자기옹호의 토양을 억압했다는 것이다. 즉, 지자체가 자기옹호집단과 장애인단체 간의 교류를 차단함으로써 사회적 네트워크를 통한 집단의 힘과 역동성을 약화시켰다는 것이다.

둘째, 서비스에 기반을 둔 자기옹호 풍토에서는 발달장애인이 자기옹호 집단의 권익을 위해 현장에서 목소리를 높이기보다는 각종 행사와 프로그램에 참석해야 하는 상황으로 내몰리게 되고, 서비스 제공기관에 의해 관리감독을 받기 때문에 자기옹호집단은 동력을 잃게 되었다는 것이다.

셋째, 재정적 요인으로, 자기옹호집단이 법적인 근거를 기반으로 안정적인 재정확보를 담보하고 있지 못하다는 것이다. 영국의 경우 피플퍼스트 집단에 대한 지방정부의 재정삭감은 독립적인 조직형태를 유지하기 어려웠던 많은 자기옹호집단들이 문을 닫게 했고, 재정적 압박으로 인해 발달장애의 자기옹호는 침체된 분위기로 변함으로써 발달장애인 당사자들의 정치적 목소리와 영향력도 상당히 위축되었다는 것이다.

넷째, 자기옹호 리더들의 노령화를 주된 요인의 하나로 보고 있다. 피플퍼스트와 같은 자기옹호집단에 열정을 가지고 진입했던 많은 리더들이 고령화됨으로써 미래 발달장애 자기옹호의 재건을 위한 새로운 리더들을 발굴하고 지원하는 과제가 놓여 있었다는 것이다.

2) 영국의 장애인 권리옹호체계

영국의 장애인 권리옹호 지원체계는 공적기관과 민간기관의 협력체계 구축을 통한 권익옹호를 지원하고 있으며, 국가는 조정자로서의 역할을 수행하는 특성을 갖고 있다(서재경 외, 2016: 161). 공적 장애인 권리옹호기관은 2개의 종류로 구분된다. 하나는 1998년 「인권법」(the Human Right Act 1998)에 의해 학대예방 및 구제의 중심적 역할을 하는 지방정부 사회서비스국(Department of Social Services)이 있다. 그리고 다른 하나는 2006년 「평등법」(the Equality Act)에 근거하여 설립된 평등인권위원회(Equality and Human Rithgt Commission: EHRC)가 있다(정영진, 2020: 64-73).

먼저, 지방정부 사회서비스국에 대해 알아보자. 영국의 경우 장애인 권리옹호기관이 별도로 존재하는 것이 아니라 지방정부 사회서비스국이 그 업무를 주관하고 있으며, 지역 내 사법기관, 경찰, 의료기관, 민간기관 등 다양한 관계기관과 연계하여 옹호 활동을 하고 있다. 그리고 중앙정부는 각 지방정부 사회서비스국 협의체와 함께 이들의 활동에 대한 지원체계를 갖추고 있다. 영국의 장애인 권리옹호기관은 학대사건에 대한 조사권, 피해자의 보호와 지원조치권, 강제조치 여부 결정권 등의 권한을 가진다.[10)]

한편, 평등인권위원회[11)]는 정부 산하기관의 권리옹호 기구로서 독립성을 갖는다. 평등인권위원회는 인권이나 차별문제에 대한 전문성을 가진 위원 10명에서 15명으로 구성된다. 위원의 임명은 국가독립위원회인 공직자임명위원회의 조언을 받아 정부가 임명하며, 위원이사회가 주요 전략적 방향을 결정한다. 그리고 그 산하에 워킹그룹으로서 장애위원회, 스코틀랜드위원회, 웨일즈위원회 등이 있어 관련 사항을 조언한다(홍성구, 2011; 정영진, 2020: 69). 평등인권위원회는 전문변호사를 채용하여 차별 사안에 대한 적극적 법적 대응이 가능하다. 그리고 입법 개정 활동, 온라인 법률서비스와 전화상담, 법률지원서비스, 차별금지 프로젝트, 불평등 심사 및 조사, 차별금지 효과분석, 정책개발 및 연구, 이해당사자 참여 유도, 차별금지 재

10) 자세한 내용은 정영진(2020), pp.72-73을 참조할 것.

11) 평등인권위원회는 기존의 인종평등위원회(Commission for Racial Equality Act: CRE), 장애인인권위원회(Disability Rights Commission: DRC), 균등기회위원회(Equal Opportunities Commission: EOC) 등 3개의 차별금지 관련 위원회를 통합한 것으로 연령, 성적 소수자, 종교와 인권까지 포함한 고용평등 · 차별금지 등 다양한 차별영역을 포함하고 있다(서재경 외, 2016: 149).

정지원 등의 업무를 수행한다(서재경 외, 2016: 149).

평등인권위원회는 장애인 인권이나 평등 관련 입법의 준수를 강제할 수 있는 권한이 있으며, 강제조사권도 있다. 장애인 권리옹호에 관한 입법이나 행정부의 정책결정에서 일정한 기준을 제시할 권한도 가지고 있다. 그러나 민간협력 기관인 장애인단체는 중앙정부 또는 지방정부와의 협력하에 그들의 역할을 수행하고 있기 때문에 공적 권리옹호기관과 같은 권한은 주어지지 않는다. 영국은 2005년부터 법정옹호인 지원체계인 IMCA를 도입하여 서비스가 제공되고 있지만, 여기에서도 장애인단체에 주어진 명확한 권한은 없다(정영진, 2020: 73).

[책갈피 2.3]

IMCA

영국의 장애인 권리옹호 지원체계 중에서 법정옹호인 지원체계로는 IMCA(Independent Mental Capacity Advocate)를 들 수 있다. IMCA는 2005년 「정신능력법」(Mental Capacity Act)의 근거하에 의사결정 능력에 어려움을 겪는 성인의 이익을 대변하도록 독립적인 정신능력 옹호인을 지방정부가 선임할 수 있는 권한이 부여된 법정옹호 서비스이다. 2015년 4월부터 「케어법」(Care Act)에 근거한 새로운 법정옹호(statutory advocacy)를 도입하고 있으며, IMCAs라고 불리는 옹호인에 의해 옹호서비스가 제공된다. IMCAs의 역할은 장애인 당사자의 견해, 소망, 신념에 대한 정보를 획득하고, 장애인 당사자의 자유를 과도하게 제한하지 않도록 보호수단을 보장하며, 자신의 보호와 관련하여 의사결정 능력이 어려운 사람들의 이익을 대변하는 것이다.

출처: 서재경 외(2016), p.150.

4. 한국의 장애인 권리옹호체계

1) 한국 장애인 권리옹호의 역사

우리나라는 2001년에 제정된 「국가인권위원회법」을 시작으로 2007년 「장애인차별금지 및 권리구제 등에 관한 법률」(이하 「장애인차별금지법」)의 제정과 시행(2008.4.11), 2008년 UN 장애인권리협약 비준, 2014년 「발달장애인 권리보장 및 지원에 관한 법률」 제정, 2015년 「장애인복지법」 개정을 통한 장애인권익옹호기관 설립 근거 마련, 이에 따른 2017년 장애인권익옹호기관 설립 등을 통해 장애인의 권리옹호를 위해 노력해 왔다. 그러나 이러한 노력에도 불구하고 장애인 인권침해 사건은 끊이지 않고 발생하고 있다.[12) 장애인을 대상으로 한 착취, 방임, 학대, 성폭행 등 인권침해 사안이 발생할 경우, 우리나라의 장애인권리옹호 지원체계는 현장조사를 통한 실태 파악과 진상규명, 위기에 처한 장애인에 대한 즉각적 개입과 지원 등의 체계적이고 전문적인 권리옹호지원이 제공되지 못했다(서재경 외, 2016: 142).

「장애인차별금지법」은 본래 장애인과 비장애인의 차별을 법적으로 금지하고, 위반행위가 발생할 경우 법적인 구제를 하기 위한 것이기 때문에 장애인의 인권침해 그 자체를 저지하고, 침해 발생 시 이를 구제하는 절차로서의 기능은 하지 못했다(송시섭, 2013: 252). 국가인권위원회의 경우에도 많은 한계가 드러났다. 국가인권위원회는 진정된 차별사건을 처리하기에도 급급한 실정이고, 본부와 3개의 지역사무소의 구조로는 지역별로도 접근성이 떨어지며,[13) 차별에 대한 판단을 매우 보수적으로 한다는 비판을

12) 도가니 사건(광주 인화학원)을 비롯하여 강원도 원주 사랑의 집 사건, 신안 염전 피해 사건(2014), 청주 축사 노예 사건(2016)이 대표적인 사건들이다.

받아왔다(유동철, 2010: 1). 예컨대, 국가인권위원회는 서울의 본부와 3개의 지역사무소만으로는 물리적으로 접근하기 어렵고, 행정적으로 조사인력이 부족하며, 국가기구로서 책임성이 존재하므로 다른 국가기구들에 의해 결정이 번복되거나 국가기구들이 크게 반발할 수 있는 결정을 내리기 어렵다는 점에서 보수적이라는 비판이다(유동철, 2010: 8-10).

한편, 민간단체들의 문제점도 지적되었다. 즉, 장애인 민간단체의 경우에는 장애 민감성과 인권침해 사안에 대한 신속한 개입과 지원 등 역동성을 갖고 있지만, 조사권한과 직권조사, 접근권, 피해자 긴급조치권 등의 법률적 권한이 없기 때문에 적극적 대응과 개입에는 한계를 안고 있다는 것이다(서재경 외, 2016: 152-153). 예컨대, 차별이나 인권침해를 다루기 위해서는 사실 확인이 가장 우선되어야 하므로 사실 확인의 강제적 권한인 조사권은 필수적인데, 민간단체들은 조사권이 없다는 것이다. 따라서 피해당사자의 주장에 크게 의존할 수밖에 없다는 한계가 있는 것이다. 가해 당사자가 사실 확인에 협조하지 않을 경우, 결국 행정공무원이나 사법 인력에 의존할 수밖에 없고, 이러한 협조마저도 이루어지지 않을 경우에는 사실 확인이 원천적으로 불가능해질 수 있다는 것이다(유동철, 2010: 11-13). 그리하여 2010년부터 국가인권위원회 및 사무소와는 구별된 독립적인 장애인권리옹호기구의 설치를 비롯해 장애인권리옹호체계 구축에 대한 필요성이 제기되었다. 그러다가 2013년을 기점으로 장애인권리옹호체계 논의의 방향이 바뀌어 「장애인권리보장법」 제정 추진이란 새로운 양상으로 전개되었다(서재경 외, 2016: 153).

그러나 법안을 만드는 과정에서 장애인단체들은 서로 이해관계가 상충하면서 합의점을 도출해 내지 못한 채 두 개의 법안을 따로 만들게 된다.

---

13) 2025년 현재 지역사무소는 부산인권사무소, 광주인권사무소, 대구인권사무소, 대전인권사무소, 강원인권사무소, 제주출장소 6개이다.

하나는 장애인단체총연맹(이하 장총)이 제안한 법안이며, 다른 하나는 장애인권리보장법제정연대가 제안한 법안이다. 장총안은 「장애인복지법」을 전면 개정하여 권리보장 성격과 전달체계 개편을 담아내자는 입장이었다. 하지만 법안 내용에 의료적 장애정의가 존재하고 장애등급제와 부양의무제 등이 잔존하고 있던 시점에서 구 장애패러다임에서 벗어나지 못하고 있다는 비판을 피할 수 없었다. 장애인권리보장법제정연대의 경우에는 「장애인복지법」을 폐지하고, 「장애인권리보장법」을 제정하자는 입장이었다. 「장애인권리보장법」은 장애등급제폐지운동의 완성이며, 전달체계 개편과 권익옹호, 탈시설 등이 총망라되어야 한다는 것이다. 장애인권리보장법제정연대는 장애패러다임의 전환과 더불어 개별화된 지원계획과 이용자 중심의 사회서비스 전달체계, 권익옹호를 포괄하는 거시적 담론을 지향하고 있었다(서재경 외, 2016: 157-158).

한편, 장애인단체들이 「장애인권리보장법」 제정을 두고 논쟁[14]과 갈등을 겪는 상황에서 보건복지부는 장애인단체의 다양한 의견수렴을 거치는 과정 없이 2015년 6월 「장애인복지법」을 일부 개정하게 된다.[15] 「장애인복지법」이 개정됨에 따라 제59조의11(장애인권익옹호기관의 설치 등)에서 장애인권익옹호기관 설치근거를 마련하였고, 장애인학대를 예방하고 피해장애인에 대한 지원 및 사후관리를 담당하는 전문기관을 중앙 및 17개 시 · 도에 설치 · 운영하게 되기에 이른다.

---

14) 「장애인권리보장법」 제정을 둘러싼 쟁점에 관해서는 서재경 외(2016), pp.158-159를 참조할 것.

15) 2015년 개정된 「장애인복지법」은 장애인단체의 다양한 의견수렴이 없이 진행되었고, 개정 법률안이 학대예방 관련 조치가 한정되어 있다는 점, 제한된 조사권한, 독립성이 보장되지 않는다는 점 등으로 인해 장애인단체의 저항을 불러일으켰다.

2) 한국의 장애인 권리옹호체계

우리나라의 장애인 권리옹호체계는 크게 공적기관과 민간기관으로 구분된다. 공적기관으로는 국가인권위원회, 보건복지부 산하 중앙장애아동 · 발달장애인지원센터, 장애인권익옹호기관[16)]이 있고, 민간기관으로는 민간위탁방식으로 운영하는 장애인인권침해예방센터, 장애인인권센터 등이 있다. 법체계상으로 보면, 장애인권익옹호기관은 「장애인복지법」에 근거하여 설립 · 운영되고 있고, 발달장애인지원센터는 「발달장애인복지법」에, 장애인인권센터는 조례에 근거하여 설립 · 운영되고 있다.

국가인권위원회

우리나라에서는 국가인권위원회가 장애인의 인권보호와 옹호를 위한 기관으로 되어 있다. 국가인권위원회는 장애인 차별에 관한 시정기구의 역할도 담당하고 있다. 국가인권위원회는 영국의 평등인권위원회처럼 독립성을 보장받는 독립기구로 출발하였으며, 미국의 P&A 기구처럼 조사권한을 가지고 있다. 국가인권위원회의 주요 권한은 조사권한과 직권조사 등 권리구제 권한을 들 수 있다. 그러나 국가인권위원회가 장애인 권리옹호기관으로서의 역할을 하는 데는 일정한 한계가 있다는 지적이 있어왔다. 예컨대, 국가인권위원회가 장애인차별금지의 주된 담당기관이 아니라는 점 등이다(송시섭, 2013). 그뿐만 아니라 국가인권위원회는 독립적인 국가기관을 관계기관 등에 정책과 관행의 개선 또는 시정을 권고할 수 있지만, 최종 결정까지 걸리는 시간과 그 결정 또한 강제성이 없음을 고려한다면, 즉각적인

16) 「장애인복지법」상의 장애인권익옹호기관은 원칙적으로 공공기관으로 설립되지만, 비영리법인에게 위탁할 수 있도록 하고 있다(「장애인복지법」 제59조 제4항).

조치가 필요한 장애인학대 사건을 해결하기에는 적합하지 않다는 지적(김대명, 2017)도 있다. 또한, 국가인권위원회는 모든 인권문제를 업무 범위로 하고 있고, 장애인 인권옹호 업무를 처리하는 인력과 예산은 매우 제한되어 있다. 실제로 장애인 관련 진정사건의 처리속도가 매우 늦고, 빈발하는 장애인 인권침해 사건에 국가인권위원회가 기동성 있게 관여하기 어렵다는 지적(임성택, 2010)도 있다.

중앙장애아동 · 발달장애인지원센터

「발달장애인법」에 의하면, "보건복지부장관과 시 · 도지사, 시장 · 군수 · 구청장은 보건복지부령으로 정하는 바에 따라 「공공기관의 운영에 관한 법률」 제4조에 따른 공공기관을 지정하여 발달장애인지원센터의 운영을 위탁할 수 있다. 이 경우 발달장애인지원센터는 「장애아동복지지원법」 제8조에 따른 중앙장애아동지원센터 또는 같은 법 제9조에 따른 지역장애아동지원센터와 통합하여 운영하도록 할 수 있다."라고 규정하고 있다. 그래서 현재 중앙발달장애인지원센터는 '중앙장애아동 · 발달지원센터'라는 이름으로 「장애아동복지지원법」과 「발달장애인법」에 따라 설립되고, 2013년부터 현재까지 보건복지부에서 한국장애인개발원에 위탁하여 운영해 오고 있다(정영진, 2020: 85).

중앙장애아동 · 발달장애인지원센터(이하 발달장애인지원센터)는 발달장애인에 대한 서비스를 위하여 개인별 지원계획을 수립하고 복지지원 정보를 제공하며, 발달장애인과 그 가족을 복지서비스 제공기관과 연계하는 업무를 담당한다. 그뿐만 아니라 발달장애인 대한 학대 또는 유기 등의 범죄에 대하여 현장조사를 하거나 보호조치 등 권리구제를 담당한다(정영진, 2020: 92). 발달장애인지원센터의 역할은 〈표 2-1〉과 같다.

〈표 2-1〉 발달장애인지원센터의 업무

중앙발달장애인지원센터	지역발달장애인지원센터
1. 발달장애인에 대한 연구수행 지원 2. 발달장애인이 이용 가능한 복지정보 데이터베이스 구축 및 정보제공 3. 발달장애인 가족 및 관련 서비스 종사자에 대한 지침·편람 마련 및 교육지원 4. 발달장애인에 대한 인식개선 홍보 5. 발달장애인 지원 프로그램 개발 6. 지역발달장애인지원센터의 지원 7. 제9조 제3항에 따른 후견인 후보자의 추천 8. 발달장애인 권리침해의 모니터링 및 권리구제의 지원 9. 그 밖에 보건복지부장관이 필요하다고 인정하는 사항	1. 발달장애인에 대한 개인별 지원계획의 수립 2. 발달장애인을 위한 복지지원 정보의 제공 및 연계 3. 발달장애인 가족 및 관련 서비스 종사자에 대한 교육지원 4. 발달장애인에게 서비스를 제공하는 기관에 대한 정보의 축적 및 관리 5. 발달장애 조기 발견과 발달장애인에 대한 인식개선을 위한 지역사회 홍보 6. 발달장애인과 그 가족에 대한 상담지원 7. 발달장애인 주간 활동 서비스 및 청소년 발달장애학생 방과 후 활동서비스사업 지원 8. 제2조 제2호 라목에 따른 보호자에 대한 감독 9. 제9조에 따라 선임된 후견인에 대한 감독지원 및 후견 업무의 지원 10. 제16조 및 제17조에 따른 현장조사 및 보호조치 등 발달장애인의 권리구제 지원 11. 그 밖에 보건복지부장관이 필요하다고 인정하는 사항

출처: 「발달장애인의 권리보장 및 지원에 관한 법률」 제34조에서 재구성.

발달장애인에 대한 유기 등의 범죄가 발생한 경우에 발달장애인지원센터가 개입할 수 있다. 유기 등 범죄가 발생하면 현장에 출동하여 관계인에 대한 조사를 할 수 있다. 다만, 발달장애인의 보호를 위한 범위 내에서만 조사 또는 질문을 할 수 있다(「발달장애인법」 제16조 제1항, 2항).

발달장애인지원센터는 발달장애인에 대한 보호조치권도 있다. 이 센터의 장은 발달장애인에 대한 유기 등이 발생하였다고 믿을 만한 상당한 이유가 있고, 발달장애인을 그 가해자로 추정되는 사람으로부터 격리하거나 치료할 필요가 있는 경우 발달장애인을 임시쉼터 또는 의료기관에 인도하는 등 발달장애인이 안전한 곳에서 보호받을 수 있도록 조치하여야 한다(동법 제17조 제1항, 제2항).

발달장애인지원센터는 법적 근거를 가지고 발달장애인의 학대문제를 조사하고 처벌할 수 있는 권한을 가지지만, 기존 장애인복지에서 소외된 발달장애인에 대한 생애주기별 복지서비스 제공이 주된 업무기관으로 모든 유형의 장애인 학대 사건을 담당하는 보편적 권익옹호기관으로 보기에는 어렵다(김대명, 2017: 1-4). 「발달장애인복지법상」의 발달장애인지원센터는 발달장애인만을 대상으로 유기 등에 대한 예방 및 보호와 관련한 역할을 하고 있을 뿐 장애인복지법상의 권리옹호기관의 역할과 크게 차이가 나지 않는다.

장애인권익옹호기관

2015년 「장애인복지법」을 개정하여 장애인권익옹호기관 설립 근거를 마련하였고(「장애인복지법」 제59조의 11), 이에 따라 2017년 중앙장애인권익옹호기관이 설립되고, 광역시 · 도에 지역장애인권익옹호기관이 설치되었다.

중앙장애인권익옹호기관은 지역 간의 연계체계를 구축하고, 장애인 학대를 예방하기 위하여 설치되었는데, 실제 업무를 담당하기보다는 장애인 권익옹호 관련 정책, 법 · 제도 개선사항을 발굴하고, 장애인 권익옹호 관련 사회적 인식개선에 초점을 두면서 지역장애인권익옹호기관을 지원하는 역할을 수행한다.

지역역장애인권익옹호기관은 학대받은 장애인을 신속하게 발견 · 보호 · 치료하고 장애인 학대를 예방하기 위하여 설치되었는데, 실제 장애인 학대 피해 사실을 규명하고 장애인 등 관계자의 인권이 보장될 수 있도록 하는데 필요한 조치를 실제적으로 행하는 데 초점이 맞추어져 있다(김진우, 2019: 274).

〈표 2-2〉 장애인권익옹호기관의 업무

중앙장애인권익옹호기관	지역장애인권익옹호기관
1. 지역장애인권익옹호기관에 대한 지원 2. 장애인학대 예방 관련 연구 및 실태조사 3. 장애인학대 예방 관련 프로그램의 개발 · 보급 4. 장애인학대 예방 관련 교육 및 홍보 5. 장애인학대 예방 관련 전문인력의 양성 및 능력개발 6. 관계기관 · 법인 · 단체 · 시설 간 협력체계의 구축 및 교류 7. 장애인학대 신고접수와 그 밖에 보건복지부령으로 정하는 장애인학대 예방과 관련된 업무	1. 장애인학대의 신고접수, 현장조사 및 응급보호 2. 피해장애인과 그 가족, 장애인학대 행위자에 대한 상담 및 사후관리 3. 장애인학대 예방 관련 교육 및 홍보 4. 장애인학대사례판정위원회 설치 · 운영 5. 관계기관 · 법인 · 단체 · 시설 간 협력체계의 구축 및 교류 6. 그 밖에 보건복지부령으로 정하는 장애인학대 예방과 관련된 업무

출처: 「장애인복지법」 제59조의 11에서 재구성.

「장애인복지법」상 장애인권익옹호기관은 원칙적으로 공공기관으로 설립되지만, 비영리법인을 지정하여 그 운영을 위탁할 수 있다(「장애인복지법」 제59조 제4항). 이 조항에 근거하여 사단법인 장애우권익문제연구소가 수탁받아 운영하고 있다.

「장애인복지법」 제59조 제7항에서는 장애인권익옹호기관은 장애인 학대 신고를 받을 경우 학대 현장 출동권이나 응급조치의무, 현장조사권한 등을 규정하고 있다. 그러나 그 구체적인 내용과 방법, 절차에 대해서는 언급이 없다. 다만, 제59조 제6항에서 "장애인 학대행위자 등 장애인학대와 관련되어 있는 자는 장애인학대 현장에 출동한 자에 대하여 현장조사를 거부하거나 업무를 방해하여서는 아니 된다."라는 규정을 두고 있을 뿐이다. 또한, 「장애인복지법」상 인정된 장애인권익옹호기관의 권한은 학대 현장 출동권, 현장조사권, 관계기관 협조요청뿐이며, 학대에 이르지 않는 인권침해의 경우에 현장출동권이나 조사권은 없다(정영진, 2020: 132).

장애인권익옹호기관의 업무수행체계는 다음과 같다(김진우, 2019: 275).

첫째, 상담, 신고, 인지, 연계 · 이관 등을 통해 지역장애인권익옹호기관에 사건이 접수되면, 먼저 학대의심 여부를 판단하여 의심된다면 현장조사를 통해 사건의 경위와 배경을 파악하게 된다. 이때 당장 필요한 응급조치가 이루어져야 한다면 필요한 조치를 즉시로 행하게 된다.

둘째, 현장조사에서 수집된 각종 정보와 증거들을 기반으로 어떤 조치를 취해야 할 것인지에 대해 기관에서 판단하되, 사건이 복잡할 경우 학대사례판정위원회에 회부하여 위원회의 결정에 따라 향후 조치를 하게 된다.

셋째, 피해 장애인과 보호자 · 가족을 위하여 상담 · 교육을 진행하고, 사업 및 의료지원, 기타 복지지원 및 서비스 연계를 통해 필요하다고 판단되는 각종 지원이 적기에 이루어질 수 있도록 지원하는 역할을 수행하게 된다.

넷째, 학대사건에의 대응으로 필요한 지원이 모두 이루어졌다면, 사례를 종결하고 이후 모니터링체계로 들어가게 된다.

장애인인권센터

대부분 조례는 센터의 운영을 전문기관에 위탁할 수 있도록 하고 있고, 민간위탁방식으로 센터를 운영하고 있는 실정이다. 그러므로 조례에 따른 장애인권리옹호기관인 장애인인권센터의 법적 성격은 민간기구이다(정영진, 2020: 86). 조례에 근거한 장애인인권센터는 장애인권리옹호기관으로서의 기능을 하고 있지만, 법률에 근거하고 있지 않기 때문에 많은 한계를 가지고 있다. 예컨대, 지자체 조례에 조사권과 접근권, 피해자 긴급조치권 등을 명시하기 어렵다는 것이다. 장애인인권센터의 경우에는 인권침해에 대한 강제조사뿐만 아니라 임의조사조차 할 수 없는 실정에 처해 있다(서재경 외, 2016: 152).

장애인인권침해예방센터

장애인인권침해예방센터는 보건복지부가 2010년부터 위탁 운영하고 있으며, 지역 장애인인권센터의 경우에도 지자체로부터 민간위탁방식으로 운영된다는 점에서 미국의 P&A 기구와 유사하다. 하지만 장애인인권침해예방센터는 장애인권 침해 발생 시 진상조사, 인권침해에 노출된 장애인에게 필요한 다양한 지원들, 법적 소송 등 법적 분쟁을 지원할 수 있는 지원체계 등 다각적인 측면에서의 권익옹호 지원체계를 구축하지 못함으로써 권리옹호기구로서의 역할에 한계를 보이고 있다(서재경 외, 2016: 152).

3) 한국 장애인 권리옹호체계의 과제

전문 연구자들이 제시하고 있는 우리나라 장애인 권리옹호체계의 과제를 정리하면 다음과 같다.

첫째, 장애인 권리옹호기관은 국가나 지방자치단체에서 직영하거나 위탁하는 경우에도 공공기관 또는 비영리법인에 위탁해야 한다. 민간단체에 위탁할 때 사회복지시설에 위탁할 경우에는 독립성을 해칠 수 있으므로 주의해야 한다(임성택, 2016). 민간기관이 법적 근거에 따라 각종 권한을 부여받는다고 하더라도 권한 행사에 어려움을 겪을 수 있다. 따라서 권리옹호기관은 미국처럼 국가나 지방자치단체에서 변호사, 사회복지사 등 전문인력을 직접 고용하여 직영하거나 위탁하는 경우에도 공익성을 가진 공공기관 또는 비영리법인에 위탁해야 한다.[17] 아울러 장애인 권리옹호기관의

17) 송시섭(2013)은 미국의 P&A는 민간비영리단체로 운영하거나 주 행정기관으로 운영되고 있다는 점을 강조하면서 우리도 장애인권리옹기구의 성격에 대하여 지자체별로 선택할 수 있게 해주고, 가능하다면 공공성이 담보되는 보장하에 민간비영리기구형태로 설치하는 것도 적절한 방법이라고 본다. 즉, 민간비영리단체로 운영하면서 공공적인 성격을 부

운영에 관한 재정은 국가나 지방자치단체가 적극적으로 지원해야 한다(정영진, 2020).

둘째, 장애인인권 침해 사안이 발생할 경우에 진상규명을 통한 즉각적인 개입과 체계적이고 개별적인 지원을 할 수 있는 지원체계를 갖추어야 한다. 피해장애인에 대한 진상규명에 착수할 수 있는 현장조사는 국가인권위원회나 발달장애인지원센터, 장애인권익옹호기관에서 가능하지만, 국가인권위원회는 즉각적 개입과 피해장애인을 안전한 쉼터로 대피시키는 등의 지원체계가 쉽지 않다. 발달장애인지원센터의 경우에는 현장조사 이후에 임시보호조치와 시설보호 등의 지원체계에 초점이 맞춰져 있다. 조례에 근거한 장애인인권센터의 경우에는 법률이 아닌 조례로 만들어진 것으로 법률에 의한 기구가 아니기 때문에 조사권한이나 기구의 독립성이 매우 미흡하다(서재경 외, 2016).

셋째, 장애인 권리옹호기관의 권한이 확대되어야 한다. 우리나라의 장애인 권리옹호기관의 권한은 현장출동권, 불완전한 조사권과 질문권, 사후조치권, 관계기관협조요청권, 사법경찰관리 동행요청권 등이 전부이며, 그것도 학대사건을 접수받거나 발달장애인의 유기 등 범죄사건 등에 한정되는 제한적인 권한인 것이다. 「장애인복지법」상에 권리옹호기관으로서 기본적으로 가지고 있어야 하는 완전한 조사권, 소송제기권(원고적격) 등의 권한과 일반 인권침해사건의 심리에 있어서 보조인이나 후견인이 될 수 있는 권한을 규정해야 한다(정영진, 2020).

각시키는 방향을 모색하자는 입장이다. 한편, 임성택(2012)은 장애인권리옹호체계를 국가 또는 지방자치단체 안에 두거나 공공기관으로 만들자는 입장이다. 그는 장애인업무는 장애인에 대한 이해와 전문성이 필요하며, 장애인 권익옹호의 실효성을 높이기 위해 보호대상자와 접근이 용이해야 한다는 점, 미국의 P&A 기구처럼 민간조직의 역동성과 자발성, 서비스 마인드와 행정기관의 권한과 책임이라는 장점이 결합하는 방식이 요구된다는 점을 강조했다.

넷째, 인프라를 확충해야 한다. 권리옹호 활동 경험이 있는 인력이 매우 부족하다. 권리옹호를 하는 기관이나 단체가 거의 없던 상황에서 기관의 수가 갑자기 늘어나 적절한 인원을 찾기가 어려운 상황이다(김성연, 2019). 대상별 학대 신고접수는 매년 증가하고 있는 추세이지만, 대응 기관 수, 수행인력 등의 부족으로 신속한 대응이 이루어지지 못하고 지원에도 상당한 어려움이 있다. 장애인권익옹호기관 설치 및 운영지원은 시 · 도 업무이므로 관내 전체 시 · 군 · 구에 별도로 각각 설치하기에는 규모의 경제를 실현하기 어려워 일부 시 · 군 · 구에만 설치되고, 미설치지역을 포괄하여 운영하고 있어, 적은 인력으로 넓은 지역을 포괄하게 됨으로써 만성적인 일손 부족에 시달리고 있는 실정이다(김진우, 2019). 따라서 학대 피해자에 대한 신속한 대응과 권리구제를 위해서는 학대대응기관의 확대설치와 인력 증원이 필수적이다.

다섯째, 기관 간 연계를 통한 지역별 유기적인 권리옹호체계를 확립해야 한다. 기관 간의 연계 부족으로 지역별 유기적인 권리옹호체계 확립이 어렵다. 권리옹호 활동에 업무 중첩은 있을 수 없다. 장애인의 권리옹호를 위해서 모든 지역 내 기관은 최대한 협조하고 논의하여 최대한 함께 해야만 장애인의 문제를 체계적이고 유기적으로 해결해 나갈 수 있다. 많은 기관이 눈에 보이는 실적 때문에 함께 해결해 가야 할 문제를 함께하지 못하는 경우가 있다. 각자 기관별 특징과 역할에 관한 규정을 함께 논의하면서 업무 중첩을 고민하기 전에 업무 협조를 고민해야 한다는 주장(김성연, 2019)은 설득력이 있다. 장애인권리옹호에 관한 단일 법률을 제정하여 장애인권리옹호기관의 역할을 통일하는 것도 좋은 방안이 될 수 있을 것이다.[18)]

18) 장애인권익옹호기관의 업무는 발달장애인지원센터 업무와 중복되는 부분이 많으므로 두 기관의 업무는 통합되어야 한다는 주장도 있다. 자세한 논의는 김진우(2019)를 참조하기 바란다.

마지막으로 권리옹호기관의 역할을 확대해야 한다. 학대사건만 담당하는 것은 진정한 권리옹호기구라고 할 수 없다. 장애인 학대예방 관련 업무만을 권리옹호기관의 역할로 한정하는 것은 옹호기관을 형식적으로 운영하도록 만들 가능성이 있다(임성택, 2016; 정진영, 2020). 따라서 앞으로 장애인 권리옹호기관은 장애인의 정치 · 경제 · 사회 · 문화 등 모든 분야에서 권리를 옹호하는 역할을 수행하는 기관으로 발전해 나가야 할 것이다.

제3장 커뮤니티케어

1. 커뮤니티케어란 무엇인가
2. 영국의 커뮤니티케어정책
3. 한국의 커뮤니티케어정책

제3장 커뮤니티케어

1. 커뮤니티케어란 무엇인가

커뮤니티케어의 의미

우리말로 지역사회라고 번역되는 '커뮤니티(community)'라는 단어는 서구사회 보건복지서비스의 단계별 혁신과정에서 3가지의 의미로 쓰이게 되었다. 첫째는 '공간으로서의 지역사회(in the community)'의 의미이다. 이것은 분리된 대형시설에서 살던 사람들이 보통사람이 사는 동네로 장소를 옮겨서 살아야 한다는 것을 의미한다. 두 번째는 '지방정부로의 권한 이양(decentralization)'의 의미이다. 이것은 시설에서 지역사회로 옮겨온 사람들이 지역사회 공간에서 잘 지내도록 돕는 보건복지서비스 제공의 역할과 책임을 중앙정부에서 지방정부로 이전하는 것을 의미한다. 세 번째는 '다양한 주체의 참여를 강조하는 지역사회(by the community)'의 의미이다. 이것은 분리된 시설에 살던 사람이 사회통합이라는 목표로 지방정부가 제공하는 서비스를 이용하면서 지역사회 공간으로 이주해서 살게 되었지만, 정부가 책임지고 제공하는 서비스만으로는 진정한 통합이 이루어지지 않는다는 사실을 확인하면서 강조되었다(김용득, 2018b: 6).

한편, 우리말로 돌봄 등으로 번역되는 '케어(care)'라는 단어는 서구사회에서 크게 3가지 의미로 사용된다. 첫째는 가장 흔히 사용되는 의미로 일상적인 활동을 돕는 돌봄을 지칭하는 의미이다. 둘째는 의료적 측면을 중심으로 치료, 간호 등의 활동을 지칭하는 의미이다. 셋째는 관심, 지원, 지지 등을 위한 사회복지서비스 활동의 의미로 사용되기도 한다(김용득, 2018b: 6).

김용득(2008b)은 위의 커뮤니티의 3가지 의미와 케어의 3가지 의미를 적용하여 9가지 활동으로 커뮤니티케어의 의미를 구분하고 있다(<표 3-1>).

<표 3-1> 커뮤니티케어의 의미

커뮤니티 / 케어	공간으로서의 지역사회 (in the community)	지방으로 권한 이양 (decentralization)	주체로서의 지역사회 (by the community)
돌봄, 수발	지역사회돌봄	돌봄의 분권화	지역사회의 돌봄 참여
치료, 간호	지역사회 치료	의료의 분권화	치료적인 지역사회
관심, 지원	지역사회 복지서비스	복지서비스의 분권화	지지적인 지역사회

출처: 김용득(2018b), p.7.

서구 국가들은 다소 시기의 차이는 있지만, 1970년대부터 1990년대에 걸친 탈시설화와 노멀라이제이션 운동을 통해서 대형 수용병동 또는 대형시설은 거의 사라졌다. 그리고 '공간으로서의 지역사회'를 거의 마무리한 단계에 있으며, 대형시설에 살던 사람들은 자신의 주거공간이나 케어홈(care home), 너싱홈(nursing home) 등의 소규모 거주서비스 장소에서 살고 있다. 지역사회중심의 서비스 재편과정에서 서비스 제공 역할의 책임은 지방정부로 이전되었다. 서구사회에서는 공간으로서의 지역사회와 지방정부로의 권한 이양은 정착단계에 있는 것으로 평가되고 있다. 2000년대 이후 서구 국가들에서는 주체로서의 지역사회, 우호적인 지역사회, 지역사회의 참여 등이 강조되고 있다(김용득, 2018b: 6-7).

커뮤니티케어의 정의

커뮤니티케어(community care)란 용어는 영국에서 처음으로 사용되었다. 1957년 왕립위원회(The Royal Commission)가 병원보호로부터 커뮤니티케어로 전환할 것을 권고하면서 커뮤니티케어란 용어가 국가공문서에서도 사용되기 시작하였고, 그 후 병원뿐만 아니라 사회복지시설을 시설보호에서 커뮤니티케어로 전환하는 방안이 꾸준히 모색되어 왔다.

영국의 의료개혁 백서의 하나인 Caring for People(DoH UK, 1989)은 커뮤니티케어를 "고령, 정신질환, 정신적 장애나 육체적 혹은 감각적 장애를 지닌 사람들이 가능하면 자기의 집이나 지역사회 내의 가정과 같은 시설에서 독립적으로 살아갈 수 있도록 적절한 수준의 개입이나 서비스를 제공하는 것"으로 정의하고 있다(이규식, 2019: 1-2에서 재인용).

후지마츠(藤松表子編, 2006: 14)는 커뮤니티케어를 "노멀라이제이션의 이념에 입각해서 사회적 보호를 필요로 하는 사람이 지역사회에서 자립된 지역생활을 할 수 있도록 하기 위한 지역사회복지의 체계를 의미한다."라고 정의하였다.

김종일(2005: 36)은 "커뮤니티케어는 지역사회 내부의 사회복지 욕구를 지역사회라는 환경 속에서 자원봉사자를 중심으로 해결하는 특정한 방법을 가리킨다. 즉, 커뮤니티케어의 기본 목표는 노인이나 장애인과 같은 취약집단 인구가 지역사회에서의 일상적 삶을 유지하면서도 필요한 사회복지서비스를 받을 수 있도록 하는 것이다."라고 하였다.

오정수와 류진석(2006: 29)은 커뮤니티케어의 특징으로 첫째, 가정 또는 가정과 유사한 환경, 즉 통원치료기관, 그룹홈 등과 같은 보호의 장이 전제된다는 점, 둘째, 서비스 제공을 위해 함께 동거하는 직원이 없다는 점, 셋째, 일상적인 생활의 결정은 개인에 의하여 이루어진다는 점, 넷째, 가정에서의 보호 또는 가정 외부로부터 서비스를 받는다는 점 등을 들고 있다.

〈표 3-2〉는 시기에 따른 용어상의 의미 변화를 보여주고 있다.

〈표 3-2〉 커뮤니티케어의 의미 변천

시기	시대적 상황	용어의 의미
1940년대	작업장의 폐쇄와 1947년의 시봄라운트리(Seebohm Rowntree)보고서	작업장이나 병동에서의 장기 거주 케어에 대한 대안
1950년대	정신질환자의 지역사회보호(care in the community)로의 전환과 1957년 정신질환과 정신지체 관련 법률 검토를 위한 왕립위원회(Royal Commission)의 활동	장기입원의 대안으로서 지방정부에 의한 서비스 공급의 확대
1960~1970년대	지적장애인을 위한 장기병동의 폐쇄와 장기 거주시설에 대한 비판	장기 거주 병원 케어를 대체하기 위하여 개발된 서비스 시설들의 방향성을 지칭
1980년대	보수당 정부의 지역사회에 의한 보호(care by the community)에 대한 강조	지방정부가 아닌 가족에 의한 보호와 이웃과 민간비영리 사회복지기관에 의한 지원을 강조
1990년대	국민보건서비스와 커뮤니티케어법 제정	공공비용 삭감, 시장중심 전략
2000년대	서비스의 표준기준, 평가, 모니터링	서비스의 질 관리, 이용자 선택
2010년대	자기역량 강화와 지역사회 개선	큰 사회 아젠다

출처: 김용득(2005), p.366과 박정선(2018), p.185를 혼합하여 구성.

이처럼 커뮤니티케어의 개념이 다양하게 정의되고 있지만, 명확한 것은 이 개념이 시설보호(institutional care)의 반대 개념으로 등장하였다는 점이다. 영국을 비롯한 서구 복지국가에서 시설보호의 여러 가지 문제점이 제기되자 그 대안으로 나온 것이 커뮤니티케어이다.

커뮤니티케어의 이념

커뮤니티케어의 이념은 중증장애인이 자신의 집에서 가족과 함께 생활하거나 혼자서 생활할 수 있도록 대인복지서비스(personal social service)를 정비하는 것으로 탈시설화, 노멀라이제이션, 처우의 개별화를 지향하는 것이다(竹原健二編, 2004: 13). 이 이념은 인클루전(inclusion), 자립생활의 개념, 중증장애를 가지고 있다 하더라도 '사회적으로 의존하는 상태여도 자기관리 능력이 있다.'는 개념, 더욱이 자아실현(self-actualization)의 개념을 기반으로 실현한다. 이를 위해서는 지적장애인의 자립생활에 서비스를 계속적으로 제공하고, 삶의 질과 케어의 질을 일정의 기준으로 확보하고, 더불어 포괄적으로 제공하는 사회복지서비스의 개발이 필요하다(八代英太 · 富安芳和, 1991).

커뮤니티케어의 의의

석재은(2018: 29-30)은 커뮤니티케어의 의의를 다음의 5가지로 제시하였다. 첫째, 커뮤니티케어는 '자신이 살던 곳에서 나이 들어가기(Aging in Place)'를 지원함으로써 친숙한 자기 삶의 터전에서 그동안 관계 맺고 살았던 사람들과 환경 안에서 계속 관계를 유지하며 살아갈 수 있도록 삶의 연속성을 보장하고자 한다.

둘째, 커뮤니티케어는 죽음의 순간까지 독립성과 자율성을 최대한 유지할 수 있도록 재활과 잔존능력의 활용을 지원하고자 한다.

셋째, 커뮤니티케어는 '사람중심(person centered)'의 맞춤돌봄을 통합적으로 제공하고자 한다.

넷째, 커뮤니티케어는 의료적 처치의 필요도가 낮은 환자집단임에도 불구하고 병원에 입원하고 있는 이른바 '사회적 입원' 등 비효율적인 케어를 지양하고, 지역사회와 밀착된 효율적 케어를 지향한다.

다섯째, 커뮤니티케어는 공식적 돌봄뿐만 아니라 지역공동체의 참여를 기반으로 한다.

2. 영국의 커뮤니티케어정책

1) 영국 커뮤니티케어정책의 역사적 전개

커뮤니티케어의 종주국 영국

영국은 커뮤니티케어를 가장 먼저 도입한 나라이자 가장 오래 운영한 나라이다. 커뮤니티케어는 대인사회서비스 분야에서 핵심적인 정책과제로 등장하였으며, 넓게는 복지다원주의(welfare pluralism), 좁게는 '케어의 혼합경제'(the mixed economy of caring) 논리에 의하여 강조되었다. 커뮤니티케어는 민간부문, 자원부문 또는 가족주의와 관련된 개념이나 정책으로 이해되는 경향이 강했다(오정수, 1994: 200).

그러나 커뮤니티케어는 복지국가의 재편 이전부터 사용된 비교적 오래된 개념이며, 복지국가의 확대 시기와 복지국가 위기 이후의 재편 시기를 비교할 때, 서로 다른 맥락에서 그 개념이 사용되었다. 가령 1960년대에 발간된 시봄보고서에서 커뮤니티케어의 개념은 지방행정당국의 서비스를 중심으로 고용, 교육, 주택당국, 가정원조, 경찰, 교회, 자원봉사조직, 친구, 이웃에 의한 서비스를 포괄하는 것으로 이해되고 있다(오정수, 1994: 200). 후술하겠지만, 시봄보고서의 주요 내용은 사회서비스의 행정조직을 재편하여 지방당국의 사회서비스국을 통한 서비스의 통합과 개혁에 초점을 두었다. 정책 보고의 많은 부분이 서비스의 공급자와 수요자로서 커뮤니티를 강조하였으며, 공공전달체계의 지역단위조직과 지역사회와의 연계성을 강조하였다. 이러한 제안이 이루어진 1960년대 말부터 1980년대 초까지만 해도 대인사회서비스의 주된 전달주체는 공공부문으로 인식되었으며, 커뮤니티케어를 주장하는 경우에도 서비스 전달주체로서 공공부문의 역할에 관한 근본적인 저항이나 비판은 없었다(오정수, 1994: 204).

반면에 1980년대에 발간된 그리피스보고서에서 커뮤니티케어의 개념은 더욱 다양한 장(setting)에서의 광범위한 서비스의 발전을 추구하면서 지방당국의 역할보다는 가족 등의 비공식부문, 민간부문, 자원부문의 역할을 더 강조했다(오정수, 1994: 200). 1990년 「국민보건서비스 및 커뮤니티케어법」 제정 이후에는 케어매니지먼트 방식의 도입이나 커뮤니티케어 플랜의 작성 공표 등 '보건의료와 복지의 연계통합'의 강화, 복지다원주의에 의한 복지혼합이 진행되어 왔다(최은영, 2015: 22-23).

커뮤니티케어는 국가정책으로서 지역사회에서 자립을 가능하게 하는 종합적인 정책(care in the community)으로 이해해야 할 것인가, 아니면 친족, 동료, 이웃 등의 비공식적인 케어를 강조한 정책(care by the community)로서 이해해야 할 것인가를 놓고 아직도 논쟁의 여지가 남아 있다.

커뮤니티케어정책의 대두: 커티스위원회 보고서(1946)

커뮤니티케어는 1920~1930년대에 정신장애인 치료와 처우에서 시설 수용방식에 대한 반성, 약물요법의 진보와 함께 지역사회에서의 치료 · 처우의 필요성과 가능성이 강조되면서 대두된 개념이다(김범수 · 신원우, 2006: 32). 영국은 제1차 세계대전을 전후하여 의약품이 개발되기 시작하면서 약물치료법이 확대되었고, 이와 관련한 물리적 모델(physical model)이 강조되었다. 이 당시 영국뿐만 아니라 미국 등에서도 정신의학의 발달과 관련한 정신보건에 대한 관심이 높아지기 시작했다. 1920년대와 1930년대에는 인간서비스 분야에 보건서비스가 포함되면서 정신질환자들에 대한 지원대책이 소개되었고, 이에 필요한 법률이 제정되고, 프로그램 시행에 필요한 기본적인 제도 등이 마련되기 시작하였다(오혜경, 1996: 103).

제2차 세계대전 후 1946년 커티스위원회 보고서(Curtis Committee Report,

1946)는 '아동의 보호에 관해서 수용시설보다는 가정이나 규모가 적은 그룹홈(group home)에서 보호하는 것이 바람직하다.'는 원칙을 내세운 '아동보호에 대한 제언'을 발표했다. 이 보고서에서는 부모의 보호 아래 아동이 양육되도록 시설보호보다 가정과 환경이 유사한 가정위탁보호를 장려했다. 이에 따라 1948년 「아동법」이 독립적으로 제정되고, 지방정부에 아동보호를 전담하는 아동국이 설치되었다(박유미 · 박정란, 2020: 76). 그리고 노인을 위한 주간보호, 무주택가정에 대한 원조, 장애인을 위한 서비스 등 성인서비스를 담당하는 부서로 복지국이 설치되었다. 방문간호, 직접치료, 병원사회사업, 주간간호서비스는 보건국에서 제공하였다(오정수, 2000: 115). 말하자면, 서비스의 대상과 종류에 따라 분립된 행정체계로 보건 및 사회서비스가 제공된 것이다. 이것이 계기가 되어 노인이나 정신위생 분야에서도 폭넓게 사용되었다.

정신질환 및 정신장애에 관한 왕립위원회 보고서(1957)와 정신보건법(1959)

영국에서 커뮤니티케어라는 용어가 공식적으로 사용되기 시작한 것은 1957년의 '정신질환 및 정신장애에 관한 왕립위원회 보고서(Royal Commission on Law Relating to Mentral Illess and Mental Deficiency, 1957)'가 병원보호로부터 커뮤니티케어로 전환할 것을 권고하면서부터이다.[1] 왕립위원회 보고서는 장기입원 중인 환자 대부분은 적절한 보건 및 사회서비스가 제공된다면 지역사회에서의 생활이 가능하다며 시설보호에서 커뮤니티케어로의 전

1) 1954년 정신질환 및 정신장애에 관한 왕립위원회가 설치되어, 1954년부터 1957년까지 약 3년 동안 그 현황을 조사하였는데, 그 조사결과에 따라 정신장애인은 병원 입원 수용시설 보호정책에서 커뮤니티케어정책으로 전환하여 가족에 의한 케어를 받도록 하는 것이 바람직하다고 권고하였다(김치영 · 최용민, 2013: 4).

환을 주장했다(박유미 · 박정란, 2020: 76). 이 보고서의 영향으로 1959년 「정신보건법(the Mental Health Act)」이 제정되었다. 이 법에서는 수용시설의 환경에 관한 규정과 시설에서의 치료방법, 내용, 기준, 미비점에 대한 법적인 조치뿐만 아니라 환자의 병원 수용이 필요치 않을 경우 개인을 시설에 수용, 치료하는 행위를 불법으로 규정하고, 이를 금지하는 내용 등이 포함되었다(오혜경, 1996a: 104). 이 법이 제정되면서 커뮤니티케어가 제도적인 법적 위치를 확보하게 되었다. 그 후 1961년까지 정신병원의 절반 정도가 폐쇄되었다. 한편 입원 치료가 필요 없는 정신장애인에게는 커뮤니티케어를 실시할 수 있게 되었다(김치영 · 최용민, 2013: 4).

이처럼 초기의 커뮤니티케어는 시설보호(institutional care)의 반대 개념으로 등장하여 시설보호로부터 지역사회로 나아간다는 포괄적인 의미를 지니고 있었다.

커뮤니티케어의 시발점: 시봄보고서(1968)

수용시설이 쇠퇴하면서 정신장애인이나 노인 병상이 현저히 감소하고, 다수의 퇴소자는 소규모 주거보호시설(residential care facility)에 배치되었다(김태진 외, 2001). 하지만 정신질환 및 장애로 인한 만성질환자를 훈련된 직원이 있는 병원에서 비숙련 직원이나 직원이 없는 지역으로 이전시키는 결과를 가져와 정신장애인의 생활조건이 악화되는 경우도 발생하였다(이영찬, 2000: 13). 따라서 시설보호의 병상이 현격히 감소함과 동시에 지역으로 이전한 기존의 시설수용대상자에 대한 사회적 서비스가 절실히 요청되었다. 그리하여 1965년 12월 시봄을 위원장으로 하는 왕립조사위원회인 시봄위원회(Seebohm Committee)가 설치되었다. 시봄위원회는 1968년 잉글랜드 및 웨일즈의 지방정부 사회서비스 조직과 책무를 검토하고, 지역사회에 기초한 대인사회서비스를 기본방향으로 하는 보고서를 제출한다. 시봄위원회는 사회서비스의 문제점을 불충분한 서비스의 양과 질, 접근성, 연락조정 및 연속성 등으로 규정하고, 그 원인으로 자원 및 지식의 부족, 책임의 분절성을 들었다. 지방당국은 충분한 인력과 재정을 지원받지 못했고, 사회서비스의 조직 및 책임분담은 대상별 분업체계로 이루어져 개인과 가족에 대한 통합적 대응이 이루어지지 않았다는 것이다(박유미 · 박정란, 2020: 78).

이러한 문제점과 원인에 따른 대안으로 시봄보고서가 제시한 것이 '지방정부 사회서비스국(Social Service Department: SSD)'의 설치를 통한 서비스의 통합과 개혁이었다. 시봄보고서는 지방정부에 사회서비스국 설치를 제안하여 지역의 필요도와 이를 충족시킬 자원을 평가하고 이에 따른 계획을 수립하여 독립적인 조직, 친척 그리고 이웃의 헌신을 지원할 수 있도록 권고했다(이규식, 2019: 3). 사회서비스국은 보건, 교육, 주택, 아동서비스국과 복지서비스국의 기능을 포괄하는데, 구체적으로는 공공부조, 교육복지서비스, 아동지도서비스, 홈헬프서비스, 정신보건사회사업서비스, 성인훈련센터, 지방보건국의 주간간호서비스, 주택당국의 사회사업 일부 등이었다. 사회서비스국의 구조는 인구 5~10만을 단위로 지역사무소(area office)를 설치하고, 10~12명의 사회복지사가 팀을 구성하여 상담에서 정보제공 및 지원까지 포괄적 접근을 하도록 권고되었다. 즉, 지역사회에서 최일선의 서비스를 담당하는 '지역팀'이 배치되고, 가족이나 개인은 담당 사회복지사로부터 서비스를 받게 된다는 것이었다(박유미 · 박정란, 2020: 78).

이러한 조직구조의 개편은 시봄보고서가 커뮤니티케어의 본격적인 도입에 중요한 시금석이 되었음을 보여준다.

지방정부의 사회서비스법(1970)

시봄보고서의 제안에 기초하여 1970년 「지방정부의 사회서비스법(Local

Authority Social Service Act)」을 제정하였다. 제2차 세계대전 이후, 아동국과 복지국으로 분리되어 운영되었던 사회서비스 행정조직을 1971년 지방정부에 '사회서비스국(Social Service Department: SSD)'을 설치함으로써 통합하였다. 보건국의 방문간호와 작업치료 등을 국민보건서비스(NHS)로 이관하였고, 사회서비스국은 사회복지사를 고용하여 지역의 클라이언트에게 서비스를 직접 제공하였다(오정수, 2000: 15; 박정선, 2018: 187).

지적장애인을 위한 보다 나은 서비스(백서, 1971)

영국에서 노멀라이제이션 원리의 실천이 발전하는 데 중요한 출발점이 된 것은 1971년에 출판된 『지적장애인을 위한 보다 나은 서비스(Better Services for the Mentally Handicapped)』(이하 백서)이다. 이 백서는 1991년까지 커뮤니티케어의 목표를 구체적으로 서술한 최초의 문서로서, 특히 지적장애인을 수용하는 병원의 문제를 지적하였으며, 커뮤니티케어의 중요성을 강조하였다. 당시 영국의 웨일스에는 3만 5천 명에서 4만 명의 사람들이 낡고 구태의연한 빅토리아왕조 건축양식의 병원에서 생활하고 있었다. 백서는 이러한 상황에 대해 서비스의 공급 형태를 대규모 병원에서 지역사회에 기반을 둔 서비스로 변화시킬 것을 요구했다(나카조노 야스오, 2004: 132).

백서의 주된 내용은 다음과 같다(나카조노 야스오, 2004: 133).

첫째, 지적장애인은 지역사회의 보통생활로부터 격리되어서는 안 된다. 둘째, 지적장애인 개개인의 능력을 최대한 향상시키기 위해 자극, 사회적 훈련, 교육, 취업 등이 필요하다. 셋째, 장애인은 가능한 한 가족과 함께 생활해야 하지만 가족에게 짐이 되어서는 안 되며, 가족을 떠나서 다른 거주장소에 가더라도 가족과 연결되어 있어야 한다. 넷째, 장애인이 가정을 떠나서 일시적 혹은 영구적으로 생활할 장소가 병원이라 할지라도 그곳은 가능한 한 가정과 같아야 하며, 공감적인 인간관계가 있어야 한다. 다섯째, 지방자치단체의 사회서비스는 충실해야 한다. 여섯째, 친구, 이웃, 지역사회로부터의 이해와 원조는 장애인을 가진 가족이 가능한 한 정상적인 사회생활을 유지하고, 또한 장애인에게 보통생활을 제공하도록 하기 위해서도 필요하다.

정리하면, 이 백서의 기본원리는 병원으로부터 커뮤니티케어로의 이동 절차를 나타낸 것이라고 할 수 있다.

웰펜덴보고서(1978)와 복지다원주의

1970년대 영국은 인구의 노령화, 가족구조와 문화의 변화 등으로 인한 사회적 욕구가 증가함에도 불구하고 국가의 재정난 때문에 공적 부문에서 대응하지 못하고, 비공식적인 성격의 민간활동이 재검토되었다. 특히, 급속한 노인인구의 증가[2)]로 인해 가족에 대한 사회적 지원 욕구가 보편화되었지만, 그들 가족을 대리하는 시설은 절대적으로 부족한 상태였다. 그러나 시설 설립은 복지국가 이후 심해진 국가의 재정난 때문에 한계에 달했던 것이다(정상양, 1995: 233).

비공식적인 성격의 민간활동이 부각되어, 그 활동을 수행하기 위한 민간조직의 기능과 역할을 검토하기 위해 1974년 웰펜덴위원회가 구성되었고, 1978년에 일명 웰펜덴보고서(Wolfenden Report)로 불리는 보고서 '민간조직의 미래(The Future of Voluntary Orgnations)'를 제출했다. 이 보고서에는 공적 부문에 대한 민간의 의의를 실제 공급의 확대, 행정서비스의 질 개선, 국가에 의해 제공되지 않는 서비스의 공급 등과 같은 점에서 구하고 있다.

2) 1973년부터 1982년에 걸쳐 유럽의 대표적 국가 10개국에서 고령화 비율은 12%에서 14%로 증가했다. 그중 영국의 경우 1901년 4.7%에서 1971년 12.9%, 1983년 15.1%로 증가했다. 그 반면 65세 이상의 노인인구 중에서 4~5%만이 시설입소의 대상이었다(정상양, 1995: 233).

또한, 동 보고서는 비공식적인 친족에 의한 케어를 중시했으며, 자원봉사를 포함한 민간활동의 중요성을 인식하고, 제도적 서비스를 돕는 역할로 민간활동을 중시했다. 이 보고서에 의해 민간부문의 역할에 대한 재평가가 이루어지게 되었고(정상양, 1995: 234-236), 복지다원주의라는 용어가 처음으로 사용되었다.

복지다원주의란 복지의 주체를 다원화하려는 것이며, 기존의 중앙정부 중심의 복지공급을 지양하고, 비영리부문, 기업, 지방정부 등도 그 주체로서 인정하려는 것이 그 요지이다. 복지다원주의가 국가의 핵심이념으로서 정착한 것은 대처보수당 시대였다. 대처정부는 사회복지서비스 부문의 개혁 방향으로 비용이 너무 많이 드는 시설보호를 지양하고 커뮤니티케어를 확대하는 것에 주력하였는데, 그 이념으로서 복지다원주의를 내건 것이다. 복지다원주의가 사회복지서비스 개혁의 기본이념으로 확실하게 정착한 것은 1988년에 발간된 '그리피스보고서'부터였다. 동 보고서의 핵심 내용은 시설서비스 대신에 주택서비스를 장려하고, 기존의 공적 사회복지시설을 민영화하며, 민간시설을 지원하는 것 등이었다.

Growing Older(1981)

민간부문의 역할에 관해 재평가가 이루어지는 가운데 커뮤니티케어의 새로운 정책 방향에 관한 행정당국의 공식적인 언급이 나타난 것은 1981년에 발간된 노인에 관한 정부 백서 'Growing Older'였다. 심각한 경기침체는 복지정책의 재원조달 위기로 이어졌고, 커뮤니티케어에서도 공공지출 억제를 위한 민간부문이 강조되면서 이 백서에서는 노인을 위한 적절한 지원과 보호는 정치인, 공무원이나 자선단체만이 아닌 전체 커뮤니티라는 점과 '커뮤니티에서의 케어(care in the community)'는 '커뮤니티에 의한 케어(care by community)'여야 한다는 점을 강조하였다(오정수, 1994: 204).

이것은 가족이나 이웃 등의 비공식부문의 역할을 강조한 것이다.

바클레이보고서(1982)

노인인구의 증가, 전통적 가족구조의 해체, 경제 악화로 인한 실업증대 등으로 사회서비스에 대한 욕구가 증대하였지만, 사회서비스국은 이에 부응하지 못했다. 시봄개혁을 통해 행정의 통합화는 이루었지만, 분권화와 주민참가의 실현에는 어려움을 겪었다. 게다가 아동학대와 같은 일련의 사건들로 인해 소셜워크(social work)가 질적으로 떨어진다는 비판을 받게 되었다. 그리하여 커뮤니티케어에서 비공식적 부문 중시로 이행되는 분기점이 되는 바클레이보고서(Social Workers: Their Role & Tasks, 1982)[3]가 제출된다(박유미 · 박정란, 2020: 80).

18명으로 조직된 바클레이위원회는 시봄보고서의 통합주의(genericism)가 도입된 후, 지속적으로 쟁점이 된 소셜워커(social worker)의 직무와 역할을 중심으로 검토하였으나, 전원의 일치를 보지 못하고 결국 두 개의 보고서, 즉 다수파보고서와 소수파보고서를 제출한다.[4] 바클레이위원장을 비롯한 14명이 서명한 다수파보고서는 기본방향을 지역사회중심서비스로 정하고, 소셜워크와 커뮤니티워크(community work)를 결합한 '커뮤니티 소셜워크(community social work)'를 제기한다. 소셜워크와 커뮤니티워크는 중복되지

3) 이 보고는 1980년 10월 당시의 사회서비스 장관의 요청으로 조직되었던 바클레이(P. Barclay)를 위원장으로 하는 전문 조사위원회의 보고서로 1982년 5월에 소셜워커(social worker)의 역할과 임무라는 제목으로 영국 소셜워크 연구소에서 출판되었다(정상양, 1995: 236).

4) 바클레이보고에 전원의 일치에 실패한 것은 소셜워크를 둘러싸고 위원들의 견해가 달랐기 때문이다. 시봄보고서의 의도가 사회복지서비스국의 관료화와 전문가에 의한 서비스 독점으로 실현되지 않았기 때문에 소셜워커의 역할과 임무를 검토할 필요성이 대두되었고, 이를 둘러싸고 바클레이위원회에 참여한 위원들의 주장이 나누어지게 된 것이다(정상양, 1995: 237).

만, 상호배제적인 활동은 아니므로 커뮤니티 소셜워크라는 새로운 방법을 통해서 제기술 간의 새로운 균형을 취하고 전문분화된 소셜워크의 문제점에 대응해야만 한다는 생각이었다. 즉, 소셜워커의 직무와 역할을 상담 지향에서 '지역사회에 기초한 사회적 케어계획(social care planning)'으로 전환하도록 주장하였고, 소셜워커에 의한 공공부문과 민간기관, 비공식 보호망의 협력관계를 개발할 필요가 있다고 강조하였다(오정수, 2000: 116; 박정선, 2018: 188). 반면, 소수파보고서는 근린 기반 소셜워크(Neighbourhood-based Social work)란 개념을 기본으로 삼았는데, 이것은 근린에 근거를 둔 가족, 친구, 이웃 등의 비공식적인 연결망을 지지하는 소셜워크의 형태를 나타내는 것이었다(정상양, 1995: 238).

결국, 바클레이위원회가 제시한 사회서비스의 새로운 방향성은 커뮤니티 소셜워크였다. 바클레이보고서는 1980년대 말부터 이루어질 공공사회복지조직의 변화에 비공식적 관계망을 강조한 '지역사회중심'이라는 방향성을 제시하게 된다(박유미 · 박정란, 2020: 81).

그리피스보고서(1988)

1973년 오일쇼크로 인해 시봄보고서의 구상은 퇴색된다. 전 세계는 불황에 휩싸이고, 1979년 5월의 총선에서 승리한 보수당의 대처정부는 신자유주의 개혁에 착수하였다. 커뮤니티케어가 신자유주의 이념에 잘 맞는다고 판단한 대처정부는 커뮤니티케어에 큰 관심을 보이고 장려했는데, 대처정부가 의도했던 것과 달리 오히려 정부의 부담금이 증가했다. 정부 직영시설 입소자가 퇴소하여 지역사회로 돌아가는 것이 아니라 시설환경이 더 좋은 민간시설(주로 요양시설)로 옮기는 경우가 크게 늘어났던 것이다. 공공부조 수급자들이 정부지원을 받아 민간시설의 원비를 낼 수 있었기 때문에 구태여 공공시설로 옮겨야 할 이유가 없었다.[5] 게다가 민간시설 입소 노인의 노령연금수급액이 원비보다 적으면 공공부조에서 그 부족액을 보전했고, 공공시설 입소 노인에게는 지급되지 않는 간호수당과 장애수당까지도 보조했다. 그리하여 민간시설 입소자에 대한 정부의 지원금이 급증한 것이다(이영찬, 2000: 412-413). 이러한 부작용은 커뮤니티케어의 본래 목적에 어긋나는 것이었다.[6] 이른바 '의도에 반하는 효과(perverse effects)'를 제거하기 위하여 대처정부는 커뮤니티케어 개혁에 착수하게 된다.

대처정부는 1985년에 커뮤니티케어정책을 지원하는 공적 자금의 사용방법을 재검토하여 보다 효과적으로 커뮤니티케어를 지원할 수 있도록 공적 자금의 사용에 대한 개선안을 제안하기 위하여 그리피스 경[7]을 위원장으로 하는 그리피스위원회를 조직하였다. 그리피스위원회는 도움이 필요한 대상자에게 적절한 시기에 충분한 서비스를 제공해야 하고, 대상자는 서비스를 지원받는 방법에 대하여 의견을 제시할 수 있어야 하며, 또한 서비스는 대상자의 가정이나 가까운 시설에서 이루어져야 한다는 원칙 아래

5) 1980년 이후 대처정부는 민간시설이 영리부문의 시장참여를 확대하는 것을 지향했기 때문에 민간시설에의 입소비용을 사회보장비에서 조성해 지원하였다. 일정 재산 이하의 노인들에게 사회보장비로 민간영리시설 입소비용을 보조하기 시작하자, 많은 노인들은 민간영리시설에서 장기요양보호서비스를 받을 수 있었다. 즉, 중앙정부에서 민간영리, 비영리시설의 입소비용 및 보호비용을 부담하였던 것이다. 이렇게 함으로써 중앙정부의 재정부담이 가중되었고, 시설보호의 확대를 초래하게 되었다(김치영 · 최용민, 2013: 7-8). 특히, 민간부문시설이 급성장했는데, 1979년 2,255개소였던 민간시설은 1986년 7,240개소로 3배 이상 증가하여 연평균 8% 이상의 증가율을 보였다(공선희, 2015b: 90).

6) 독립부문의 요양시설 노인 가운데 소득급여자는 1979년 11,000명에서 1991년 253,200명으로 증가했고, 사회보장 지출액도 1천 파운드에서 24억 파운드로 급증했다. 따라서 1980년대 말에는 민간시설 케어가 공적 케어 예산의 상당 부분을 차지하는 위협적인 존재가 되었다(공선희, 2015b: 90).

7) 원래 영국의 대규모 슈퍼마켓 경영자였던 로이 그리피스(Roy Griffiths)는 1983년에 발표된 NHS 관리보고서 최고 책임자로서 NHS에 기업경영의 원리를 도입시켰던 장본인이다. NHS에 기업경영원리를 도입하여 비용절약의 관리혁명을 가져온 공적으로 경이라는 호칭을 수여하였다(정상양, 1995: 243; 김치영 · 최용민, 2013: 9).

에서 2년에 걸친 검토를 거쳐 1988년 2월 정부에 보고서를 제출하게 되는데, 그것이 바로 그리피스보고서(Griffith Report)로 불리는 '커뮤티니케어: 행동을 위한 지침(Community Care: Agenda for Action)'이었다.

그리피스보고서에서는 커뮤니티케어에 관하여 아무도 책임을 지려 하지 않기 때문에 커뮤니티케어가 제대로 작동되지 않음을 지적하고, 커뮤니티케어를 위한 6개의 행동지침을 제시했다. 첫째, 커뮤니티케어정책을 수행할 부처를 두어야 한다. 둘째, 지방정부가 커뮤니티케어 수행을 위한 핵심부서가 되어야 한다. 셋째, 커뮤니티케어 개발에 대한 재정은 중앙정부의 특별보조금으로 충당되어야 한다. 넷째, 사회서비스국에서는 구체적으로 지역의 케어 욕구를 평가하기 위하여 개인의 케어 욕구를 평가할 체계를 구축하고, 이러한 욕구를 충족시킬 융통성 있는 케어 패키지(care packages)를 설계해야 한다. 다섯째, 민간의 자원조직을 활용해야 한다. 여섯째, 사회서비스는 민간조직체가 운영하든 지방정부가 운영하든 모든 거주홈(resdidential home)을 조사하여 등록할 책임을 져야 한다(이규식, 2019: 4).

그리피스보고서의 주요 권고 내용은 다음과 같다(Griffiths, 1988: 1-6; 김치영 · 최용민, 2013: 10에서 재인용).

첫째, 중앙정부는 커뮤니티케어를 담당하는 부장관을 보건사회보장성 내에 신설하여야 한다. 부장관은 커뮤니티케어의 정책, 재정, 관리 등의 책임을 지고 중앙정부의 자금을 배분하고, 정책 목적과 공공기관의 자원이 일치되도록 지도감독하여야 한다.

둘째, 지방정부의 사회서비스국은 그 지역사회에서 커뮤니티케어의 지원을 필요로 하는 사람들에 대한 책임을 져야 한다. 이를 위해 사회서비스국은 욕구파악을 통해 조정하는 책임을 지고, 욕구를 효과적으로 충족시키기 위해 보호계획과 예산과 우선순위에 의거하여 개발 관리하여야 한다. 이를 실천하기 위해서는 사회서비스국 직원 중에서 사정을 관리하는 케어매니저(care manager)를 임용하여야 한다.

셋째, 지방정부의 사회서비스국은 비공식적인 서비스제공자, 자원봉사자, 자원봉사조직단체를 지원함으로써 비공식적인 커뮤니티케어의 자원을 발전 유지시켜야 하고, 영리부문의 서비스 발전을 장려함으로써 선택과 경쟁을 시키도록 하여야 한다.

넷째, 커뮤니티케어정책의 재정책임은 중앙정부가, 관리책임은 지방정부가 져야 한다.

다섯째, 지방정부는 커뮤니티케어에 관한 주도적 역할을 담당하여야 하며, 지역사회 내의 욕구를 정확히 파악하고, 일련의 커뮤니티케어 계획 수립 시, 보건보장청, 지원단체 주택협회 등과 협조 및 협력을 하여야 한다. 그리고 지방정부의 사회서비스국이 수립한 커뮤니티케어 계획은 보건사회보장성이 전국적 목표에 비추어 점검하고 이를 승인한다.

여섯째, 보건사회보장성의 소득보조를 통하여 영리시설에 투입된 예산은 커뮤니티케어에 대한 특별보조금 형태로 지방정부에 교부되어, 향후 국가부담으로 시설에 들어갈 대상자는 반드시 지방정부 사회서비스국의 보호 요구 평가를 거쳐 들어갈 수 있도록 하고, 이 보조금은 다른 서비스에 전용하는 것을 방지하여야 한다.

정리하면, 그리피스보고서에서 제시한 커뮤니티케어는 지방정부에 케어의 책임과 역할을 맡김과 동시에 사회복지 관련 예산을 지방정부에 이관함으로써 지역사회 원조가 필요한 사람들을 지방정부가 관리하도록 하는 것이었다.

Caring for People(1989)

1989년 11월에는 정부 백서 「사람들을 위한 케어: 향후 10년과 그 이후에 있어서 커뮤니티케어(Caring for People: Community Care in the Next

Decade and Beyond)」가 발간되었다. 이 백서는 1988년 발간된 그리피스보고서에서 제시된 6개의 행동지침을 보완한 것이다. 이 백서에는 제도개혁의 목표가 다음의 6가지로 나타나 있다(박광준, 2004: 309).

① 가능한 한 사람들이 재가상태에서 계속 생활할 수 있도록 하기 위하여 방문서비스, 주간보호서비스, 단기보호서비스의 확충을 촉진하는 것
② 서비스제공기관이 케어제공자에 대한 실제의 원조제공에 높은 우선순위를 둘 수 있도록 보증하는 것
③ 적절한 욕구사정(need assessment)과 적절한 케이스매니지먼트(case management)에 의해 질 높은 케어를 제공하는 것
④ 질 높은 공적 서비스와 함께 활력 있는 민간서비스의 발전을 촉진하는 것
⑤ 서비스 관련 기관들의 책임을 명확히 하고, 사업의 성과에 대한 보고책임을 행하도록 하는 것
⑥ 사회적 케어의 새로운 재정구조를 도입함으로써 세금이 보다 효율적으로 사용되게 하는 것

다소 모호한 목표이지만, 그 내용은 다음과 같이 요약할 수 있다. 첫째, 서비스 공급구조를 개선하여 국가 주도의 시설에서 다양한 주체의 시설을 지향한다. 둘째, 정부가 공적인 서비스를 직접 제공하기보다는 민간의 서비스를 구매하여 이용자들에게 제공하기를 지향한다. 셋째, 시설 입소보다는 재가복지를 지향한다. 넷째, 서비스 이용에는 본인부담금을 강화한다. 다섯째, 서비스 제공기관에 대해서는 일정 수준 이상의 서비스가 제공되도록 사업보고를 의무화하고, 관리감독을 더욱 철저하게 행하는 것이다.

정부 백서는 그리피스보고서 대부분을 수용한 것이었다. 다만, 차이가

있다면, 커뮤니티케어 담당부 장관의 설치를 인정하지 않았고, 커뮤니티케어를 위한 지방정부의 특별보조금이 수용되지 않은 것이다.

국민보건서비스 및 커뮤니티케어법(1990)

영국의 커뮤니티케어정책은 1970년대에 구체화되었지만, 실제로 커뮤니티케어가 실현된 것은 1990년 「국민보건서비스와 커뮤니티케어법」(National Health Service and Community Care Act, 1990)에서였다.[8] 이 법에 기본방침을 제공했던 것이 앞서 살펴본 1989년 백서였다. 즉, 이 법은 1989년 정부 백서에 근거해서 성립되었는데, 이 법에 기초해서 실시된 제도개혁의 주된 내용은 첫째, 시설보호 · 재가보호의 재원과 권한을 지방정부로 일원화하는 것, 둘째, 서비스 공급 주체의 다원화, 셋째, 욕구 사정과 케어매니지먼트의 실시, 넷째, 각 지방정부에서의 커뮤니티케어 계획 책정, 다섯째, 입소시설에 대한 감사제도의 개선, 여섯째, 각 지방정부에서 민원처리 절차의 도입 등이다(イギリス保健省, 小田兼三等譯, 1996).

「국민보건서비스와 커뮤니티케어법」의 이념은 〈표 3-3〉에서 보는 바와 같이 노멀라이제이션, 탈시설화, 서비스의 개별화를 실현하는 것이며, 그 중심적인 가치는 사람들이 인간의 존엄을 유지하고 삶의 질과 케어의 질을 유지하고 서비스제공 시스템을 개선하는 것에 있었다(バーバラ, M. 著, 杉岡直人 · 平岡公一 · 吉原雅昭, 1997).

8) 이 법안은 정부 백서의 정부 수용방침이 결정되어, 1989년 11월에 국회에 제출되었고, 1990년 6월 29일에 의회를 통과하였다. 이 법안은 NHS 개혁과 커뮤니티케어 개혁의 일괄법으로, NHS 부문은 1991년 4월부터 시행되었지만, 각 지방정부가 책임지고 실시하게 될 커뮤니티케어 부문은 2년이 지난 1993년 4월부터 시행되었다. 그 이유는 당시 신설될 지방정부의 지방세(community charge)가 당초 발표된 것보다는 더 높아질 것으로 예상되었고, 커뮤니티케어를 도입할 시 지방세의 세율이 더욱더 높아질 것이라는 우려가 있었는데, 총선거 이전에 시행하게 되면 정부로서는 정치적 부담이 컸기 때문이다(김치영 · 최용민, 2013: 12).

〈표 3-3〉 커뮤니티케어정책의 이념과 가치

구체적인 목표	중심적 가치
① 가정 또는 소규모의 시설케어 ② 대규모시설 이외에서 케어 ③ 케어를 필요로 하는 사람들의 가치와 존엄 ④ 다양한 서비스, 기관, 전문직 업무 방식을 재편성함으로써 기존의 서비스 개선	① 서비스에 대한 평등의 접근을 지닌 '시민의 권리'(rights of citizenship) 보증 ② '자립'(independence)과 위험(risk)을 선택할 권리의 존중 ③ '프라이버시'에 대한 배려 ④ '존엄'(dignity)과 '개성'(individuality) ⑤ 서비스의 '개인 선택' ⑥ 사람들이 매일의 생활 속에서 '목표달성'을 가능하게 하는 원조, 서비스 공급 방법의 평가를 실현하는 것

출처: Barbara Meredith(1993).

구체적으로는 이용자의 '목표를 달성'하기 위해서 욕구를 사정(assessment)하고 케어계획을 작성하며, 그 케어계획을 실시하는 케어매니지먼트의 기법이 개발되어 있다. 케어매니지먼트는 이용자에게 복수의 케어를 패키지로 제공하고 생활조건이나 환경의 변화나 장기적 케어에 대한 계속적인 대응, 나아가 다원적인 공급시스템에 대응할 수 있는 시스템이다. 그 결과 커뮤니티케어정책에 의해 서비스의 이용자, 또는 소비자(consumers)로서의 시점이 확립되었고 이용자는 선택이나 자기결정이 가능해졌다(竹原健二編, 2004: 15).

1990년의 「커뮤니티케어법」은 대인복지서비스의 담당 부서인 지방정부의 사회서비스국이 서비스의 공급자가 아니라 서비스의 구매자가 되기를 요구하는 법이었다. 다시 말하면, 지방정부가 서비스를 필요로 하는 클라이언트에게 어떤 서비스를 직접 제공하는 것이 아니라, 그 서비스를 제공하는 민간기관을 찾아서 그 기관에서 제공하는 서비스를 구매하여 해당 클라이언트에게 제공하는 시스템으로의 전환을 촉진하는 법이었다. 이러한 변화가 '구입자-공급자 분리(purchaser-provider split)'라고 불린다. 또한,

이러한 경향은 공적 주체(지방당국) 중심의 공급체제에서 민간공급 주체를 포함한 다양한 공급 주체로 변화되었다는 의미로 복지다원주의 혹은 케어의 혼합경제(mixed economy of care)라고도 불린다(박광준, 2004: 310).

정리하면, 커뮤니티케어 개혁은 케어의 공급을 공적인 책임으로 하는 것이 아니라 민간의 참여를 촉진하고, 다원적으로 공급함으로써 정부의 부담을 줄이며 경쟁을 통해 효율화를 도모하는 개혁이었다. 그 결과, 지방정부는 서비스의 직접공급자의 역할을 포기하고 서비스를 계획하고, 조직화하고 소비해 주는 조력자로 남게 되었다. 부작용도 많았다. 적절한 사후조치가 없는 상태에서의 지역사회로의 회귀는 가족의 부담을 가중시켰으며, 노숙자와 범죄의 증가를 초래하였다.[9]

1996년 커뮤니티케어법(서비스 현금지급제도)

1996년에는 「커뮤니티케어법(서비스 현금지급제도)」[Community Care Act (Direct Payment)]을 제정해 18세부터 65세 사이의 이용자에게 직접서비스를 제공하지 않고, 서비스 구입에 필요한 현금을 지급할 수 있도록 하였다.[10] 서비스 현금지급제도의 도입에 따른 주요 변화를 살펴보면 다음과 같다(존 글래스비 · 로즈마리 리틀차일드 엮음, 2013: 63-65).

첫째, 지방정부는 서비스 현금지급을 제공할 수 있는 권한을 갖게 되었다. 법률에 따르면, 서비스 현금지급은 커뮤니티케어 서비스를 대신해 지방정부 사회서비스국만 제공할 수 있기 때문에 보건이나 거주 부서 같은 다른 부서는 서비스 현금지급을 할 수 없었다. 따라서 보건이나 거주 관련

9) 커뮤니티케어의 부작용에 관한 자세한 내용은 이영찬(2000), p.179를 참조할 것.

10) 지방정부가 개인의 욕구를 충족시키기 위해 커뮤니티케어 서비스가 필요하다고 결정하면, 지방정부는 개인의 동의하에 개인의 욕구에 상응하는 서비스를 확보할 수 있는 수준의 현금을 지급할 수 있다.

서비스에 서비스 현금지급이 금지되었다.

둘째, 서비스 현금지급제도는 65세 이하의 모든 성인 이용자 집단에 적용되었다. 18세 이하는 지급대상에서 제외되었다.

셋째, 서비스 현금지급제도는 모든 커뮤니티케어 서비스에 이용될 수 있지만, 1년 중 4주 이상 거주시설 케어를 이용하는 경우와 지방정부가 직접 제공하는 서비스를 이용하는 경우는 제외되었다.

넷째, 친척이나 가구원으로부터 서비스를 구입할 수 없도록 하였다.

장애인단체의 지속적인 운동 덕분에 지적장애인과 정신장애인을 서비스 현금지급제도에서 제외하려던 정부의 원래 의도는 무산되었으며, 65세 이하 모든 성인 장애인이 서비스 현금지급제도를 이용할 수 있게 되었다. 한편, 2000년 2월 1일에 개정 규정이 이루어지는데, 이에 따라 65세 이상의 노인도 서비스 현급지급제도를 이용할 수 있게 되었다.

2001년 보건 및 사회적 케어법(Health and Social Care Act)

2001년 「보건 및 사회적 케어법」(Health and Social Care Act)의 시행으로 2003년부터 서비스 현금지급제도가 지방정부의 의무규정이 되었다. 시행 초기 법률에 따르면, 지방정부는 서비스 현금지급제도를 재량에 따라 시행할 수 있었다. 그러나 지역 간 편차 문제가 심각해지자 지방정부가 의무적으로 시행하도록 개정한 것이다. 따라서 지방정부들은 의무적으로 현금급여를 장려했다(전용호, 2012: 157).

그런데 이용자 스스로 서비스 제공기관을 찾아야 하고, 서비스 제공기관에 지불한 비용을 지방정부에 정산보고하는 책임을 져야 하며, 서비스 구매과정에서 케어노동자(care worker)나 개인비서(personal assistant)를 고용하여 구매해야 하는 부담이 생겼다. 따라서 서비스 이용자나 보호자가 서비스 현급지급제도를 관리할 수 있는 능력에 대한 우려, 지방정부 직원들의 저항, 생활보조서비스 제공자의 공급문제 등으로 인해 확대에 어려움이 있었다(황덕순, 2008: 75). 이것은 개인의 선택과 자율을 강조하는 시장화의 문제점을 그대로 드러내는 것이었다.

개인예산제도(personal budget)

이에 대한 비판으로 2006년 개인예산제도(personal budget)[11]를 대안으로 채택하였다. 개인예산제도는 시작단계에서 욕구 충족을 위해 얼마만큼의 금액이 필요한지 계산하고, 그다음에 이 금액을 어떻게 사용할 것인지 선택하고, 금액에 대해서 얼마만큼의 통제권을 가질지 선택하는 방식이다. 개인예산제도는 다음 7가지의 주요 특징을 지닌다(존 글래스비 · 로즈마리 리틀차일드 엮음, 2013: 133, 148-149).

첫째, 자립생활의 권리이다. 시민으로서 자신의 욕구를 충족하는 데 필요한 도움을 받아야 한다.

둘째, 개인예산의 권리이다. 유료 도움이 필요한 경우, 개인은 도움에 지불하는 돈을 어떻게 사용할 것인지를 결정할 수 있어야 한다.

셋째, 자기결정의 권리이다. 의사결정을 하는 데 도움이 필요하다면, 개인의 이익과 선호를 충분히 반영할 수 있는 아주 가까운 사람에 의해 의사결정이 이루어져야 한다.

넷째, 접근 가능성의 권리이다. 모든 사람이 자신의 지원을 통제할 수 있는 능력을 극대화하기 위해 규칙은 명확해야 하고 개방되어야 한다.

---

11) 개인예산제도는 지적장애인 서비스 영역에서 먼저 시작되었다. 개인예산제도 개념은 2003년 작은 모임에서 시작되었다. 모임의 구성원들은 지적장애인을 위한 서비스 방식을 전면적으로 개혁하기 위해 우선 현재 사회돌봄체계의 작동방식을 논의했다. 이러한 초기의 논의에 따라 자기주도 지원과 같은 새로운 사회돌봄방식이 개발되었고, 개인예산제도의 초기 개념이 정부에 의해 받아들여지고 발전하였다. 자세한 내용은 존 글래스비 · 로즈마리 리틀차일드 엮음(2013) 제5장을 참조할 것.

다섯째, 자금 융통성의 권리이다. 개인이 개인예산을 사용할 때 불필요한 제한 없이 자유롭게 자금을 사용할 수 있어야 한다.

여섯째, 책임성 원칙이다. 개인과 정부는 서로에게 결정을 설명하고 배운 것을 공유해야 할 책임이 있다.

일곱째, 역량 원칙이다. 개인, 가족, 지역사회는 자신의 지원을 관리하고 기술을 배우고 기여하는 데 역량이 부족하다고 간주되어서는 안 된다.

개인예산제도의 핵심은 서비스의 설계에서부터 집행에 이르는 전 과정에서 이용자의 자기주도성(self-direction)을 높이도록 한 것이다. 자기주도 지원 접근법은 전통적인 사회돌봄 접근법과는 〈표 3-4〉와 같이 차이를 보인다.

〈표 3-4〉 사회돌봄과 자기주도 지원

사회돌봄의 신념	자기주도 지원의 신념
• 장애인들은 취약하고, 훈련된 전문가가 도와주어야 할 존재이다.	• 모든 성인은 의사결정에 도움이 필요할지라도 그들의 삶을 통제할 수 있어야 한다.
• 현재의 모든 서비스는 모든 사람에게 적합하다. 문제는 사람을 사정하고, 개인에게 적합한 서비스를 결정하는 것이다.	• 모든 사람은 지역사회에서 자리를 잡고 유지하기 위해 자신의 상황에 맞는 지원을 받아야 한다.
• 큰 조직이나 법에 근거한 기관이 통제할 수 있다면 돈의 오용은 없을 것이다.	• 본인 또는 실제 보호자가 통제할 수 있다면 돈은 적절하게 사용될 것이다.
• 가족이나 친구들은 믿을 만한 동료가 아니므로 가능하다면 독립적인 전문가가 대신하여야 한다.	• 가족과 친구들은 장애인에게 가장 중요한 동료이며 장애인의 삶에 긍정적으로 기여할 수 있다.

출처: 존 글래스비·로즈마리 리틀차일드 엮음(2013), p.151.

자기주도 지원 시스템이 적절한 조건을 갖추기 위해서는 다음의 자기주도 지원의 7단계를 포함해야 한다(존 글래스비 · 로즈마리 리틀차일드 엮음, 2013: 139-140).

단계1. 개인예산 구성: 개인은 자신에게 분배된 재정, 즉 개인예산을 알 수 있으며, 어느 정도 자신의 예산을 통제할지 결정한다.

단계2. 지원 계획: 개인에게 가장 적합한 도움을 얻기 위해 예산을 어떻게 사용할 것인지 계획한다. 이 과정에서 다른 사람의 도움이 필요하다면 옹호인, 중개인 등 타인의 지원을 받을 수 있다.

단계3. 동의: 지방정부는 개인이 지원 계획을 잘 수립하도록 도움을 주고, 계획이 안전한지 점검하고, 개인이 필요한 것을 모두 표현했는지 확인한다.

단계4. 개인예산 관리: 개인은 자신이 원하는 만큼 개인예산을 통제할 수 있다.

단계5. 지원구성: 개인은 개인예산을 법적 서비스를 포함한 다양한 서비스에 유연하게 사용할 수 있다. 단, 국가가 적법하다고 여기는 욕구와 합법적인 서비스에만 개인예산을 사용할 수 있다.

단계6. 삶의 영위: 개인은 개인예산을 사용하여, 지역사회의 삶과 역할 측면에서 자신에게 중요한 결과를 얻을 수 있다.

단계7. 검토와 교훈: 정부는 개인들의 만족 여부를 계속 점검하고, 얻은 교훈을 공유한다. 또한, 결과가 만족스럽지 못하면 상황을 바꿀 수도 있다.

개인예산제도의 또 다른 특징은 개인의 욕구를 충족시키기 위한 어떤 방식에도 개인예산제도를 사용할 수 있다는 점이다. 서비스 현금지급제도는 공공 영역 서비스에는 사용될 수 없었고, 정부가 지정한 서비스 제공기관 또는 지정된 범위의 서비스를 구매하도록 제한되어 있었으나, 개인예산제도는 현금의 지출범위에 유연성을 가지고 확대되었다(김용득, 2013: 81-82). 즉, 공공, 민간, 비영리 영역의 모든 서비스에 개인예산제도를 사용할 수 있게 되었다. 서비스 현금지급제도는 지원을 받는 방식을 변화시킬 수 있었지만, 개인이 서비스에 접근하는 방식이나 사정하는 방식, 사회돌봄과 관련된 문화 그리고 전체 사회돌봄 예산이 사용되는 방식을 변화시키지 못했다. 반면, 개인예산제도는 서비스 현금지급제도의 장점을 유지하면서도 전반적으로 시스템을 변화시킬 가능성까지 내포하고 있는 것으로 평가되었다(존 글래스비 · 로즈마리 리틀차일드 엮음, 2013: 134).

큰 사회론과 커뮤니티케어

제3의 길에 밀려 1997년 이래 12년 동안 야권에 머물렀던 보수당은 2010년 5월 6일 실시된 영국 총선에서 승리를 거두었다. 하지만 과반의석을 확보하지는 못했기 때문에 제2차 세계대전 이후 처음으로 보수당과 자유민주당의 연립정부가 구성되었다.[12] 연립정부 내각의 수반인 캐머론은 자신이 기존의 이념들과 다른 영역에 있다는 것을 보여주고자 했다. 캐머론은 자신이 진보적 자유주의자 또는 현대화된 온정적 보수주의자로 인식되기를 바랐다(Cameron, 2006). 이를 위해 개발된 정치적 담론이자 이념이 '큰 사회론'이다(유범상, 2012: 64-65). 여기서 말하는 '큰 사회'란 개인과 기업, 전문가와 시민의 책임이 높아지고, 사람들이 다 함께 문제를 해결하며, 자신의 삶과 지역사회를 개선하고, 변화의 주된 힘이 정부 통제가 아닌 사회적 책임이 되는 사회를 말한다(공선희, 2015a: 32).[13]

'큰 사회' 아젠다는 보수당이 자유민주당과 연립정부를 구성한 후 곧바

12) 선거결과는 최종적으로 보수당 306석, 노동당 258석, 자민당 57석, 기타 28석으로 집계되었다. 따라서 어느 정당도 전체 의석(650)의 과반수에 미치지 못해 헝 의회(Hung Parliament)가 불가피했다(유범상, 2012: 64).

13) 다소 포괄적이고 애매해 보이는 이런 정의는 처음부터 정치적 · 전략적 목적이 있는 수사라는 비판을 받았다(공선희, 2015a: 32).

로 정책 프로그램들로 신속하게 전환되었다. 우선, 큰 사회 기획은 지역사회의 역량강화에 초점이 맞춰졌다. 큰 사회는 다름 아닌 지역공동체의 부활과 참여를 통해 만들어지기 때문이다. 지역주민과 지역사회가 더 많은 권력과 책임을 가졌을 때 사회적 공정함과 기회균등이 실현될 수 있다고 보았다. 이를 위해 권력을 중앙에서 지방으로, 정부에서 지역사회로 이전시키는 분권화를 적극적으로 추진하고자 했다. 폐쇄 위기의 지역사회 시설과 서비스(공원과 도서관, 우체국, 운송 등) 운영을 지역사회에 맡기고, 지방정부가 운영하는 서비스까지도 지역사회 조직들이 운영할 수 있게 했다. 지역주민과 가족, 지역사회가 지방정부와 협력하여 자신들의 문제를 스스로 해결하도록 중앙정부의 하향식 지시는 폐지하고, 지역의 권한과 재원을 부여하는 지방분권을 지향하였다(공선희, 2015a: 32-33). '큰 사회'는 지방정부의 부담을 줄이고, 그 대신 가족, 이웃, 지역사회 영리 및 비영리단체 등에 더 많은 책임을 부과함으로써 복지국가 프로그램을 축소하는 데 목표를 둔 것이었다.

Care Act 2014

2014년에 제정된 「케어법」(Care Act 2014)은 보건의료와 사회적 돌봄 관련 법률들을 하나로 통합한 중대한 변화였다. 이 법에 따라 지방정부의 책무는 NHS와 지역사회 민간서비스 공급기관들이 파트너십을 이루는 통합조직을 형성하고, 케어 욕구의 예방과 최대한 서비스 급여를 늦출 수 있도록 통합재정을 관리하는 것이었다(김용득, 2019). 「케어법」은 지방정부가 보건복지위원회를 구성하여 예산을 심의 및 조정하게 하였으며, NHS와 지방정부 사회적 케어 관련 예산을 통합하여(pooled budget) 사용하게 하였다. 이는 '더 나은 케어기금(Better Care Fund)'이라는 이름으로 추진되었다. 그러나 이 통합재정은 분절되어 있던 예산들을 재배치한 것에 불과하기 때문에 그 규모를 증가시킨 것은 아니었으며, 감사원(National Audit Office) 또한 '더 나은 케어기금'의 도입을 통해 기대했던 효과는 높지 않았다고 발표하였다(김경환, 2019; 김형용 · 정세정, 2020: 69). 결국, 이 법은 재정위기상황에서 정부가 서비스 혜택을 받을 수 있는 자격요건을 매우 제한하여 선별적 서비스를 강화하였다(유선우, 2019: 110-111).

또한, 'Care Act 2014'에서는 가족과 지역사회의 역할을 강조하는 자산기반 접근[14] 또는 강점기반 접근이 명시되는데, 비공식 돌봄에 대한 지원을 강화하면서 재정압박에 대응하여 제도의 지속 가능성을 확보하고자 했다(김용득, 2019: 133-1344; 박유미 · 박정란, 2020: 85).

2) 영국 커뮤니티케어정책의 함의

지금까지 살펴본 바와 같이, 영국의 커뮤니티케어의 이념은 20세기 초 시설보호에 대한 대립개념으로 등장하였다. 커뮤니티케어 이념은 여러 차례의 주요한 개혁을 거쳐 사회서비스의 기본방침으로 자리 잡고 있다.

영국 커뮤니티케어정책의 핵심은 통합과 지방분권이었다. 말하자면, 통합을 추진하면서 지방정부의 역할과 책임을 강화하는 분권의 추진이 영국 커뮤니티케어정책의 주된 흐름이었다. 그것은 시봄보고서에서 지방정부의 서비스 통합기구인 사회서비스국을 창설하고 지방분권을 촉진시키는 계기

14) 자산기반 접근법은 지역사회의 역량, 기술, 지식, 연결성 및 잠재력을 중요시하는 것으로, 문제나 요구 및 결핍에 초점을 맞추는 것과 달리 전문가와 서비스 이용자 간 평등하고 호혜적인 관계에 초점을 맞춘 공동생산 활동으로 주민들의 적극적 참여가 필요하다. 즉, 개인과 그 가족 및 지역사회를 일종의 자산으로 간주하며 비공식 돌봄을 지원하기 위한 적극적 활용이 강조된다. 하지만 여전히 서비스의 지속 가능성에 대한 문제가 남는다(박유미 · 박정란, 2020: 85).

를 제공한 것, 바클레이보고서에서 소지역단위의 분권적 근린서비스를 제안한 것, 그리피스보고서와 「커뮤니티케어법」에서 케어에 대한 지방정부의 책임과 역할을 강화한 것 등을 통해서 확인할 수 있었다.

박유미와 박정란(2020: 87-88)은 영국 커뮤니티케어 추진에 있어서 분권이 지니는 지향점을 다음의 3가지로 제시하고 있는데, 주목할 만하다.

첫째, 지방자치단체로 사회서비스 관련 권한을 이양하는 것이다. 유의할 것은 포괄적인 권한 이양이 요청된다는 것이다. 표면상으로는 정부의 통제가 축소되어도 실제로 규제범위가 변하지 않아 결과적으로 지방에 업무부담만 가중될 수 있으므로 확실한 역할분담이 요청된다는 것이다. 그리피스보고서는 지방자치단체의 권한과 책임을 강화하여 포괄적 매니지먼트 역할을 제안하였다. 커뮤니티케어를 추진하는 우리나라에서도 서비스의 통합화와 그를 뒷받침할 분권이 동시에 추진되어야 하며, 이를 위한 조건의 정비가 이루어져야 함을 시사하고 있다.

둘째, 지방자치단체는 의사결정권한을 하위체계로 이양하는 것이다. 시봄보고서는 사회서비스국의 조직구조를 인구 5~10만 단위의 지역사무소(area office) 설치와 지역팀 구성을 통해 지역 최일선에서의 포괄적 지원을 권고한다. 나아가 바클레이보고서는 인구 5천 단위의 사무소와 지역팀을 제시하였다. 커뮤니티케어에서는 지역사회 최일선에서 이루어지는 포괄적 지원이 지향되며, 이를 위해서는 하위체계로의 분권이 요구된다.

셋째, 지역 내 분권을 통한 주민자치로의 접근이다. 커뮤니티케어에서 주민은 지역의 주체적 존재로 능동적으로 참여하는 존재이다. 즉, 커뮤니티케어에서 분권은 지역사회와 공동으로 수행하는 보호(care by and with the community)를 지향한다. 하지만, 공공지출 억제를 위한 민간부문이 강조되면서, 커뮤니티케어의 비공식자원으로만 주민의 참여가 강조되는 경향이 있다.

한편, 영국의 커뮤니티케어에서 채택한 핵심적인 전략인 소비자주의 접근은 우리나라의 장애인서비스에는 적합하지 않다는 견해(김용득, 2005: 382-383)에 전적으로 동감한다. 그 이유는 서비스 환경이 다르기 때문인데, 우리나라는 장애인서비스의 공급이 크게 부족할 뿐만 아니라 서비스 제공자의 대부분도 국가의 재정지원을 받는 비영리조직이어서 민간영리조직이 장애인서비스 영역에 진입하기에는 무리가 있다.

3. 한국의 커뮤니티케어정책

1) 한국 커뮤니티케어정책의 현황

2018년 3월 보건복지부는 취약층 케어체계를 '커뮤니티케어'로 전환한다고 하면서, 커뮤니티케어를 '케어를 필요로 하는 주민들이 자택이나 그룹홈 등 지역사회에 거주하면서 개개인의 욕구에 맞는 복지급여와 서비스를 누리고, 지역사회와 함께 어울려 살아가며 자아실현과 활동을 할 수 있도록 하는 혁신적인 사회서비스 체계'라고 하였다(보건복지부, 2018).[15]

2018년 6월 보건복지부는 '지역사회의 힘으로 케어가 필요한 사람이 자신이 살던 곳에서 어울려 살아갈 수 있는 나라'를 비전으로 설정했고, 이를 구현하기 위한 '커뮤니티케어 추진방향'을 공표했다. 여기에는 ① 케어·복지 등 사회서비스 확충, ② 지역사회중심 건강관리체계의 강화, ③ 케어가 필요한 사람의 지역사회 정착지원, ④ 병원·시설의 합리적 이용 유도,

15) 보건복지부, 「한국형 커뮤니티케어(community care) 전문가와 현장의 참여로 함께 만든다」, 보도자료, 5월 18일(금) 조간, 2018.

⑤ 지역사회 커뮤니티케어 인프라 강화 및 책임성 제고와 같은 다섯 가지 핵심 추진과제를 포함하고 있었다(전재현, 2018: 34).

읍면동 케어 통합창구를 중심으로 지역사회의 보건, 주거, 복지, 자립지원 등 다양한 자원과 기관을 연계하여 통합적인 복지서비스를 제공하겠다는 것이 커뮤니티케어의 취지이다.[16]

정부는 커뮤니티케어를 '지역사회 통합케어'(이하 통합케어)로 명명하고, 2022년까지 통합케어 모형을 개발한 다음 2025년까지 대대적인 제공기반 확충을 통해서 2026년부터는 통합케어를 보편적으로 모든 국민이 누릴 수 있도록 하겠다는 로드맵을 제시하였다. 이에 따라 지역이 실정에 맞는 통합케어모델을 발굴하고 검증하기 위한 목적으로 2019년 6월부터 이른바 '선도사업'을 광주 서구, 경기 부천시, 경남 김해시, 대구 남구 등 8개 지방정부에서 시작하였으며, 그해 9월부터는 16개 지역으로 확대하여 진행하고 있다(김보영, 2021: 47).

한편, 2024년 3월 26일 제정된 「의료 · 요양 등 지역 돌봄의 통합지원에 관한 법률」(약칭 「돌봄통합지원법」)이 2026년 3월 27일 시행되었다. 「돌봄통합지원법」은 "노쇠, 장애, 질병, 사고 등으로 일상생활 수행에 어려움을 겪는 사람이 살던 곳에서 계속하여 건강한 생활을 영위할 수 있도록 의료 · 요양 등 돌봄지원을 통합 · 연계하여 제공하는 데에 필요한 사항을 규정함으로써 국민의 건강하고 인간다운 생활을 유지하고 증진하는 데에 이바지함을 목적으로 한다."라고 규정하고 있다(동법 제1조). 여기서 '통합지원'이란 통합지원 대상자에게 이 법에 따라 국가와 지방자치단체의 장이 보건의료, 건강관리, 장기요양, 일상생활돌봄, 주거, 그 밖에 대통령령으로 정하는 분야의 서비스 등(이하 보건의료 등)을 직접 또는 연계하여 통합적으로

16) 읍면동 커뮤니티케어 연계 체계도(안)는 전재현(2018), p.35 〈그림 5-1〉을 참조할 것.

제공하는 것을 말한다(동법 제2조의1).

이 법은 통합지원 대상자를 "노쇠, 장애, 질병, 사고 등(이하 노쇠 등)으로 일상생활 유지에 어려움이 있어 복합적인 지원을 필요로 하는 노인, 장애인 등"으로 규정하고 있다(동법 제2조의2).

또한, 이 법은 지역주민의 돌봄에 대한 지방자치단체의 책임을 강조하고 있는데, 동법 제4조의2에서는 "지방자치단체의 장은 통합지원을 위한 정책을 수립 · 시행할 때에는 다음 각호의 사항이 실현될 수 있도록 노력하여야 한다."라고 규정하고 있다.

1. 통합지원 대상자의 특성과 욕구에 따라 예방적 건강관리부터 생애 말기 돌봄까지 필요 서비스를 포괄적으로 제공할 수 있는 지원체계를 구축할 것
2. 통합지원 대상자가 필요에 따라 의료기관과 사회복지시설 등에 입원 또는 입소하여 이용한 이후에도 자신이 살던 곳을 중심으로 끊김 없이 필요 서비스를 이용할 수 있는 재가 완결형 통합지원 연계체계를 마련할 것
3. 지역주민 참여를 바탕으로 하는 생활권 단위의 충분하고 지속 가능한 통합지원 생태계를 조성할 것
4. 통합지원 대상자가 통합지원의 내용, 이용방법 등에 관하여 충분한 설명을 들은 후 이용 여부나 범위, 방식 등을 스스로 결정할 수 있도록 자기결정권을 보장할 것
5. 통합지원을 위한 각종 서비스 등의 제공 시 공공성을 높일 수 있도록 할 것
6. 통합지원 대상자를 돌보는 가족과 보호자에 대한 지원과 보호를 제공할 것

이처럼 이 법은 지방자치단체의 책임하에 통합돌봄의 법적 기반을 마련했다는 점에서 중요한 의의를 지닌다고 할 수 있다.

2) 한국 커뮤니티케어정책의 과제

그러나 「돌봄통합지원법」은 구조적인 한계를 지니고 있다. 이 문제와 관련해서 2025년 3월 13일 사회복지 관련 7개 학회[17]에서 성명(이하 성명)을 통해 「돌봄통합지원법」의 개정을 강력히 촉구한 바 있다.

첫째, 대상자의 포괄성 문제를 지적하였다. 돌봄의 통합지원이라고 하는 근본 취지를 살리기 위해서는 통합돌봄이 필요한 지역주민 모두를 대상으로 하는 것이 바람직하나 「돌봄통합지원법」에서는 노인과 장애인만을 대상으로 하고 있다는 점이다.

둘째, 「돌봄통합지원법」은 돌봄 관련 역할을 중앙정부가 정하는 바에 따라 전문기관에 위탁할 수 있게 하였다. 즉, 보건복지부장관은 통합지원 대상자의 충분하고 효율적인 발굴, 관련 자료의 수집 · 조사, 분석 및 통합지원정책의 효율적인 추진을 위하여 전문기관을 지정하여 대상자의 신청 · 발굴 및 조사,[18] 종합판정[19] 등의 업무를 수행할 수 있게 하였다(동법 제25조). 돌봄통합지원의 전문기관으로의 위탁은 이 법이 지니고 있는 지역사회중심의 통합돌봄에 대한 지방자치단체의 책임이라는 당초 법 취지

17) 비판과 대안을 위한 사회복지학회, 한국노인복지학회, 한국사회복지정책학회, 한국사회복지연구회, 한국사회정책학회, 한국지역사회복지학회, 한국통합사례관리학회.

18) 시장 · 군수 · 구청장은 제3항에 따른 조사를 제25조에 따른 전문기관에 위탁하거나 통합지원 관련 기관과 연계하여 실시할 수 있다(동법 제10조의4).

19) 시장 · 군수 · 구청장은 제1항에 따른 판정 및 제2항에 따른 정기적 평가를 제25조에 따른 전문기관에 위탁하여 실시할 수 있다(동법 제12조의3).

와 목적에 위배되는 조치라고 할 수 있다. 법적 모순이다.

이 성명에 따르면, 전문기관의 지정은 통합돌봄에 대한 지자체장의 책임과 권한을 전문기관에 떠넘기는 결과를 초래할 수 있기 때문에 당초 법의 취지와 목적에 정면으로 배치된다. 특히, 전문기관으로 유력한 국민건강보험공단, 국민연금공단은 각각 노인장기요양보험과 장애인활동지원사업 같은 중앙정부 주도의 사업에 전문화된 조직으로 지역성을 배제하는 구조적 한계를 지니고 있다. 이들 기관이 위탁의 형식으로 지자체 본연의 역할을 대리하는 것은 지역성과 개별성이 강조되는 통합돌봄의 본질을 훼손시킬 우려가 크다. 전문기관에 통합돌봄을 위탁하는 방식은 통합돌봄의 대상자를 노인, 장애인 중심으로 제한하는 결과로 이어질 가능성이 크며, 대상자에 따라 발굴, 조사, 판정의 주체가 더욱 분절화되는 결과를 낳을 것이 자명하다는 것이다.[20]

「돌봄통합지원법」의 취지는 모든 주민에 대한 돌봄의 책임은 지자체장에게 있고, 지자체가 돌봄의 실제 주체임을 명확히 하는 것이다. 이에 따라 나이, 원인에 제한 없이 돌봄이 필요한 사람은 누구나 통합돌봄의 대상임을 명확히 하고, 전문기관 위탁과 관련된 조항을 삭제하여 조사, 분석, 판정 등 업무의 책임 주체를 지방자치단체로 명확히 해야 한다. 더불어 통합돌봄에 필요한 인력과 재정지원에 관한 중앙정부의 책임을 명시해 지자체가 통합돌봄의 책임자이자 주체로서 실질적인 역할을 수행하도록 해야 한다. 그렇지 않으면 「돌봄통합지원법」은 오히려 통합돌봄의 본래 취지를 훼

20) 실제로 최근 보건복지부는 '2025년 돌봄통합지원 시범사업 지침'을 통해 기존 지자체와 건보공단이 공동으로 수행하던 심화평가를 '건보공단 단독' 통합판정으로 전환하겠다고 발표했다. 시 · 군 · 구 전담부서가 통합지원 체계 구축과 운영의 총괄관리 기능을 수행한다고 하고 있으나, 사실상 접수와 지원계획은 지자체에, 조사와 판정은 건보공단에 전적으로 맡김으로써 사실상 돌봄을 구조적으로 분절시키는 심각한 결과를 초래하고 있다(7개 학회 성명서).

손하고, 중앙집권적 행정체계로 인해 지역 돌봄체계를 약화시키는 결과를 초래할 것이다. 이것이 사회복지 관련 7개 학회가 정부를 상대로 해당 법률을 재검토하고, 해당 사업의 즉각적인 개선을 강력히 촉구하는 이유다.

한편, 커뮤니티케어의 성공적 정착을 위해서는 지역 1차 의료체계 기능이 강화되어야 한다. 고령사회로 접어들며 예방 및 만성질환 관리의 역할이 더욱 중요해지는 상황에서 지역 1차 의료체계의 역할은 매우 중요하다. 또한, 커뮤니티케어는 본래 제도 중심의 분리적 케어로부터 사람중심(person-centered)의 통합적 케어로의 전환을 통해 지역사회 삶의 질을 제고하는 데 그 의의가 있다. 비용효과적 정책효과 제고와 지역사회 내의 삶의 질 제고를 위해서는 사람중심의 보건의료-요양-주거-복지 등 통합적 케어로의 전환이 필요하다(석재은, 2018: 29). 이를 위해 통합적인 전문적 케어매니지먼트가 요구된다. 우리나라도 공공전달체계에서 케어매니지먼트를 강조하고 있으나, 기관에서 케어매니지먼트의 역할을 담당하는 사회복지사들의 활동을 공식적으로 지원하거나 법적 권한을 부여하는 법률이나 재정 관련 규정은 일천한 상태이다. 복합적인 욕구에 대응할 수 있는 포괄적인 지역사회 지원체계 구축의 차원에서 케어매니지먼트가 전문화될 필요가 있다(최은영, 2015: 26-27).

또한, 대형시설에 사는 사람들이 지역사회로 이주하여 정착하도록 지원하고, 보통사람들의 삶의 공간과 유사하게 거주시설의 공간과 운영방법을 혁신하는 일, 공유생활(shared lives)이나 지원주택과 같이 지역사회에 함께 사는 다양한 주거서비스 모델을 개발하는 일이 필요하다(김용득, 2018a; 2018b).

제4장
탈시설화

1. 탈시설화란 무엇인가
2. 선진국의 경험: 북구, 미국 및 영국 탈시설화의 개관
3. 탈시설화의 촉진 요인
4. 탈시설화의 결과
5. 탈시설화 운동의 전망과 한국에의 시사

제4장 탈시설화

1. 탈시설화란 무엇인가

1) 탈시설화의 개념

탈시설화의 개념 정의는 매우 중요하다. 왜냐하면, 탈시설화의 개념을 어떻게 정의하느냐에 따라 탈시설화를 바라보는 관점과 그 정책의 범위와 방향이 달라지기 때문이다. 우리나라에서는 2009년 서울시 탈시설화 정책 선언이 있고 난 후, 탈시설화의 개념을 둘러싼 논의가 활발하게 이루어졌다. 표현 방식에서도 용어를 탈시설로 표기해야 하는지, 아니면 탈시설화로 표기해야 하는지를 놓고도 논쟁이 이루어졌는데, 이와 관련하여 박숙경(2016)은 탈시설 개념 논쟁을 두 가지 관점으로 구분하였다.

첫 번째 관점은 탈시설을 느슨하게 광의로 개념화한다. 시설을 개선하고, 탈시설을 지향하는 일련의 과정과 대규모시설보호보다 상대적으로 탈시설화된 방식과 노력을 모두 탈시설 개념에 포함하며, 이 관점에서 '탈시설화(化)'란 표현을 선호한다. 이러한 관점은 시설의 순기능을 인정하되, 과도한 시설 수용은 막자는 입장에 있으며, 시설보호를 근본적으로 부정하지는 않는다.

두 번째 관점은 탈시설을 보다 엄격하고 좁게 개념화한다. 이 관점에서는

'시설을 나와 지역사회의 보편적 주택에서 자립생활을 하는 경우'만을 탈시설로 개념화하며, '거주지 선택 및 이전 여부, 일상생활의 선택권을 당사자가 행사할 것'을 강조한다. 이런 의미에서 '탈시설-자립생활(Deinstitution-Independent Living)'이란 표현을 선호한다.

그런데 박숙경 외(2017: 15)는 전자의 경우는 탈시설화의 의미를 잘못 이해한 것으로 보고 있다. 그들의 주장에 따르면, 주체의 관점에서 탈시설화는 '시설거주장애인이 시설화[1]를 벗어난 상태'를 의미한다. 실제로 탈시설화의 영어 표현은 어떤 상태로부터 빠져나온다는 탈(脫)을 의미하는 De와 시설화를 의미하는 Institutionalization이 결합된 단어이다. 따라서 기존시설을 소규모화하고 개선하는 과정은 시설적 문화[2]와 시설화를 단절할 수 없으므로 사실상 탈+시설화 정책이 될 수 없다는 것이다. 그러므로 탈시설화를 '탈시설+화'로 해석하고, 기존 소규모화 정책과 같이 기존 시설보호 정책을 개선하는 노력을 탈시설화라 주장하는 것은 '탈+시설화=De+Institutionalization'의 용어 유래와 의미를 오해한 것이라고 본다.

이와 같은 입장에서 박숙경 외(2017)는 탈시설화 정책을 시설화를 벗어나기 위한 다음과 같은 노력을 의미한다고 정의하고 있다. 첫째, 거주공간

---

1) 시설화란 '시설병'이라고 불리기도 하는데, 시설보호의 특징인 시설적 문화에 의해 그 안에 거주하는 사람들이 길들여지고, 무기력해지며, 사회생활을 통해 이뤄지는 인간발달의 기회를 얻지 못하고, 퇴행해 가는 과정과 현상을 말한다(박숙경 외, 2017). 이 정의에 따르면, 시설문제의 핵심은 시설화인데, 시설화는 시설적 문화에 의해 비롯됨을 알 수 있다.

2) 시설적 문화는 거주인 분리, 몰개성화, 일상의 엄격함, 집단적 처우, 사회적 거리 등의 특징을 지니는데, 거주인의 수동성을 키우고 거주인의 행동에 반복적인 일과가 배어들도록 만들며, 지루함과 의미 있는 활동의 결핍을 일으키는 과정을 통해 거주인을 '시설화'시킨다. 또한, 시설에 의해 규정된 과업들을 수행하는 과정이 직원들의 태도와 신념에 영향을 주기 때문에 시설적 문화는 '돌봄서비스 제공자'들까지 시간이 갈수록 시설화되게 만든다는 연구도 있다. 이러한 현상은 저명한 심리학자이자 시설문화 연구자였던 고프만(Goffman)의 정신보건시설에 대한 연구에서 처음으로 묘사되었다고 한다(박숙경 외, 2017). 이러한 논의는 탈시설화 정책이 시설적 문화를 제거하는 방향으로 나아가야 함을 시사한다.

을 시설에서 지역사회로 이전하고, 둘째, 가정과 같은 보편적인 환경에서 거주서비스를 제공하고, 셋째, 제약을 최소화하고 거주인의 자율성을 보장하고, 넷째, 사생활과 소유권을 보장하고, 다섯째, 사회적 관계와 심리적 회복을 통해 지역사회에 포함되어 인간답게 살아갈 수 있도록 지원하는 정책을 의미한다.

한편, 전국공립지적장애인거주시설장협회(1974)는 탈시설화는 다음의 세 가지의 상호 관련성이 있는 과정을 포함한다고 하였다. 첫째, 케어와 훈련에 관한 대체적인 방법을 지역사회에서 개발하고 이를 발전시켜 시설입소를 예방하는 것, 둘째, 지역사회에서 필요한 적절한 재활이나 훈련프로그램을 받아 온 모든 거주자를 지역사회로 돌아가게 하는 것, 셋째, 인간과 시민의 권리를 지키는 동시에 가능할 때에는 언제나 지역사회 생활로 개인이 신속하게 돌아갈 수 있도록 거주환경을 확립하고 유지하는 것이다(나카조노 야스오, 2004: 283에서 재인용).

쉬렌버거(R. Scheerenberger, 1976)는 탈시설화에는 ① 태도, ② 원리, ③ 복잡한 과정이 포함된다고 보고 있다. 여기서 말하는 태도란 자유, 자주, 개성, 이동 가능성, 인간적인 생활 체험 및 지역사회와의 상호작용이 충분히 이루어지는 것에 최대한의 강조점을 두는 태도를 의미한다. 둘째, 원리란 가장 제약이 적은 환경에서 치료(처우)나 프로그램을 받는 개인의 권리와 관계하고 있다. 셋째, 복잡한 과정이란 적절한 프로그램하에서(필요한 경우는 보호적 환경하에서) 생활하는 것으로서 지역사회로 돌아갈 뿐만 아니라 시설입소를 방지하는 것도 의미한다(나카조노 야스오, 2004: 283에서 재인용).

스타크(J. Stark, 1984)는 "탈시설화란 단순한 시설 수용 인구의 감소뿐만 아니라 지역사회에 기반을 두고, 개인의 특성에 맞는 서비스 공급시스템을 배치하여 지적장애인의 복지를 보장하는 것으로서, 개개인의 욕구를 근거로 하여 거주 · 교육 · 노동 · 여가 서비스의 정비를 보장하는 것이다."라고 정의하고 있다(나카조노 야스오, 2004: 284에서 재인용).

이상을 종합해볼 때, 탈시설화란 '커뮤니티케어를 발전시켜서 지적장애인을 시설에서 지역사회로 점차 복귀시키는 것'이라고 할 수 있다. 이것은 장애인의 자유나 자립생활의 질과 관련된 개념인데, 그 중심 개념은 '가장 제약이 적은 환경'과 '지역사회에 통합된 생활'이다. 이러한 탈시설화가 지향하는 방향은 노멀라이제이션 원리를 기초로 하고 있으며, 노멀라이제이션의 개념과 밀접하게 연관되어 있다.

2) 지역서비스의 새로운 패러다임

탈시설화는 단순히 '거주의 이전'을 의미하는 것이 아니라 지적장애인의 서비스 운영상의 규율에 관한 일련의 가설(仮說)로서 새로운 패러다임의 출현을 수반한다. 새로운 패러다임은 지적장애인이 자신의 인생에 관해서 스스로 선택권을 가지는 것을 인식하고, 개인중심의 지원이나 임파워먼트를 촉진하는 것이다. 브레들리와 놀(Bradley & Knoll, 1995)은 새로운 패러다임의 근거를 네 가지, 즉 지역생활 우선, 사회관계 중시, 개인중심적 지원, 개인에 의한 선택과 관리를 들고 있다.

- **지역생활 우선**: 지적장애인은 다른 주민과 마찬가지로 지역생활을 할 수 있다는 신념이 새로운 패러다임의 기본적 이념이다. 서비스 제공자의 역할은 장벽의 소재를 특정화하고, 배제하는 것이다.
- **사회관계 중시**: 장애를 지닌 사람도 지역주민과 똑같은 사회관계를 가지고자 하는 욕구가 있다. 서비스 제공자의 업무는 사회관계를 연결하

여 지역생활에 녹아들도록 원조하는 것이다. 사회관계는 사람들이 지역의 자연적인 지원을 활용할 수 있게 해준다.

- **개인중심적 지원**: 장애인에 대한 지원은 현행 프로그램에 사람들을 맞추는 것이 아니라 각각 개인의 지역생활의 상태에 맞추어 설계해야 한다는 것을 의미한다. 사람들은 프로그램으로 생활하고, 작업장에서 일하는 것이 아니라 가정에서 생활하고 직장에서 일하는 것이다. 프로그램에는 가족, 친구, 서비스 제공자, 권리옹호자, 그리고 개인을 가장 잘 고려해야 한다.
- **선택과 관리**: 새로운 패러다임은 '전문가가 가장 잘 알고 있다.'라는 지상주의를 부정하고, 서비스 이용자가 누구와 어디서 거주하고, 어떻게 시간을 소비하고 있는지, 또한 그들이 바라는 지원의 형태를 선택할 권리를 인정하는 것이다. 워커는 이용자에게 고지된 동의(informed concent)를 보장하고, 유의미한 선택을 하도록 원조하는 것이다.

3) 탈시설화의 철학과 추진원칙

박숙경 외(2017)는 『장애인 탈시설 방안 마련을 위한 실태조사』를 통해 "탈시설화 정책은 시설보호가 장애인을 의도적으로 사회로부터 격리하고, 그로써 장애인의 동등한 사회참여와 인간발달을 이룰 기회를 억압해 온 제도적 차별이라는 점에 대한 인정과 성찰로부터 시작되어야 한다."라고 기술하고 있다. 또한, 국가는 시설보호로 인해 억압되어 왔던 이들의 권리를 적극적으로 회복하고, 이러한 억압이 반복되지 않도록 예방하기 위하여 세 가지 철학적 가치, 즉 ① 모든 개인의 자유와 선택권 보장, ② 모든 개인의 성원권(成員權) 보장, ③ 모든 개인의 다양성과 현재적 및 잠재적 능력 존중과 발현권(發現權) 보장을 제시하고 있다. 이들은 또한, 이 세 가지 철학을 기반으로 EU의 탈시설화 정책 추진원칙을 국내 상황에 맞게 보완하여 탈시설화의 원칙을 다음과 같이 제시하고 있다.

첫째, 이용자의 권리를 존중하고 의사결정과정에 참여를 보장하여야 한다. 이를 위해서는 현재의 공급자 중심의 서비스 체계를 당사자 위주의 개인별 지원체계로 전환해야 한다.

둘째, 주거 지원할 때 모든 장애 당사자가 제약이 최소화된 환경에서 살아갈 수 있도록 계획을 수립하고 지원해야 한다.

셋째, 지역사회기반의 서비스를 우선적으로 창출해야 한다. 이때 새로운 서비스는 기존 시설보호와 유사해서는 안 된다. 시설을 소규모화하거나, 체험홈을 늘리는 방식의 서비스 확충은 지양하여야 한다.

넷째, 시설에의 신규 입소를 막고 기존 시설을 폐쇄하여야 한다. 이를 위해 신규 시설 설치를 현행 신고제에서 허가제로 전환하여 그 설치 요건을 최대한 엄격히 하여야 한다.

다섯째, 현존하는 시설에 대한 투자를 줄여나가야 한다.

여섯째, 인적자원을 개발해야 한다. 탈시설화 지원인력에 대한 처우를 개선하여 사회적 저항을 줄이고, 서비스 질을 개선해야 한다. 기존 시설의 인력을 새로운 자립 지원 서비스 인력으로 전환 배치하고, 이들이 새로운 서비스를 제공할 수 있도록 훈련해야 한다.

일곱째, 탈시설화 이후 자립생활을 모니터링하고, 재시설화를 방지해야 한다.

여덟째, 지속적으로 시민과 가족의 이해를 증진시켜, 갈등을 해결하기 위한 노력을 계속해야 한다. 탈시설화에 대한 두려움을 가족과 당사자가 극복할 수 있도록 해야 한다.

아홉째, 탈시설화 정책으로의 전환과정에 기존 시설과 서비스 제공자들이 참여할 수 있도록 협력의 토대를 구축해야 한다.

열째, 전체적 관점(holistic approach)이 필요하다. 탈시설화가 사회 전체의 관점에서 어떠한 변화를 일으키는지를 종합적으로 통찰하려는 노력과 연구가 필요하다.

2. 선진국의 경험: 북구, 미국 및 영국 탈시설화의 개관

탈시설화의 세계적인 움직임은 1950년대부터 일기 시작하여 1980년대에 활발히 이루어졌다. 북구의 스웨덴, 노르웨이 그리고 미국과 영국 등이 그 대표적인 국가들이다. 각 국가의 정책과 서비스는 많은 차이가 있음에도 불구하고, 모든 장애인에 대한 탈시설화는 상당한 규모로 이루어졌다. 하지만 탈시설화 과정은 다른 시기에, 다양한 원인에 의해 출현하였고, 그 성공도 다른 차원에서 실현된 것처럼 보인다.

1) 북구

스웨덴

대표적인 복지국가인 스웨덴에서 시설서비스에서 지역서비스로의 변천은 1940년대 중반에 확립된 복지사회에서 그 기원을 찾을 수 있다. 지역서비스란 주택제공, 고용알선, 지역에서의 생활 등의 형태로 제공되고 있는 복지서비스를 말한다. 국민 전체를 위한 복지사회를 실현하기 위해서는 보다 근대적인 사회서비스를 발전시켜야만 했다. 이러한 서비스의 창출은 장애인에 대한 새로운 지원 방법을 만들어냈다.

1940년대 초반에 사회지원의 본질에 관한 논의가 진행되었는데, 그 결과 1943년에 신체장애인위원회(Committee for the Partially Ablebodied)가 설립되었다. 이 위원회의 과제는 장애인이 쾌적한 생활을 경험할 수 있도록 적절한 지원 형태를 모색하는 것이었다. 위원회는 거주시설의 신체장애인에게 제공되고 있는 케어의 많은 측면에 대해 엄격한 비판을 가했다. 특히, 위원회는 시설의 강제적인 시스템이나 장애인에 대한 봉건적 시점을 비판했다. 위원회는 시설케어에 대한 비판을 기초로 서비스 제공을 위한 새로운 견해를 내놓았다. 즉, 장애인은 가능한 한 일반 사회서비스의 시스템에 포함되어야 하며, 이것을 실현하기 위해서 모든 사람에게 가능한 방법으로 사회적 지원을 확립시켜야 한다는 것이었다. 위원회는 평등한 인간의 가치와 권리가 전면에 놓여야 한다고 보았다. 그러나 위원회의 정책은 중증장애인을 포함시키지 않았다. 중증장애인은 여전히 거주시설에서 서비스가 제공되어야 한다고 권고했다(Kent Ericsson, 2000: 100-102).

그러다가 노멀라이제이션 원리가 인식됨에 따라 '사회는 어떻게 장애인을 지원할 것인가'라는 새로운 사회정책의 방향이 확립되었다. 1946년 신체장애인위원회는 노멀라이제이션 원리를 채택하게 되고, 그로 인해 본격적인 탈시설화로의 전환이 시작되었다.[3] 그 후 스웨덴은 계속해서 일관되게 시설케어를 축소시키고, 지역서비스를 충실하게 이행하였다. 그리고 아동, 청년, 경증지적장애인에 관심을 쏟았다. 그 결과, 기숙사 시설을 갖춘 학교나 대규모의 아동시설은 서서히 소멸했다.[4] 그러나 이 변화가 많은 지

3) 19세기에 스웨덴에서 지적장애인의 지원이 시작었을 때, 다양한 종류의 시설이 만들어졌다. 시설 밖의 유일한 지원 형태는 주택을 제공하고 있는 가족케어의 유형으로 대부분은 농촌 지역에 있었다. 그러나 그것도 한정된 것이었다. 지원 방법이 없는 경우에는 혼자서 생활하거나 가족과 함께 생활하는 수밖에 없었다(Kent Ericsson, 2000: 104).

4) 1940년대가 되면, 시설케어에서 시설 밖의 주택이라는 새로운 형태의 계획이 시작되었다.

원 욕구를 지닌 성인의 영역에 영향을 미친 것은 한참 뒤의 일이었다(Kent Ericsson & Jim Mansell, 2000: 5).

스웨덴은 1950년대부터 홈헬프(home help)사업의 확대에 주력하였고, 60년대 이후에도 그 사업은 계속해서 확대되었다. 당시 장애가 있는 고령자를 위해서 건설된 것이 케어형 주택인데, 이것은 '탈시설', '탈노인홈'의 상징이 되었다. 그것은 고령자의 비율이 서서히 증가하자 재정상의 이유에서 충분한 수의 시설을 짓는 것이 곤란해졌고, 장래적으로도 시설케어로는 한계가 있다는 것이 예측되었기 때문이다(齋藤彌生, 1997).

1967년 스웨덴 의회는 수용시설 이외의 주거형태 선택지를 확대하기로 의결했다. 그룹홈 시스템은 경증 성인 지적장애인의 이용이 쉬워졌다. 시설이 필요하지 않은 사람은 지역사회 내에서 거주가 가능해졌다. 그러나 중증 성인 장애인은 여전히 시설에서의 수용 생활이 당연시되고 있었다(高島昌二, 2001: 101). 1970년대 및 1980년대에 시설수용의 대상은 대부분 중증의 성인 지적장애인이었다. '초기의 시설비판 · 탈시설화'의 시대에는 시설에서 퇴소하는 자는 경증의 미성년자로 한정되어 있었다. 그러나 1980년대 중반에 이르러 서서히 중증지적장애인도 퇴소하게 되었다. 게다가 중증의 미성년자도 시설 밖에서 서비스를 받는 것이 보통이 되었다. 중증장애인이 시설 밖의 주택에서 생활할 권리를 부여받은 것은 1985년에 제정되어 그 이듬해 시행된 「지적장애인특별원호법」에 의해서였다. 이 법에 의해, 처음으로 모든 지적장애인이 주택에서 생활할 권리를 지니며, 시설 밖의 주택에서 생활할 권리를 가지게 되었다(Kent Ericsson, 2000: 104). 말하자면, 스웨덴에서 최초로 중증장애인을 포함한 모든 지적장애인이 지역사

1950년 법은 시설의 전통을 버리고, '오픈케어'의 개념을 도입했다. 그러나 이것은 경증장애인에게만 해당되는 것이었다. 중증장애인은 1950년대 중반부터 20년에 걸쳐서 만들어진 새로운 거주시설에서 생활한다는 제한된 것이었다(Kent Ericsson, 2000: 104).

회 생활에 참여할 수 있는 권리를 명시한 것이다. 1985년 법은 "그룹홈(group home)이 일반적인 주거형태여야 한다는 것과 특별한 사정이 없는 한 시설입소는 허가하지 않는다."라고 규정하고 있다. 이 법에 따라 대규모시설에 대한 지원 제공이 인정되지 않았고, 그 대신에 광범위한 지원을 필요로 하는 사람들에게도 지역에서 보통의 생활을 할 수 있는 권리가 인정되었다.[5] 이 법에 따라 시설해체는 더욱 박차를 가하게 되었다(高島昌二, 2001: 105).

그리하여 1980년대 말에 시설수용 시스템의 붕괴가 시작되었다. 이 붕괴는 1970년대부터 발생하고 있었던 보건 · 의료 및 사회서비스 시스템의 일반적인 변혁과 상당히 중복되고 있다. 그 중요한 변혁은 탈중앙집권화를 의미하는 것으로, 복지서비스의 권한이 지방자치단체에서 코뮨으로 이양된 것이었다. 1985년 법은 "복지서비스의 권한을 코뮨과 지방자치단체의 교섭에 맡긴다."라고 규정한 법이기도 했다. 스웨덴에서의 시설해체는 지방자치단체의 관할하에 실행되었는데, 그 과정은 탈중앙집권화와 병행하여 이루어졌던 것이다.

또한, 1992년에는 에델개혁[6]에 의해서 의료와 복지의 통합이 이루어졌

---

5) 시설 밖에서의 지원을 수반한 가장 초기의 주택형태는 식사가 딸린 하숙집이었다. 주택은 일반 가정집에서 제공되었다. 1960년대 이 유형의 주택이 확대되었다. 그룹홈은 하나 또는 몇 개의 아파트로 독립된 방으로 구성되었다. 그들은 가족과 부부를 대신해서 고용된 직원들의 도움을 받았다. 그룹홈은 1970년대 초기에 형성되었는데, 일부 그룹홈은 관리상의 이유로 집합적으로 만들어졌다. 공통의 직원집단은 거기에 사는 사람들에 대한 서비스 제공에 책임을 지고 있었다(Kent Ericsson, 2000: 104-105).

6) 1992년 1월부터 실시된 에델개혁(Ädelreformen)은 종래 지방자치단체(랜스팅)가 담당하고 있었던 노인의료의 일부(고령자의 재택간호나 장기요양케어 등)를 코뮨으로 권한을 이양하는 것으로 보건의료와 복지의 통합 때문에 고령자케어의 질을 향상시키고, 비용절감을 기대한 것이었다. 에델개혁의 이름은 이 개혁을 심의한 정부위원회 「엘드레데레가쇼넨」(Äldredelegationen)에서 딴 것이다. ädel은 스웨덴어의 '고귀한' 또는 '고결한'이라는 뜻이다. 즉, 위원회의 첫글자 äldre(고령자)와 ädel(고귀한)이라는 종래의 의미에서 유래된 것이

고, 고령자의 행정책임은 코뮨 하나로 좁혀졌으며, 자원의 효율적인 운용이 이루어졌다. 그 결과, 병원에서 고령자를 간호하는 형태에서 고령자를 재택에서 돌보는 형태의 탈의료화가 도모되었다. 요컨대, 시설 안에서 가정적인 케어나 시설의 다양화를 도모하는 한편, 너싱홈(nursing home) 등 간호사 중심이었던 의료직원을 줄이고, 복지시스템을 늘린 것이다.

그 후 1993년에 「특정의 기능장애인을 대상으로 하는 원조 및 서비스에 관한 법률」(약칭, LSS, 별칭 新장애인권리법)이 제정되어 그 이듬해 시행되었다.[7] 지적장애인이 실제로 지역사회에서 거주하면서 생활하게 되자, 도시계획, 노동문제, 교육문제 등 여러 가지 면에서 불편한 점이 많아졌다. 그래서 제정된 것이 바로 1993년 법이다. 이 법은 장애인이 인간으로서 존엄의 대상이 되기 위해서는 자립생활이 확립되어야 하고, 자립생활을 영위하면서 스스로 사회에 참여해야 하며, 이러한 생활을 실현하기 위해서는 장애인에게는 케어가 불가피하다는 점을 인정한 법이었다. 장애인의 자립생활에 불가피한 케어를 중심으로 장애인에 필요한 원조 및 서비스의 내용을 구체화하고, 그에 대한 코뮨과 랜스팅(道)의 책임을 명확히 한 것이다. 특히, 케어수당에 대한 국가지원을 확립한 것은 획기적이었다. 이 법에 따라 주 20시간 이상의 케어가 필요한 사람에 대해서 지방사회보험사무소가 게어수당을 지급하는 것을 법제화하고, 중증장애인에 대한 케어시스템을 보장하게 되었다. 주 20시간 이하의 케어를 필요로 하는 사람에 대해서는 코뮨이 원조를 담당하게 되었다(高島昌二, 2001: 90-93).

그리고 1994년부터 장애인복지개혁이 착수되었다. 이 개혁에서는 탈시

다(高島昌二, 2001: 59).

7) 여기서 특정의 기능장애인이란 발달장애인, 자폐증, 또는 자폐증적 증상이 있는 자, 성인이 된 후에 뇌 손상 후유증에 의한 항구적 장애를 지닌 자, 그 밖의 신체적 또는 정신적 기능장애를 가진 자 등을 지칭한다.

설화(시설해체, 그룹홈의 정비, 자립생활 원조 등), 탈중앙집권화(국가, 랜스팅으로부터 코뮨으로의 책임이양), 자기결정(정책결정에의 당사자 참가) 등의 원칙이 더욱 강조되었다. 1994년 1월부터는 지적장애인의 케어가, 1995년 1월부터는 정신장애인의 케어가 랜스팅(道)에서 시(市)로 옮겨졌다. 코뮨당국으로 권한 이양이 시행된 1996년에 1,785명이 시설에 남아 있었다. 이것은 1970년 절정일 때 1만 3,000명의 약 14%에 상당하다. 1,785명 가운데 90% 가까이가 60명 이하의 소규모 시설 입소자였다(高島昌二, 2001: 104-105). 그리고 1997년에 시설폐지를 명령한 「특수병원 및 요양시설 폐쇄법(Law on the closure of special hospitals and nursing homes)」이 제정됨으로써 21세기의 시점에서 시설은 거의 해체되기에 이른다.

스웨덴은 1946년 시설 전통 탈피의 발판이 된 노멀라이제이션 원리가 합의된 이래, 모든 지적장애인이 원조의 대상이 되기까지 40년이 걸렸고, 모든 사람에게 지역서비스가 제공되기까지는 50년이 걸렸다. 이처럼 스웨덴의 탈시설화는 장기간에 걸쳐 이루어진 점진적 과정이었다.

노르웨이

노르웨이는 다른 서구 국가들에 비해 대부분의 시설이 늦게 설립되었다. 노르웨이에서 지역서비스에 특별한 관심을 쏟은 것은 제2차 세계대전 후이다. 최초의 시설은 1898년에 세워진 것으로 알려져 있지만, 소수의 사람만이 서비스를 받고 있었고, 1949년에 「시설서비스의 개발에 관한 법률」이 제정되면서 국가보조금을 받는 시설이 많이 만들어지기 시작했다. 1950년에는 시설케어를 받고 있던 발달장애인은 1,000명이 채 안 되었으나, 1970년대 초에는 시설입소자가 약 5,500명에 이르게 된다. 이것은 노르웨이 인구의 약 0.14%에 해당하는 숫자였다. 그리고 행정상 지적장애로 분류되는 사람의 약 3분의 1(성인은 2분의 1)이 거기에 포함되어 있었다. 시설

증설이 계속된 결과 1976년에 시설수용 정원은 절정에 달했다(Jan Tøssebro, 2000: 83-84).

다른 서구의 나라들에 비해 시설 설립의 역사가 짧았지만, 이미 1960년대에는 시설 비판의 풍조가 일반적으로 고조되고 있었고, 시설의 설립을 존속하는 것이 곤란해졌다. 그리하여 1960년대 후반부터 시설의 개선 및 충실에 힘을 쏟았다. 시설의 규모를 축소시켰으며, 시설을 지역 안에 분산시켜 가정적인 분위기가 물씬 풍기는 건물로 만들었고, 교육 · 직업훈련 프로그램의 강화에 노력했다. 이러한 배려가 이루어진 것은 한편으로는 시설 비판에 대한 대답이었지만, 다른 한편으로는 노멀라이제이션 원리로부터의 요청에 대한 대답이었다(Kent Ericsson & Jim Mansell, 2000: 5-6).

1950~1960년대에는 거의 모든 시설이 민간시설이었지만, 1969년에 모든 책임이 지방자치단체로 이행되었다. 1974년에 정부는 "발달장애인의 케어는 지방당국의 책임이다."라고 명언하였다. 이것은 시설케어의 추가적인 확장이 끝났음을 의미했다(Johans Sandvin, 2000: 213).

한편, 거의 같은 시기에 정책전환이 있었는데, 그 가운데 주목할 만한 것은 1967년 부모회의 설립이었다. 부모회는 1980년경에 정책상의 심의사항으로서 시설케어의 전면적 해체를 요구하였고, 이것은 1988년에 정식으로 법령화되었다(1988-1990년이 계획 기간, 1991-1995년이 실행 기간). 이 이념적 키워드는 '전원을 위한 사회'였으며, '시민권'이었다(Jan Tøssebro, 2000: 85).

그 후 정책 노선에 큰 변화가 발생하였다. 1990년 전반에는 장기체재형의 지적장애인시설을 모두 폐쇄하기로 결정되었다. 이 정책은 공적위원회가 상당히 비판적인 보고서를 제출하면서 급속하게 추진되었다. 동 보고서는 다음과 같이 기술하고 있다.

> 시설에서 생활하는 지적장애인의 생활 상태는 인도적으로도 사회적으로도 또한 문화적으로도 받아들이기 어렵다. …〈중략〉… 시설의 재구성이나 시설의 수를 늘림으로 인해 해결할 수 있는 상황이 아니다(Jan Tøssebro, 2000: 80).

이와 같은 개혁은 발달장애인의 케어와 관계가 있다. 1970년대부터 1980년대에 걸쳐 시설케어시스템은 대규모의 종합시설보다 소규모의 시설, 또는 거주홈으로 차례로 재구성되었다. 그러나 이러한 변화는 기초자치단체 수준에서, 지방당국이 아닌 발달장애인특별보건케어서비스(이하 HVPU라고 부름)가 중심이 되어 실시하고, 시설에 대한 책임은 HVPU가 지고 있었다(Johans Sandvin, 2000: 213).

노르웨이에서의 개혁은 서비스 제공의 책임을 지방자치단체에 이양하는 것뿐만 아니라 HVPU나 시설을 폐쇄하는 것도 포함되어 있었다. 이 개혁은 전후 노르웨이에서 정치상 가장 중요하고, 가장 광범위하게 미치는 사회개혁의 하나였다. 이 개혁의 핵심적인 목적은 노밀라이제이션이나 사회통합의 개념으로 표현되었다. 그것은 발달장애인의 삶의 질은 다른 시민의 삶의 질과 동등한 정도까지 향상되어야 하며, 여기에는 HVPU로부터 지원을 받지 않는 발달장애인도 당연히 포함되어야 한다는 것이다. 이러한 목적을 달성하기 위해 중앙정부는 책임을 이양하기 전에 지역에서의 준비나 계획을 위한 엄격한 조건을 제시하였고, 또한 HVPU가 그때까지 소비했던 비용을 지방당국에 이관하였다(Johans Sandvin, 2000: 214).

지방정부당국이 적극적으로 계속해서 개혁을 추진한 중요한 이유 중의 하나는 지방당국이 아직 시설에 거주하고 있는 발달장애인을 포함한 모든 발달장애인을 위한 재정상의 책임을 1991년 1월 1일부터 계승하고 있었다는 것에 있다. 거주자가 점차 시설을 퇴소함에 따라 아직 시설에 남아 있는 거주자에게 드는 비용은 증가하였다. 그 때문에 지역서비스의 발전을 촉진하려는 지방당국의 재정상의 유인이 되었다(Johans Sandvin, 2000: 215).

시설을 폐쇄하여 노멀라이제이션이나 사회통합의 원리에 입각한 지역에서의 보통의 주택이나 소규모의 거주시설로의 전환은 한편으로는 구조적인 변화가 필요했고, 공적인 개혁을 통해서 변화를 유도했다.

노르웨이에서는 1991년 1월부터 발달장애인에 대한 서비스 제공 책임이 지방정부 당국으로 양도되고, 1991년부터 1995년까지의 5개년 계획으로서 시설해체가 시행되었다. 1996년 1월에 마지막 시설거주자가 퇴소함으로써 노르웨이의 마지막 지적장애인시설이 폐쇄되었다. 이에 따라 노르웨이는 시설해체에 관해서는 후발국에서 선발국으로 격상되었다.

2) 미국

미국에서의 탈시설화 개념은 1970년대 전후부터 지적장애인의 인권에 대한 의식이 사회적으로 고조됨과 동시에 등장하였다. 미국에서는 시설케어가 19세기 중반에서 1967년까지 일관적으로 계속 증가하였으며, 그해에 절정을 맞이하여 19만 4,650명이 시설에 입소해서 케어를 받고 있었다. 그 후 시설입소자는 감소하기 시작하였다. 1950년대에 지적장애인의 부모들이 시설의 상태에 관심을 가지고 비판하기 시작한 것이 지역서비스운동의 시작이었다. 1960년대에 새로운 형태의 서비스가 시범적으로 시작되었고, 1970년대 초에는 그것이 바람직한 서비스 제공이라고 하여 본격적으로 실시되었다(Kent Ericsson & Jim Mansell, 2000: 8).

최초로 시설케어서비스체제의 포기를 공식적으로 표명한 것은 1963년 케네디 대통령이 "지역에 분산화된 서비스가 바람직하다."라고 언급한 보고서에서였다. 케네디 대통령은 지적장애인을 위한 국가 단위의 계획을 마련하기 위해 지적장애 대통령 위원회(President's Panel on Mental Retardation)을 구성하였다. 이 위원회는 장애인시설이 소규모화되어야 하며, 장애인들은 지역사회에서 서비스를 받을 권리가 있음을 분명히 했다. 그리고 관련 법을 개정하여 재가장애인을 위한 보조금을 두 배로 증액했으며, 모든 주에서 장애인의 서비스 개선을 위한 포괄적인 계획을 세우도록 하였다(유동철, 2013: 331). 그 후 닉슨 대통령이 이 방침을 답습하여 1981년까지 시설입소자의 3분의 1은 시설을 퇴소해야 한다고 구체적인 수치를 제시했다(Kent Ericsson & Jim Mansell, 2000: 8). 1970년대는 지적장애인에 대한 탈시설화가 개시되었는데, 현실적으로 시설수용 정원의 감소가 개시된 최초의 10년간이었다.

그밖에도 1960년대 후반에서 1970년대 전반에 걸쳐 대규모시설의 열악한 상황의 고발이 계속되었고, 이에 대한 처우를 위해서 많은 시설 개혁이 이루어졌다(Paul Castellani, 2000: 37-38).

첫째, 노멀라이제이션 원리가 이 분야에서 강력한 정책적 이념으로 등장했다.

둘째, 1970년대에 몇 가지 획기적인 연방의 법률이 제정됨에 따라 지역에서 장애인을 지원하고, 서비스를 제공하는 기초가 이루어졌다. 1975년 「전 장애인에 대한 교육법」은 장애아동의 공립학교 입학권을 인정했다. 1973년 「재활법」도 제504조에 따라 연방정부의 보조금을 받는 프로그램에서 장애인을 배제하는 것을 금지하였다. 이런 점에서 중요한 의의를 지니는 입법이었다.

셋째, 대규모시설에서 생활하고 있는 장애인의 상황에 관한 연방법원의 일련의 재판이 상당히 강한 영향을 미쳤다. 1971년에 연방법원은 와이어트(Wyatt) 대 스티크니(Stickney) 소송의 판결에서 주립 대규모시설에서 생활하는 사람에 대한 처우 기준에 인권을 적용하여 앨라배마주에 시설의 개선을 명했다.

넷째, 연방정부의 규칙과 보조금 지급방법의 개정이 대규모시설의 상태에 강한 영향을 미쳤다. 연방정부는 1971년에 주(州)가 대규모시설을 중간 케어시설로 지정하도록 인정했다. 이에 의해 대규모시설은 연방정부의 보조금을 사용해서 시설을 개선할 수 있게 되었다.

[책갈피 4.1]

와이어트(Wyatt) 소송

미국은 1960년대에서 1970년대에는 시설에서 생활하는 장애인의 인권에 대한 집단소송(class action)이 잇따랐는데, 특히 1971년의 와이어트(Wyatt) vs. 스티크니(Stickney) 소송(이하 와이어트 소송)의 판결 이후 집단소송이 '대홍수'처럼 일어났다고 알려져 있다. 와이어트(Wyatt) 소송은 앨라배마주 타스컬서에 있는 주립 브라이스 정신병원에 치료를 목적으로 강제수용된 환자들이 1970년 10월 23일에 소송을 제기한 것이 발단이 되었다. 1971년 3월 12일, 앨라배마 지방법원의 존슨 수석판사는 주립정신병원에서 실시되고 있는 치료프로그램은 과학적인 면과 의학적인 면에서 충분하지 않아 환자는 헌법상의 권리가 박탈된다고 판정했다. 따라서 법원은 주 당국에 적절한 기준을 공포 이행하는 기회를 주어 6개월 이내에 충분한 치료프로그램을 피고 측에서 이행하지 못할 경우는 전문가 배심원을 임명하여 기준의 제정에 필요한 사항을 실시한다는 결정을 내렸다. 1971년 8월 12일에 원고는 이 집단소송을 쉬아시병원에서 치료를 받는 환자와 주립파츨로우학원(이하 시설)에 재활을 목적으로 하여 거주하는 지적장애인에게까지 확대하였다.

1972년 2월 28일~29일에 법원은 심리(審理)를 진행하였는데, 파츨로우학원의 현재 상황이나 헌법에서 허용되는 최저의 재활프로그램에 필요한 기준에 관한 증거가 검토되었다. 이러한 경과 후, 1972년 4월 13일에 존슨 수석판사는 다음과 같은 판결을 내렸다. 첫째, 원고의 재활권리가 부정되고 있다. 둘째, 헌법상 인정된 케어와 훈련을 위한 최저한도의 기준이 학원에서 실시되어야 한다. 셋째, 지적장애인에게 필요한 케어와 훈련을 확실하게 실시하기 위해 신속하게 최저한도의 기준을 제정할 것을 명령한다. 넷째, 기준을 실행할 수 없었던 것을 운영자금의 부족으로 귀결해서는 안 된다. 판결 이유는 파츨로우학원의 현재 상태가 지적장애인 시설에 헌법상 요구되는 최저기준에 적합하지 않고, 원고의 재활권리가 부정되었다는 점, 헌법상에 인정받는 케어와 훈련의 최저기준이 시설에 유효하게 적용되어야 한다는 점 등이었다.

파츨로우학원에서의 처우가 헌법과 공민권법이 정하는 인권을 침해한다고 판결한 것이다.

이 판결은 장애인의 인권을 지키기 위해 시설처우 기준을 정한 획기적인 판결이었다. 와이어트 소송에서 강조된 것은 치료법이 어떠한 종류일지라도 이것이 성립하는 데 필요한 혹은 전제가 되는 상황, 즉 인간적인 물리적, 심리적 환경, 충분한 직원 및 개별화된 처우계획을 확실히 만드는 것이었다. 치료 및 처우는 가장 제약이 적은 환경에서 실시되어야 효과적이며, 이것은 치료권과 처우권에 있어서 중요한 기초라고 법원은 생각했던 것이다. 이 와이어트 소송은 미국 헌법상 권리로서 처우권에 초점을 맞추어 지적장애인에게 처음으로 처우권을 인정한 최초의 집단소송으로 평가받는다.

출처: 나카조노 야스오(2004), 제8장~제9장 요약 발췌

1980년대 미국에서는 실증적 연구에 근거한 권리옹호운동으로 탈시설화가 전개되었다. 미국의 「발달장애인의 지원 및 권리장전에 관한 법률(The Developmental Disabilities Assistance and Bill of Rights Act, DDA Act)」은 가장 덜 제한적인 환경에서 적절한 돌봄을 받을 발달장애인의 권리를 규정하기에 이르렀다(김명연, 2016; 박숙경 외, 2017).

1990년에는 「미국 장애인법(the Americans with Disabilities Act of 1990, ADA)」이 제정되었는데, 1990년대는 이 법에 의해 탈시설화 운동이 전개되었다. 「미국 장애인법」은 장애인차별금지에 관한 가장 포괄적인 법률이며, 명시적으로 시설화를 장애인에 대한 심각한 차별로 규정한 최초의 법률이었다(김명연, 2016). 연방정부는 이 법을 근거로 1999년 옴스테드 판결(Olmstead v. L. C.)[8]에서 장애인에 대한 부당한 시설수용은 장애인 차별에

8) 1999년 6월 22일, 미국 연방대법원은 옴스테드(Olmstead) 사건에서 장애인을 불필요하게 정신병원에 장기입원시켜 사회로부터 격리하는 것은 장애인에 대한 차별이 될 수 있다고 판결하였다. 연방대법원은 「미국 장애인법」에 의하여 국가가 장애인을 정신병원 등의 시설에 수용하는 것보다는 지역사회중심의 서비스를 제공할 의무가 있다는 역사적 판결을 내린 것이다. 이 판결로 인하여 주정부는 장애인이 '가능한 한 통합적인 환경'에서 서비스를 받도록 하는 실행계획을 세우기 시작하여, 시설 중심의 복지서비스에서 지역사회중심의 정신보건서비스를 제공하는 방향으로 정책을 전환하게 되었다(송시섭, 2013: 247).

해당하며, 이의 시정을 위한 '합리적 변경'에 관한 기준을 제시하였다. 옴스테드 판결은 주정부에게 장애인 차별을 합리적 변경을 통해 시정할 법적 의무가 있다는 것을 확인한 것이다(김명연, 2016; 박숙경 외, 2017).

옴스테드 판결의 이행에는 연방정부가 중요한 역할을 하고 있다. 연방대법원은 주정부가 불필요한 시설화로 인한 차별 시정에 적절하게 대응하지 못하는 경우 연방정부의 적극적인 관여의 필요성을 인정하였다. 최근 연방정부는 주들과 통합명령의 구체적인 이행을 위한 합의의 형식으로 옴스테드 판결을 집행하고 있다(김명연 2016; 박숙경 외, 2017).

사례: 뉴햄프셔주 라코니아시설의 폐쇄[9]

뉴햄프셔주는 미국에서 모든 발달장애인시설의 폐쇄에 성공한 최초의 주(州)였다.[10] 라코니아는 뉴햄프셔주에 있는 유일한 시설로 1970년에는 라코니아시설에 1,200명이 거주하고 있었고, 그 환경조건은 매우 열악했다. 설비는 50년 전과 똑같았고, 직원도 매우 적었다. 그리고 장애에 대한 비관적인 견해가 지배적이었다. 이와 같은 상황에서 거주자는 매우 힘든 생활을 하고 있었다.

1975년에 지적장애시민권익옹호단체 · 부모회 지부를 라코니아에서 조직한 부모들과 주정부 전문가들의 공동 노력으로 다음 사항을 요구한 진

---

9) 라코니아시설의 폐쇄에 관해서는 Donald Shumway, 「ラコニア施設の閉鎖」, ジム · マンセル/ケント · エリクソン編著, 『脱施設化と地域生活-英国 · 北欧 · 米国における比較研究』, 中園康夫 · 末光茂監訳, 相川書房, 2000의 내용을 요약해서 소개하기로 한다.

10) 뉴햄프셔주는 인구가 110만 명, 남북이 약 275㎞, 동서가 약 175㎞의 비교적 좁은 주이다. 남부의 도시부에는 90만 명이 거주하고 있으며, 북부의 대부분은 전원지대이다. 그곳은 정치적으로는 시설에서의 케어를 지역에서의 서비스로 바꾸는 데 상당히 적합했다. 뉴햄프셔주의 사람들의 일반적 의식 속에는 자유는 상당히 중요한 위치를 차지하고 있었다. 뉴햄프셔주는 문화로서 장애인의 감금문제를 논쟁하는 토양이 있었으며, 주의 장애인 대부분을 포함한 시민 한 사람 한 사람의 자유를 존중하고 있었다(Donald Shumway, 2000: 23-24).

보적인 법안을 통과시켰다(Donald Shumway, 2000: 24).

- 개개 서비스 이용자의 사정에 맞춘 「개별적인 서비스 계획」의 수립
- 인간으로서의 자유를 「가장 제약이 적은 환경」에서의 서비스 제공
- 제공 가능한 최선의 질을 지닌 서비스를, 개개의 서비스 이용자가 「최신의 지식 범위 안에서」 받는 권리의 승인

법안의 통과는 그 내용을 민첩하고 신속하게 이행시키지는 못했지만, 몇 개의 지역에서 서비스가 제공되었고, 라코니아의 거주자는 줄기 시작했다. 그러나 남겨진 사람이나 남을 수 있게 허가받은 사람에게 시설의 상태는 여전히 불충분하고 초라함 그 자체였다. 부모들과 전문가들은 계속해서 구제를 주장하였고, 마침내 1978년에 법률에 따른 정책과 그 법률의 실시에 필요한 재정 지원을 요구하는 명령을 연방법원에 요청했다. 1979년에 뉴햄프셔주는 그 당시 가장 긴 민사재판을 경험했고, 그 재판의 결과로 광범위한 공교육이 실시되었다. 1981년에 법원의 강제명령을 획득한 부모들의 적극적인 성과를 전문가들과 부모들이 협력해서 계승했다. 법원은 주에 행정명령을 내렸고, 주 규모의 지역지원시스템 발전을 목표로 주정신보건발달서비스부가 책정한 계획의 이행을 요구했다. 당시의 법적 기준을 최소한도로 충족시킬 것으로 생각되는 규모까지 축소함으로써 라코니아가 인정할 수 있도록 235명(당시 거주하고 있던 620명의 2분의 1보다도 적음)을 지역으로 내보낼 계획이 세워졌다.

폐쇄 계획 6개월 전에도 뉴햄프셔주는 그 목적이 주립 라코니아시설을 폐쇄하는 것이라고 밝히지 않았다. 초점을 소극적인 폐쇄의 제시가 아니라 적극적인 지역서비스시스템의 발전에 둠으로써 여러 종류의 단체, 즉 개인, 가족, 전문가, 주 당국이나 폐쇄에 찬반양론의 견해를 지니는 일반 시

민을 대립시키지 않음으로써 최종적인 폐쇄를 쉽게 하고자 했다. 최종적으로 시설 폐쇄 소식이 전해진 것은 약 30명이 주립 라코니아시설에 남아 있고, 시설은 상당히 비경제적이며, 단 하나의 시설을 유지하기 위한 비용이 너무 많이 든다는 것을 분명히 했을 때뿐이었다. 그 후 지적장애시민부모회와 당국 간의 일련의 최종모임에서 남아 있던 가족들에게 최종적인 폐쇄와 그에 따른 배치에 대한 인정이 촉구되었다. 주립 라코니아시설이 폐쇄되기까지의 마지막 5년간 시설입소는 허가되지 않았다.

주립시설을 폐쇄하기까지의 복잡한 과정에는 서비스 시스템의 모든 면에 주립시설의 원장이나 직원을 포함한 유능한 관리자가 필요했다. 배치가 결정되지 않고 남아 있는 클라이언트에게 질 좋은 지원을 제공하는 한편, 그 사람들을 지역서비스로 이동시키는 데 전념하는 시설 지도부와 직원이 필요했다. 주립 라코니아시설에서는 직원에게 PASSING이나 SRV와 같은 '가치' 훈련이나 노멀라이제이션과 관련한 교육을 반복했다. 많은 시간과 비용이 직원 훈련에 소요되었다.

한편, 클라이언트를 개인적인 사정에 맞춘 배치를 통해 시설에서 지역으로 전환시킴에 따라 거주 구(區)의 단계적인 폐쇄가 점차 이루어졌다. 남아 있는 클라이언트가 불안을 느끼지 않도록 특별한 노력이 이루어졌다. 직접 케어하는 직원이나 그것을 지원하는 직원(예를 들면, 보건 · 관리나 식사서비스 직원)의 할당은 남아 있는 거주자의 욕구를 충족시키기 위해서 필연적으로 증대했기 때문에 비용을 조정하기 위해서 반 정도 비어 있는 거주구(區)를 정기적으로 합병해서 건물을 폐쇄하고, 비용을 삭감해야 했다. 이를 위해서 간혹 클라이언트가 지역에 배치되기 전에 시설 내에서 2회나 이동되는 일도 발생했다. 또한, 직원도 그때마다 새로운 클라이언트의 욕구를 알아야만 했다. 그것은 개인에 대응한 지역으로의 배치를 통해서 지역을 발전시킨다는 유연한 계획과 시설의 운영상 발생하는 문제 사이에 어려운 취사선택이었지만, 지역으로의 배치를 주의 깊게 발전시키는 것을 최우선으로 하였다.

지역에 기반한 주거서비스는 각 지방에서 개발되었기 때문에 케어매니지먼트와 데이프로그램서비스를 결합하는 기회가 생겼다. 의미 깊은 프로그램의 발전은 발달장애인이 선택할 수 있는 데이프로그램으로서 지원을 받으며 고용을 강조하는 데 있었다. 주립 라코니아시설을 퇴소한 많은 사람은 지역에서 생활하는 사람과 마찬가지로 장애를 지니지 않은 동료와 함께 일반직장에서 일할 기회가 제공되고, 강화와 보수를 모두 갖춘 직장에서 통합의 기회가 준비되었다. 보호고용 공장도 폐쇄되기 시작했다. 이로써 1991년 뉴햄프셔주는 미국에서 최초로 지역사회로부터 격리된 시설이 없는 주가 되었다.

사례: 뉴욕주의 시설폐쇄[11)]

1987년 뉴욕주(州)는 4년 후인 1991년까지 20개의 주립 대규모 발달장애인(대부분은 지적장애인) 시설 가운데 6개 시설을 폐쇄한다고 발표했다. 이것은 전 미국에서 최대규모로 가장 급속하게 시행된 대대적인 발달장애인 케어시설의 폐쇄였다. 1990년에 제1단계 폐쇄가 완료되던 시기에 뉴욕주는 전 주립시설의 폐쇄를 검토하고 있음을 공표했다. 1994년까지 9개 시설 폐쇄를 완료하였고, 남은 시설에 거주하고 있는 인원은 5,000명 이하였다. 뉴욕주는 대규모시설 없이 발달장애인을 위한 서비스체제를 갖춘 최대의 주로 급속하게 이행하고 있었다.

---

11) 뉴욕주의 시설폐쇄에 관해서는 Paul Castellani, 「ニューヨーク州における施設閉鎖」, ジム・マンセル/ケント・エリクソン編著, 『脱施設化と地域生活-英国・北欧・米国における比較研究』, 中園康夫・末光茂監訳, 相川書房, 2000, pp.36-59의 내용을 요약해서 소개하기로 한다.

시설폐쇄의 근본적 이유는 대규모시설이 장애인의 주택으로 적절하지 않다는 인식이 확산되었고, 실제로 탈시설화에 의한 서비스 제공을 한 결과, 가장 도전적인 욕구(needs)를 지닌 사람도 충분히 지역에서 생활할 수 있다는 것이 증명되었기 때문이었다. 또 하나의 요인은 법원의 역할이 컸다는 점이다. 법원은 이미 윌로브룩(Willowbrook) 소송[12]의 판결에 의해 뉴욕주에 큰 영향을 미치고 있었다. 그 판결 경험으로부터 주 당국자는 재판에는 많은 시간과 에너지가 필요하다는 것을 실감했고, 또 모든 직원, 주민운동, 복지시설 내의 프로그램 결정 등에 큰 영향을 받았다. 그 결과, 시설폐쇄의 방향에 동조하는 정책을 채택하게 되고, 이 이상 재판에 휘말리지 않으려는 경향이 나타났다. 연방정부는 뉴욕주에 대해서 한층 강한 압박을 가하였다. 대규모시설은 이미 연방정부의 지적장애인 중간케어시설 규정에 정해진 케어 수준을 달성하기에 상당히 어려운 상태에 놓여 있었다. 연방정부 내에서는 대규모시설에 대한 강한 부정적인 평가가 있었기 때문에 연방정부는 뉴욕주에 지원하던 연방 자금의 삭감 여부를 조사하기 위해서 지적장애인 중간케어시설 프로그램에 대해 엄격한 회계감사를 실시했다.

회계감사보고서는 소수인의 거주자를 위한 대규모시설에 대해서 연방자금에서 보조금을 지출하는 것은 바람직하지 않다는 점, 특히 이 거주자는 포괄적 탈시설화 프로그램에 의해 혹은 법원의 명령에 의해, 퇴소하는 것이 상정된 사람이므로 이대로 시설에 보조금을 계속해서 지출하는 것은 바람직하지 않다고 지적했다. 이에 더해 시설에는 청소부, 전기, 보일러 기술자 등의 고정된 직무를 담당하는 직원의 배치가 필요한데, 소수인의 시설일수록 경제적 효율이 떨어진다는 점과 직접 처우 담당 직원 대 클라이언트 비율의 불균형 문제가 제시되었다. 이 문제는 과잉직원의 해고로 연

12) 윌로부룩 소송에 관해서는 제2장을 참조할 것.

결되었다.

정리하면, 시설의 토지 · 건물 및 운영의 비효율성, 소송을 제기하는 위압감, 대규모시설에 대한 연방정부로부터의 보조금을 유지하는 문제, 대규모시설과 지역프로그램 사이의 직원 배치의 불균형 등 모든 요인이 주(州)의 시설폐쇄의 배경이었다.

뉴욕주의 대규모시설 폐쇄가 주는 교훈이 있다. 그중에서 마지막까지 시설이 그 힘을 실증했다는 점은 잊지 말아야 한다. 탈시설화가 진행되며 규모가 축소되고 결국에는 폐쇄에 이르렀지만, 그 전 과정에서 시설은 상당히 큰 힘을 발휘했다. 부모, 주민, 직원, 행정책임자, 일반 대중의 인식은 시설을 지역서비스의 핵심으로 생각했다. 가장 어려운 문제가 미해결로 남아 있었고, 또 종래의 시설에 의해 해결되었던 경험들이 계속 의식에서 사라지지 않았기 때문에 폐쇄는 예정 기간이 끝날 무렵 한층 어려워졌다. 그중에서 특히 어려운 과제로 인식된 것은 뉴욕주의 대규모시설은 과거의 유물적 존재가 아니라는 사실이었다. 새로운 건물, 새로운 모금체제, 기타 시설체계와의 양호한 연대가 존재하고 있었다는 것과 젊고 전문적 능력이 있는 고급직원 등이 주 및 지방 차원에서 시설을 강력한 기구적, 정치적, 경제적 존재로 인식하고 있었다. 이와 같은 시설폐쇄정책을 뉴욕주가 마지막까지 관철시킨 것은 그때까지 그 시설을 지원해왔던 많은 지지자가 정치적, 경제적으로 일치해서 새로운 욕구에 대한 인식이 기저에 있었기 때문이다.

3) 영국

영국에서는 1950년대에 들어서 지역에서의 거주케어를 요구하는 목소리가 높아졌다. 이에 호응하여 시설케어를 대신하는 새로운 서비스체제의 검토가 이루어지기 시작했다. 1954년부터 1957년에 걸쳐 왕립위원회가 「정신질환 및 정신장애에 관한 법률」을 심의하여 보고서를 제출하였다. 보고서는 경증지적장애인을 수용하고 있는 대규모시설을 폐지하고, 지역 내에 많은 거주홈을 만들어야 한다고 권고했다. 이에 정부의 백서는 경증 지적장애인을 위한 지역서비스체제를 창설하는 시기를 명확히 하고 지방 자치단체가 실시하는 서비스체제를 명시했다(Kent Ericsson & Jim Mansell, 2000: 10). 이 영향으로 1959년 「정신보건법(The Mental Health Act)」이 제정되면서 시설보호가 탈시설화의 흐름으로 전환되는 계기를 맞게 된다. 이 법에서 지적장애를 별도로 고려할 수 있는 정책적 기반이 조성되어 정신장애와 달리 지적장애인의 지역사회 내 거주 가능성을 정책적으로 염두에 두기 시작하였다(김진우, 2019: 181). 그리하여 1960년대부터 점진적으로 탈시설화가 시작되었다. 그러나 현실적으로는 다수의 지적장애인을 새로운 거주시설로 이주시켜야 하는 문제, 전환기 동안의 시설 및 새로운 거주시설을 위해 이중으로 재원이 필요한 문제, 대규모시설의 직원과 노조의 반발로 인해 시설폐쇄는 어려운 작업이었다. 실제 이 시기에는 탈시설화가 거의 이루어지지 않았을 뿐만 아니라 1960년대와 1970년대에 걸쳐 시설에 거주하는 사람의 수는 오히려 증가하였다(박숙경 외, 2017: 59).

1970년대 초 새로운 원외운동단체(의회에의 로비활동)가 결성되어 지적장애인을 위한 캠페인을 표방한 활발한 활동을 시작했다. 그리고 이 단체가 처음으로 지적장애인에 대해서 시설케어의 완전폐지와 지역 안에서 주택을 중심으로 하는 서비스체제를 요구했다. 이 단체는 미국과 북구의 초기 지역서비스에 자극을 받았다. 1970년대 전반에 지역사회에 만들어진 대부분의 새로운 지적장애인용 주택은 20~25명 정원의 대규모 유닛으로 구성되어 있었으며, 그중에는 중증지적장애인용 주택도 포함되어 있었다. 1970년대 중반까지 전 지적장애인을 위한 주택을 지역사회 내에 만들어야 한다는 요구가 많이 증가했다. 그 결과, 지원 직원이 딸린 중증지적장애인용의 주택이 최초로 만들어졌다(Kent Ericsson & Jim Mansell, 2000: 10-11).

이와 관련하여 웨일즈와 잉글랜드는 다른 정책을 채택했다. 웨일즈에서는 최초의 시설개혁을 추진하고자 했던 지적장애인시설이 중대한 오직 사건을 일으켜 시설개혁에 대한 반대가 발생하였고, 그 결과 카다피시(市) 전역에 '지역에 근거를 둔 서비스'를 시범적으로 실시하게 되었다. 이처럼 생각을 변경한 것이 그 후 시설을 폐지해서 지역에 기반한 서비스를 발전시킨 국가정책의 출발점이 되었다. 그 후 10년간 각 지방자치단체는 중앙정부의 자금을 사용하여 지역서비스를 상당히 발전시켰다. 그러나 시설폐쇄는 최초의 10년간은 그다지 발전이 없었기 때문에 정부가 중점정책으로서 강력하게 폐지를 추진한 결과, 다음 10년간에 상당히 감소했다. 동시에 정부는 지역케어는 지방자치단체의 책임이라는 것을 다시 한번 명시하고, 중앙정부의 관여를 줄이고, 지방자치단체로 이관시켜 갔다(Kent Ericsson & Jim Mansell, 2000: 11).

한편, 잉글랜드의 경우 정부는 지적장애인의 전원이 지역 내에 만들어진 보통의 주택에서 거주해야 하는가 하는 점에 관해서 뚜렷한 방침이 없었다. 1970년대에 정부가 취한 주된 정책은 보건서비스 예산 배분을 멈추고, 지방자치단체가 배분하도록 변경했다. 그리고 1979년에는 별도의 위원회(지적장애인의 간호와 케어에 관한 위원회보고)가 '지역 내에 만들어진 주택에 기초를 둔 서비스가 지적장애인 케어의 주요한 미래구상이 된다.'고 보고했기 때문에 1980년대 초부터 새로운 흐름이 시작되었다(Kent Ericsson & Jim Mansell, 2000: 11-12).

이러한 움직임에 이어 전국적인 규모에서의 모델 계획인 '지역사회 내에서의 케어'(Care in Community)가 실시되었다.[13] 이 프로젝트는 중앙정부로부터 보조금을 받아 지방의 각 사회복지기관이 시설입소자를 지역케어로 옮기는 계획을 공동으로 시행하는 것이었다. 이 모델 계획은 반드시 철저한 내용은 아니었지만, 다음 두 가지 이유에서 중요한 의미가 있었다. 하나는 중앙정부가 탈시설화를 정책목표로 해서 전면적으로 인정한 것을 암묵적으로 표명했다는 것, 다른 하나는 많은 지방의 사회복지기관이 이에 관련하는 사업에 참여할 수 있게 되었다는 것이다.

또 하나 1980년대 중반 주로 고령자와 정신장애인에 대한 서비스에 관해서 정책의 발전이 보였는데, 그것은 지적장애인에 대해서도 큰 영향을 미친 것이었다. 사회보장제도의 재원으로 설립된 거주케어주택에 고령자의 입주가 급증하고 있는 것에 대한 공적인 우려가 표명된 것과 그 운영이 비효율적이라는 지적이 나온 결과, 몇 가지 공적 및 준 공적인 검토위원회가 만들어져 재검토가 이루어졌다. 이러한 일련의 성과 뒤 1990년에 「국민보건서비스 및 커뮤니티케어법(Natioanal Health Service and Community Care Act)」이 제정되어 주요한 법 측면에서의 개혁이 이루어졌다. 이 법에 따라 주거케어를 위한 재원을 사회보장비로부터 지출하는 방식이 중지되었고, 지방자치단체에 책임이 주어졌다. 그 후 시설케어는 단기 처우를 위한 경우만 허용되었다. 또 지방자치단체에 의한 거주케어의 운영은 원칙적으로 민간단체 또는 비영리기관에 위탁해서 이루어지게 되었다(Kent Ericsson & Jim Mansell, 2000: 12-13).

정리하면, 영국 정부는 탈시설화 정책을 커뮤니티케어정책의 큰 우산 아래 추진하면서 대규모 병원에서의 장애인들의 삶을 지역사회 내 거주공간으로 이동시켰으며, 자신의 형편과 처지에 따라 가정 또는 거주 · 돌봄서비스가 복합적으로 제공되는 민간거주시설에서 생활할 수 있게 되었다(김진

13) 지역사회 내에서의 케어정책은 거주공간의 이동만으로는 커뮤니티케어를 완성하기 어렵다는 반성에 따라 그 중심축을 지역사회에 의한 케어(Care by the Community)로 옮기게 되는데, 그 초석이 1981년의 『Growing Older』 보고서였다(김진우, 2019: 185).

우, 2019: 187). 그리고 탈시설화 과정에서 원래 국민보건서비스(NHS)가 운영하는 시설에 대한 중앙정부 예산은 시설거주 장애인들이 퇴소할 때 필요한 재정지원으로 할당되면서 중앙정부에서 지방정부로 이전되었다. 전체적으로 새로운 체계하에서 중앙정부가 지방정부에게 제공하던 사회서비스에 대한 재정지원의 규모는 줄어들었으나, 시설폐쇄 및 지역사회 서비스를 발전할 수 있게 하였다(박숙경 외, 2017).

3. 탈시설화의 촉진 요인

북구, 미국과 영국의 정책과 서비스 간에 많은 차이가 보임에도 불구하고 모든 장애인에 대한 탈시설화와 시설의 개방은 상당한 규모로 1980년대에 시작되었다. 그렇다면 왜 이런 움직임이 일어난 것일까?

1) 북구

북구에서는 지적장애인의 생활조건을 개선하기 위한 노력이 적극적으로 이루어졌다. 스웨덴과 노르웨이의 경우 노멀라이제이션 사상은 지적장애인을 사회 속에 포함시키는 이데올로기적 원리로서 제2차 세계대전 말경에 복지국가 창조의 기본원리로 사용되었다. 스웨덴과 노르웨이에서는 처음에는 경증의 지적장애인에게는 지역서비스를 제공하고, 중증의 장애인에게는 시설 내에서 좋은 생활환경을 제공하는 정책이 시행되었다. 서비스는 전문화되었고 시설과 지역서비스는 시골의 작은 자치단체보다 중앙 및 지방정부에 의해 통제되었다(Jim Mansell & Kent Ericsson, 2000: 283-285).

스웨덴과 노르웨이의 경우 탈시설화에 커다란 영향을 미친 것이 '전국장애인부모회'였는데, 이 모임은 정부와 파트너 관계를 유지하면서 탈시설화 운동에 밀접하게 관여하고 있었다. 두 나라에서의 공적서비스는 정책적으로나 사회적으로 높은 수준이었고, 그것이 입법화로 이어졌다. 그 정책 대상도 중증의 지적장애인까지 확대되었고, 중증장애인으로의 입법화가 이루어지게 되었다. 그 과정의 후반 단계에서(스웨덴에서는 1985년, 노르웨이에서는 1988년), 지방자치단체 차원에서 관할이 이루어지는 가운데 지적장애인의 서비스 재통합과 지역에 있어서 특별한 계층 조직의 분해가 일어났다. 이리하여 작은 현대적이고 비용이 드는 시설의 전환을 포함해서 최초의 단계로서 시설의 폐지가 일어났던 것이다(Jim Mansell & Kent Ericsson, 2000: 280).

2) 미국

미국에서 탈시설화 운동이 시작된 배경은 여러 가지 사회경제적 요인들이 복합적으로 작용하여 이루어졌다. 첫째, 당시 저널리스트들과 사회과학자들에 의한 수용시설 비판, 둘째, 수용시설 유지비용의 급격한 증가, 셋째, 사회적, 심리적, 의학적 전문분야의 발달로 인한 상대적인 수용시설 내의 고립, 진부화의 문제, 넷째, 사회적 민권운동의 발달로 인한 헌법상의 기본권 인정 및 획득, 그리고 가장 자유로운 환경에서 치료받을 수 있는 개인의 자유 확대해석, 다섯째, 기타 현물서비스에서 현금서비스로의 전환 등이 거론되었다(김정우, 1995: 101-102).

하지만 당시의 미국의 탈시설화 정책을 촉진한 결정적인 요인은 1970년대 전반에 행해진 시설처우의 개선을 요구하는 수많은 집단소송이었다. 특히, 1972년의 와이어트(Wyatt) 소송에 대한 판결은 시설처우의 근본적인 개혁을 명했고, 그 영향은 대단히 컸다. 이 소송을 계기로 지적장애인의 시민권을 획득하게 되는 변화를 가져왔으며, 그 이후 1970년대부터 1980년대에 걸쳐 시설입소자의 감소와 지역사회로의 이동이 진척되었던 것이다.

한편, 미국에서도 시설개선의 비용은 정책결정자에게 하나의 문제로 제기되었다. 시설자원이 어떻게 증대하든 법원은 시설이 클라이언트를 실망시키고 있다는 견해를 밝혔다. 이 상황에서 지역을 기본으로 한 서비스 선택은 적어도 정책결정의 비용에 관해서는 중립적이었다. 지역의 저렴한 주거서비스 비용이 서비스를 받는 사람들의 수의 증가를 허용한 것이다(Jim Mansell & Kent Ericsson, 2000: 283). 미국의 탈시설화는 공적 부문의 서비스 범위를 축소하고자 하는 정부의 정책과 맞아떨어졌다.

3) 영국

북구와 미국과는 달리 영국의 탈시설화 운동에서 전국장애인부모회의 역할은 그다지 눈에 띄지 않았다. 그 결과, 전문직 또는 시설경영자 등이 많이 관여하는 모습을 볼 수 있다. 1950년대 중반 거주케어에 대한 높은 요구와 혼란한 정책에 의해서 중증지적장애인이 시설에서 생활하는 것을 제한하는 시도가 행해졌지만, 1980년대까지 대규모의 탈시설화는 중증지적장애인에 대해서는 실현되지 않았다. 탈시설화는 중앙정부의 서비스 변화로 출발했지만, 그 후의 개혁은 지역서비스의 책임을 지방정부에 맡기게 되었다(Jim Mansell & Kent Ericsson, 2000: 281-282).

영국에서 탈시설화의 촉진 요인은 대규모시설에서 생활하는 장애인들에 대한 인권침해에 대한 비판과 침해가능성이 지속되어서는 안 된다는 사회적 관심, 보수당 정부의 신자유주의 정책 기조에 따른 공공부문의 축소와 민간주도 서비스 공급으로의 정책 무게중심 이동, 그리고 이에 따른 기존 대규모시설 운영의 비효율성과 예산 낭비적 요소에 대한 반성 등으로 요약될 수 있다(김진우, 2019: 183). 그중에서도 시설비용의 증가가 탈시설화의 직접적인 촉진 요인으로 작용하였다. 1979년에 보수정당은 공적비용의 감소정책을 지지했다. 1982년 이후, 국민위생서비스 중에서 재조직된 운영은 상업적인 색채가 강했다. 보수정당은 사회보장의 재원을 이용한 지역서비스 개발, 시설의 폐쇄, 대규모시설의 부동산 가치 실현으로 비용절감을 생각해야 했다(Jim Mansell & Kent Ericsson, 2000: 283). 따라서 영국의 보수당 정부는 비용절감을 위해 기존 국가가 운영하던 대규모시설 위주의 정책을 포기하면서 탈시설화 정책을 본격적으로 추진해 나갔던 것이다. 영국의 탈시설화를 뒷받침한 핵심적인 법은 1990년 「국민보건서비스와 커뮤니티케어법」이었다. 물론 이 입법의 가장 큰 목표는 시설에 거주하던 장애인들의 삶을 향상시키는 것이었으나, 서비스 제공 영역에 시장경제를 도입하면 관료화된 중앙정부보다 효율적인 서비스 제공이 가능할 것이라는 보수당 정권의 확신도 있었다(Harris, 2009; 박숙경 외, 2017: 60에서 재인용). 이처럼 영국의 탈시설화는 대처리즘과 케어의 사유화와 일치하고 있었다. 그것은 민간의 서비스 제공자를 이용해 케어의 비용과 부담의 더욱 많은 부분을 가족에게 기대하는 것이었다.

이상의 논의를 정리하면, 1980년대의 북구, 미국, 영국의 탈시설화 정책의 발전과 급속한 실시에는 시설케어를 대신하는 케어모델의 개발과 시설을 효과적으로 인간화하는 비용의 문제가 반영되어 있었다. 탈시설화를 지키고 촉진하기 위해서 구축된 지지적 이데올로기는 정부의 정책이나 사회의 요구와 일치하고 있었다. 북구에서 노멀라이제이션은 정부의 중요한 역할이 복지국가 안에서 모든 사람에게 사회적 연대를 가질 수 있게 하는 것에 있다는 생각에 기초하고 있다. 미국에서 노멀라이제이션은 '큰 정부'에 반대해서 지역서비스의 기능이 집단의 고정관념을 초월하여 가치 있는 개인의 역할을 촉진시키는 것이라는 개인철학이 되었다. 영국에서는 '탈시설화는 시설케어보다 좋은 것이다.'라는 실용주의적 이유로 추진되었다. 그런데 그것은 대처리즘과 케어의 사유화와 일치하고 있었다.

4. 탈시설화의 결과

일반적으로 탈시설화는 지적장애인의 생활에 좋은 결과를 가져왔다고 평가받고 있다. 영국, 미국의 시설은 최종적으로 쇠퇴하고 있으며, 노르웨이와 스웨덴에서도 지역서비스에서의 최근 생활조건은 충분하게 직원을 배치한 시설보다도 좋다고 알려져 있다. 문제는 새로운 지역서비스 중에서도 본질적으로는 시설의 성질을 가지고 있다는 것이다.

1) 북구

스웨덴

스웨덴의 탈시설화 과정은 세 단계로 진행되었다. 제1단계는 서비스의 이원화 단계이다. 즉, 경증장애인은 지역사회서비스를 받았고, 중증장애인은 시설서비스를 받았다. 제2단계는 중증장애인들이 시설 생활을 거부하면서 지역사회서비스가 제공되는 단계이다. 그리고 마지막 제3단계는 시설이 해체된 상황에서 장애인들이 자기결정권을 가지고 생활하기 시작한 단계이다. 이러한 과정은 단기간에 이루어진 것이 아니라 50여 년에 걸쳐 이루어진 것이었다.

스웨덴은 중증장애인을 포함한 모든 지적장애인이 지역사회 생활에 참여할 수 있는 권리를 명시한 1985년법의 시행에 따라 각 주(州)에서 시설폐쇄 결정이 이루어졌다. 이 결정과 함께 주의 권한과 책임이 지방자치단체에 이양되었다. 그에 따라 지적장애인은 일반 대중에게 서비스를 제공하는 책임을 지니는 조직으로부터의 지원을 받게 되었다. 예를 들면, 주택에 관해서 지방자치단체의 대중에 대한 공공주택의 책임은 지적장애인에 대한 주택의 책임도 포함했다. 그 결과, 지방당국의 능력이나 역량이 지적장애인의 욕구를 충족시키게 됨에 따라 주의 권한은 없어졌다(Barbro Tuvesson & Kent Ericsson, 2000: 229-230).

탈시설화의 결과 스웨덴에서는, 지적장애인의 생활개선은 가족과 시설직원이 불이익을 받지 않고 달성된 것으로 평가되고 있다.[14] 주거권에 의해서 지적장애인과 그 가족이 원하면 지적장애인은 집에서 벗어날 수 있으며, 시설에서 일하던 직원은 동등 또는 더욱 좋은 조건의 지역서비스에서 일할 기회를 얻었다고 한다(Jim Mansell & Kent Ericsson, 2000: 286).

노르웨이

노르웨이의 개혁은 서비스 시스템 전체의 재구성과 책임의 지방분산 등을 결부시켰다. 많은 나라가 개혁과정에서 지방자치단체나 국가, 또는 단지 하나의 제도만으로 한정되었던 것에 비해 국가 전체를 망라했다는 점,

14) 후술할 노르웨이에서도 마찬가지다.

그리고 개혁이 5년이라는 단기간에 이루어졌다는 점에서 의의가 있었다. 선행연구에 따르면, 노르웨이는 탈시설화 이후 정부 예산이 1989~1992년에 약 50% 상승하였고, 주택은 좋아졌으며, 물리적인 격리는 감소하였다. 그리고 더욱 많은 사람이 서비스를 받을 수 있게 되었다(Jan Tøssebro, 2000: 93-94). 개혁이 시행되었을 때 시설에 거주하던 5천 명 가운데 4천 명 이상이 1993년 말까지 퇴소한 것으로 보고되었다. 시설을 퇴소한 사람들은 대부분 상세하게 규정된 각자의 개별적인 계획에 따라 서비스를 받았다. 제공된 서비스에 실망한 사람들이 다소 있었지만, 가족 대다수가 그 서비스에 만족하고 있었다고 한다(Johans Sandvin, 2000: 214).

그러나 비판적인 견해도 있었다. 산빈(Johans Sandvin, 2000: 216)에 따르면, 지방자치단체의 케어시스템은 시설케어와 별 차이가 없는 집단적 문제해결 방법이 도입되었으며, 또한 시설케어시스템의 재구성과 관련하여 만들어진 주택과 별반 다르지 않은 획일화된 집단주택을 지향하는 경향이 강했다고 한다. 그에 의하면, 개혁의 결과로서 불과 6천 명에게 지방자치단체의 새 주택이 제공되었는데, 독립된 개인용 주택이 제공된 것은 그중 17%뿐이었다. 그밖에 24%의 사람들은 발달장애인을 위해서 다른 아파트와 함께 건설된 각호가 독립된 아파트에서 거주했고, 나머지 60%의 사람들에게는 다양한 형태의 공동주택이 제공되었다. 이들 중 절반가량이 집단생활을 하고 있었다.

산빈은 시설을 폐쇄하고 지역서비스를 창설함으로써 개혁이 계획대로 진행되었지만, 그것은 케어의 내용이나 개요에 극히 일부의 실질적 변화밖에 가져오지 못했다고 주장했다. 시설은 더욱 비싼 재질 기준의 작은 주택으로 대체되었고, 지역주민과 가까운 곳에 건설되었지만, 여전히 시설이라는 분명한 특징을 보인다는 것이다(Johans Sandvin, 2000: 218). 시설케어시스템이 폐지되었다기보다는 분해되었다고 생각된다.

2) 미국

미국은 탈시설화 조치로 인해 1950년의 주정부 관할 정신병원의 장애인들이 55만 8,922명이었던 것이 1980년대 초에는 12만 5,359명으로 77%에 달하는 급격한 감소가 이루어졌다. 발달장애인들의 경우 대부분 정신질환자와 함께 수용되어 있었기 때문에 탈시설화 운동이 이 인구계층에 끼친 영향은 정신질환자들의 경우와 매우 흡사했다. 1950년 주정부 산하의 정신병원에는 전체의 27%에 해당하는 48,000명의 발달장애인이 수용되어 있었지만, 1981년에는 전체의 6%에 해당하는 7,831명만이 남아 같은 기간에 약 84%의 감소율을 기록하였다(김정우, 1995: 103-105).

한편, 1967년 약 19만 4,650명으로 정점에 달했던 시설거주장애인들은 1977년 15만 4,600명으로, 1998년에는 5만 2,801명으로 감소했으며, 2009년 6월 기준 3만 2,900명으로 줄어들었다. 공공시설뿐만 아니라 사적 시설(16명 이상 거주시설)의 거주인구도 상당한 감소폭을 보였는데, 1977년 6월 기준 5만 2,700명에서 2009년 6월 기준 2만 6,700명으로 줄었다. 그에 따라 지역사회 기반 서비스도 많이 증가했다(유동철, 2013: 332; 박숙경 외, 2017: 71). 1980년대 초에 주정부는 상당한 수의 장애인시설을 폐쇄했다. 1998년까지 36개의 주에서 118개의 시설을 폐쇄하였다. 이 결과, 뉴햄프셔를 비롯해 알래스카, 하와이, 뉴멕시코, 로드아일랜드, 버몬트, 웨스트버지니아, 컬럼비아 등지에서는 격리시설이 모두 사라졌다(유동철, 2013: 333).

탈시설화가 장애인에게 대규모시설에서 받는 보호서비스보다 더욱 인간적이고 효율적인 서비스를 지역사회에서 제공하도록 하는 데 성공한 것은 틀림이 없다. 하지만, 탈시설화 과정에서 시설에 있던 사람들을 거리의 무주택자로 만들거나, 시설과 기능이나 환경 면에서 다를 바 없는 지역사회의 보호기관에 장애인들이 사회적으로 축적되게 만드는 부정적인 결과도 나타났다. 즉, 탈시설화의 결과로 수반되는 사회적 문제들을 해결하기 위한 대책으로서 지역사회에서 해결해야 할 과제들을 준비하는 데는 별로 성공을 거두지 못했다는 평가다. 대부분은 정신질환자들은 퇴원 후 지역사회에서 혼자 또는 가족과 함께 살게 되었다. 그중 약 30%에 해당하는 정신질환자들은 보호주택과 같은 곳에서 살게 되었는데, 이러한 보호주택들은 지역사회에서 행정적으로 소규모로 운영되고 있었지만, 결국 그 전신인 대규모시설과 별로 다를 것이 없었다(김정우, 1995: 104-105).

지적장애인도 마찬가지로 주거케어가 전체적으로 확대한 결과,[15] 일부의 지적장애인은 주거서비스가 불충분했기 때문에 가족과 함께 생활해야만 했다. 그리고 지역서비스 내에서 일하는 직원들은 시설직원보다도 열악한 처우조건 속에서 일하게 되었다고 보고되었다(Jim Mansell & Kent Ericsson, 2000: 286).

미국에서는 탈시설화에 관해서 ① 시설을 폐지하여 지역사회에 있는 거주홈에서 모든 장애인이 생활하도록 지향하는 방향, ② 경증 · 중증 장애인은 지역사회의 그룹홈에서 생활하지만, 중증의 장애인은 종래의 시설에서 보호함과 동시에 시설을 지역사회에 설립하는 방향의 두 가지 흐름이 있었다(阿部秀雄, 1978; 江草安彦, 1982). 그러나 당시 60만 명이 넘는 입원환자를 지역으로 옮기는 계획은 지역에서의 생활 확보를 위한 자원 재투자를 수반한 시책이 아니라, '경쟁을 통한 참가의 평등화'를 전제로 한 것이었다. 그 결과, 미국에서는 가장 우수한 프로그램에 의한 서비스를 받는 장애인이 있는 반면, 개입억제에 의한 지역 간 격차의 용인, 접근의 곤란과 장애에 의한 재입원, 너싱홈으로의 전환, 간접적인 홈리스 증가 사태를 초래하였다. 이러한 선택은 기회적 균등 시스템이라고 불리는 사회설계의 기본

15) 1977년에는 29만 명 이상이, 1992년에는 34만 7,000명으로 증가했다(J. Mansell & K. Ericsson eds., 2000: 286).

으로의 회귀이기도 하며 자립생활이라는 장애인 영역에서의 미국 마인드(mind)의 강화라는 측면을 가지고 있었다(岡村正幸 · 緖方由紀, 2001).

3) 영국

영국에서 탈시설화가 추진됨에 따라, 1960년에 잉글랜드와 웨일스의 국가운영병원에서 거주하던 발달장애인 6만 5,000명은 그 숫자가 급속도로 감소하여 5만 7,200명의 발달장애인이 지역사회 내에서 발달장애 지역사회간호사에 의해 관리되었다. 그러나 병원이 폐쇄되었음에도 1999년 집에서 법적인 서비스를 받는 사람은 전체 공적인 도움을 받는 발달장애인의 0.08%에 불과했다. 법적인 도움을 받는 발달장애인의 3분의 2는 집합적 거주공간에서 생활하고 있었다. 또 주거급여 수급자격이 있는 발달장애인의 96%는 직원이 있는 케어홈이나 너싱홈에 거주하였다.[16] 한편, 탈시설화를 위한 노력에도 불구하고 많은 수의 발달장애인이 병원에 장기간 입원하고 있는 것으로 알려져 있었다(김진우, 2019: 187-188).

정신병원에서 퇴원한 1,000명 중 10명이 적절한 의료 조치와 보호, 유지에 필요한 서비스를 받지 못한 채 지역사회 적응에 필요한 아무런 대책이나 준비 없이 지역사회로 돌아가 지내고 있다고 보고되었다. 보고에 의하면, 탈시설화 이후 5년 이내에 시설수용 노인의 대부분이 사망하였고, 퇴원

16) 탈시설화 초기에는 대규모시설이 점진적으로 더 작은 규모의 지역사회기반 서비스로 대체되었는데, 그 규모는 6인에서 60인 정도로 다양하였다. 자신의 침실 장식을 스스로 선택할 수 있도록 하는 등 전반적으로 가정적이고 쾌적한 서비스가 제공되었다. 그러나 이러한 소규모 시설에도 종종 당사자가 아닌 직원의 편의에 기반한 일과 수립, 일상적 생활에서 선택의 부족과 자율성의 결핍 등과 같은 대규모시설의 관습이 여전히 남아 있었다(사라 우딘, 2015; 박숙경 외, 2017: 60에서 재인용).

한 사람 중 일부는 교도소에 수감되었으며, 대부분은 거처할 곳 없는 무주택자로 거리를 떠돌게 되었다. 1980년대 말 연구보고서에 의하면, 많은 무주택 걸인이 정신보건서비스를 받은 병력이 있는 사람들이었다. 시설과 시설수용자에 관한 통계에 의하면, 1960년 이래, 영구적인 시설수용자들의 숫자가 급격히 감소했으나, 대신에 같은 기간에 단기 병원 서비스나 중간보호 혹은 임시보호서비스를 받은 대상자의 숫자는 증가한 것으로 보고되었다(오혜경, 1996: 107). 그뿐만 아니라 시설퇴소 이후 가족의 케어비용 부담이 증가하였으며, 지역서비스의 직원은 시설직원보다 자격이 불충분했고, 또한 임금도 적었던 것으로 보고되었다(Jim Mansell & Kent Ericsson, 2000: 286-287). 만셀은, 영국에서는 정책결정자는 상당한 차원을 넘어서 서비스의 개선에 특히 관여하지 않았다고 비판하고 있다(Jim Mansell, 2000).

새로운 거주공간으로의 이동은 대처 정부에 이어 집권한 보수당 정부의 신자유주의사상에 근거하여 이루어졌다. 단기간 내에 많은 수의 민간자본에 의한 거주시설이 신축됨에 따라 공공부문에서 민간부문으로 거주 및 돌봄서비스 제공의 중심축이 이동하게 되었다. 이것은 정부가 운영하는 대규모병원에서 민간운영 소규모 거주공간으로의 이동에 불과하다는 비판을 받았다. 지역사회 내에서 거주한다고 하더라도 적절한 전문서비스를 받지 못한다면, 오히려 당사자가 삶을 운영하는 데 필요한 서비스가 축소되는 결과를 가져오게 되어, 어떤 의미에서는 시설에서 생활하는 것과 다를 바가 없는 상태에 놓이게 된다고 할 수 있다. 이는 재시설화(reinstitutionalization)[17)]

17) 박숙경 외(2017: 16)는 탈시설화 정책을 논할 때 재시설화(reinstitutionalization)와 변형된 시설화(transinstitutionalzation, 필자: 전환시설화로 번역되기도 함)의 개념에 대한 명확한 정의와 인식이 필요하다고 말한다. 그들에 의하면, 재시설화는 시설을 퇴소한 후 정착에 실패하여 시설에 재수용되거나 감옥과 병원과 같은 유사한 형태의 다른 시설에 수용되는 현상을 의미한다. 변형된 시설화는 탈시설화 정책이 추진되는 과정에서 공급자가 주도하는 권력 관계 등의 변화 없이 기존시설의 물리적 형태만 바뀌거나, 지역사회에 대체 서비

로 이해될 수 있다(김진우, 2019).

5. 탈시설화 운동의 전망과 한국에의 시사

1) 탈시설화 운동의 전망

탈시설화 운동의 전망에 관해서 생각할 때 두 가지 의문이 있다. 즉, 탈시설화의 과정은 지적장애인의 거주케어의 하나의 형태로서 시설을 완전히 포기할 것인가, 또는 지적장애인과 그 가족 및 그들을 지원하는 직원은 지역서비스 내에서 실제로 좋은 생활을 경험할 것인가이다.

영국과 미국에서는 커다란 민간운영 거주홈이 존재하지만, 이 문제에 관해서는 탈시설화의 이데올로기적 관점에서 비교적 취급되지 않고 있기 때문에 시설의 유산은 계속 남아 있고, 만약 정책이 변한다면 시설의 유산이 다시 확대할지도 모른다는 지적도 나오고 있다(Jim Mansell & Kent Ericsson, 2000). 미국의 경우, 탈시설화의 한계가 나타나고 있는데, 계획자는 적은 수의 직원으로 더욱 많은 서비스를 제공하도록 하여 비용 삭감을 추진하고 있다. 선택으로서 작은 규모의 재택케어를 가정서비스의 하나인 형태로서 재정의하고, 그 결과 사람들은 사회보장비용의 수급자격을 유지할 수 있다. 이러한 방향은 서비스모델에 관한 국가적 정책이 없는 상태에서는 앞으로도 계속해서 시설은 공존할지도 모른다는 것이다.

다음 두 가지 정책의 영향은 탈시설화의 발전과 관계가 있다. 첫 번째의

스가 충분히 마련되지 않은 상황에서 준비되지 못한 탈시설이 이루어져 지역사회에서 고립되어 결과적으로 시설화를 벗어나지 못하는 현상을 의미한다.

영향은 지역케어의 성공과 가치의 인식이다. 탈시설화는 적극적인 장래 가능성의 비전으로서 시설의 조건에 대응하는 반응이었다. 지역서비스가 실시되면 그 효과(지적장애인에 대해서 뿐만 아니라 서비스 조직, 정부에 대해서도)는 쉽게 나타날 것으로 평가되었다. 그러나 만일 실제로 지역서비스가 불충분하고 많은 문제가 생긴다면, 시설케어를 부활시키려는 정치적 활동이 출현할지도 모른다는 것이다. 따라서 탈시설화의 발전에는 지역서비스의 질 문제가 상당히 중요하다.

다음은 지적장애인에게 제공되는 다양한 서비스의 통합문제이다. 이것은 미국보다도 영국, 노르웨이, 스웨덴에서 볼 수 있는 특징인데, 서비스의 통합에 중요한 불이익이 생긴다. 즉, 불이익이란 훈련과 조직적인 절차가 더 일반화되고, 다른 영역의 전문가도 지적장애인의 서비스에 책임을 지게 되기 때문에 지적장애인에 대한 관여나 전문적 지식에 대한 관여가 약해진다는 것이다. 탈분화가 좋은 서비스를 제공하기 위한 관여를 적게 하거나 능력을 적게 하는 방향으로 간다면, 그것은 탈시설화의 정책을 위협하는 것이다.

이처럼 비용과 서비스의 질에 관한 의문, 다른 서비스와 지적장애인의 통합이라는 요인은 탈시설화의 주장을 끊임없이 위협한다.

2) 선진국의 경험이 우리에게 시사하는 함의

선진국의 탈시설화는 서로 다른 정책적 사정에 의해 실시되었지만, 공통된 요인은 노멀라이제이션 개념의 구현을 지지하고, 장애인을 사회로부터 분리하는 것에 반대하는 입장에서 시작되었다. 시설은 지적장애인에게는 사회로부터 분리의 수단이며, 결과적으로 오명의 상징이 되었다. 수용인원의 감소와 최종적인 시설의 폐쇄는 모든 입소자에게 지역에 뿌리를 둔 생활에 참여하는 이익을 가져오는 수단이다. 이 목적을 달성하기 위해 해결해야 할 과제는 복잡하고, 한편으로 대규모의 관료주의적 조직을 해체하고, 또한 다른 한편으로 새로운 지역자원의 시스템을 구축할 필요성을 수반한다. 서비스에 관한 주요한 검토과제는 시설의 재건축을 검토하는 것이 아니라 시설을 대신하는 서비스의 질이며, 지적장애인이 사회에서 시민으로서 생활해 가는 것을 어느 정도까지 가능하게 해나갈 것인가 하는 것이 과제가 되고 있다.

지금까지 살펴본 선진국의 경험을 통해 본 탈시설화는 지역사회의 수용과 밀접하게 결부되고 있는 것을 시사하고 있다. 탈시설화는 단순히 지역사회로 돌아가게 하는 것뿐만 아니라 그들을 받아들이는 거주장소나 지역사회에 기반을 둔 서비스체계가 확립되어 있을 때 비로소 의의를 지닌다. 지역사회에 장애인이 자립해 나가기 위한 시스템이 없는데, 그냥 시설수용자를 지역사회로 돌아가게 하는 것은 진정한 의미에서의 탈시설화가 아니라는 것에 유의해야 한다.

서비스체제의 정비와 더불어 충족시켜야 할 탈시설화의 성공요건으로 지적되는 것은 첫째, 장애인을 위한 처우 계획을 입안하여 실천하고 조정해 나가기 위해 법적 권한을 가진 명확한 기관 또는 단체가 지방이나 행정구역에 존재할 것, 둘째, 기준의 설정과 감시기관을 설치할 것, 셋째, 탈시설화를 지원하는 서비스가 있을 것, 넷째, 옹호운동을 할 것, 다섯째, 적절한 경제적 원조가 있을 것 등이다(나카조노 야스오, 2004: 290). 탈시설화에 대한 가족들의 반대가 심각한 한국적 상황[18]에서 가족의 이해를 구하는

18) 국가인권위원회가 2017년도에 발간한 인권증진을 위한 실태조사 연구용역보고서인 『장애인 탈시설 방안 마련을 위한 실태조사』(박숙경 외, 2017)에 의하면, 가족들이 탈시설화에 반대하는 이유는 자립생활에 대한 정보 부족과 무지, 탈시설 장애인이 지역사회에서 위험

것도 탈시설화의 필수요건이라 할 수 있을 것이다.

시설거주 장애인이 시설에서 나와 지역사회에 정착하기 위해서는 먼저, 국가 주도로 시설거주 발달장애인의 욕구를 파악하고 개인별 지원체계를 구축하고 강화하여 지역사회로의 이전을 지원하고, 장기적으로 모든 발달장애인이 지역사회에서 지원을 통한 자립생활을 할 수 있도록 지원할 필요가 있다. 그리고 소득지원, 주거지원, 활동지원, 의료 및 건강관리지원, 직업 및 주간활동지원, 관계 및 심리지원 등 다양한 지원서비스가 절대적으로 필요하다.

탈시설화가 '시설'에서 '지역사회'로의 단순한 물리적 이동이 되지 않게 하려면 탈시설화 이후에도 서비스가 제대로 이루어지고 있는지 지속해서 모니터링하고, 서비스의 질에 대해 평가하는 제도가 반드시 뒷받침되어야 한다.

한 상황에 노출되거나 고립될 것에 대한 과도한 우려, 탈시설 장애인에 대한 보호 부담, 가족을 시설에 입소시킨 당시의 아픔을 또다시 반복하고 싶지 않은 심리적 고통 등 여러 이유에 따른 것이다.

제5장
자기결정권

1. 왜 자기결정이 주장되는가?
2. 자기결정과 자기결정권
3. 헌법상 자기결정권의 근거
4. 자기결정권의 3가지 차원
5. 장애인의 자기결정권

제5장 자기결정권

1. 왜 자기결정이 주장되는가?

보통 우리는 몇 시에 일어나고, 몇 시에 자며 무엇을 먹을지 등의 작은 일과부터 직업 선택과 같은 인생의 전환기가 되는 큰 사건까지 다양한 것을 결정하면서 생활하고 있다. 물론 어떠한 선택지를 가질 수 있는가를 포함해서 결정과정에는 사회의 규칙이나 주위 사람의 의향이나 환경이 반영되어 모든 것이 생각대로 되는 것은 아니다. 하지만, 이러한 것들을 자유롭게 결정할 권리가 있다. 만약 자유롭게 결정할 수 없다면 인권이 침해되었다고 느낀다.

그러나 종래의 의료나 복지 분야에서는 환자나 장애인은 무엇이 적절한지 판단할 수 없는 약자라고 여겨져 왔다. 의사와 환자 관계로 대표되듯이 전통적인 전문가와 클라이언트의 관계는 특별한 전문지식과 기술을 가진 전문가가 클라이언트의 욕구를 판단해 치료하고, 무력한 클라이언트는 전문가의 지시에 따라서 요양에 전념하는 것이 당연시되어 왔다(進藤雄三 · 玉月誠訳, 1992). 장애인도 마찬가지로 장애인에게 필요한 치료나 재활은 전문가가 판단하고, 장애인은 그 지시에 따라서 장애의 경감에 임해야 한다고 여겨졌다. 그 결과, 생활하는 장소는 부모의 집 아니면 입소시설에서 보호받는 것이 당연시되었다.

최근에 이르러 자신의 생활에 대한 통제(control)나 영향력을 가진다는 지극히 당연한 사실이 장애인이라는 이유로 제한받는 것에 대해서 비판이 제기되었다. 사회가 장애인에 대해 마음대로 정한 시설 내에서의 생활이나 가족의 형편에 맞추어 생활하는 것이 아니라 스스로 자신의 생활방식을 결정해야 하며, 장애인도 위험(risk)을 범할 권리가 있다는 주장도 생겨났다. 이것은 노멀라이제이션이나 자립생활운동의 이념과도 통하는 것이다.

장애가 있어도 스스로 자신의 생활을 통제할 수 있다고 느끼는 사람, 즉 자율(autonomy)이 유지되고 있다고 여겨지는 사람은 자기 삶의 질이 높다고 평가하는 것으로 보고되고 있다(小沢温編, 2016). 그만큼 자기결정 기회의 확보가 중요해지고 있다.

2. 자기결정과 자기결정권

1) 자기결정의 개념과 구조

자기결정(self-determination)이란 “자신의 내적인 요구, 감각이나 생각에 근거해 자신이 행동을 결정하는 자유”(小沢温編, 2016: 20)라고 정의되며, 오늘날 사회복지의 핵심 키워드의 하나가 되고 있다.

‘자기결정’이라는 말은 ‘자기’라는 뜻의 auto와 규칙, 법이라는 뜻의 nomos에서 유래하며, 이는 자기 자신에 대한 ‘자기지배’(self governance) 또는 ‘자기결정’(self determination)을 의미한다. 인간은 자기 자신의 삶에 대하여 타자의 결정에 종속되지 않고, 자신의 결정에 따라 사는(살아야 하는) 존재로서, 이는 인간의 '자유'의 의미이며, 이러한 자유는 궁극적으로 인간의 존엄에 근거한다(윤덕경, 2012: 5).

워드(Ward, 1985)는 자기결정을 "자기 자신을 위하여 목표를 정하고자 하는 사람들을 이끄는 태도 그리고 자신의 목표를 성취하고자 주도권을 가지는 능력"으로 정의하였고, 필드와 호프만(Field & Hoffman, 1994)은 자기결정을 "한 사람이 자신을 알고, 가치 부여하는 것에 기초하여 목표를 정하고 성취하는 능력"으로 정의하였다(정종화 외, 2009: 93에서 재인용).

김현철(2015)은 자기결정을 두 가지 부분으로 해석하고 있다. 즉, 자기결정은 '자기+결정'의 두 가지 개념구조로 이루어져 있다는 것이다.

첫째, 자기결정은 '자기가 하는' 결정이다. 자기결정은 결정의 주체가 '자기'임을 뜻하는 말이며, 따라서 다른 사람이 결정하는 것은 논리적으로 자기결정이 될 수 없다. 그런데 '다른 사람이 결정하는 것'이라는 것도 아주 명확하지는 않다. 이는 결정의 주체가 다른 사람이라는 것이 명목상 다른 사람이 결정하는 것을 의미하는지 아니면 실질적으로 다른 사람이 결정하는 것을 의미하는지 모호하다는 뜻이다. 예를 들어, 학원에 가기 싫은 아이가 부모의 강압에 못 이겨 학원에 갈 결심을 하였다고 하자. 그 아이는 명목상 '자기'가 결정한 것으로 보인다. 그러나 실제로 아이의 행동은 부모의 결정이었다고 평가할 수 있고, 그렇게 평가한다고 해서 부당한 것은 아니다. 이런 차원을 고려하면, 자기결정은 '자기'가 하는 결정일 뿐만 아니라 '실질적'으로 자기가 하는 결정이어야 한다.

둘째, 자기결정은 '자기에 대한' 결정이다. 물론 자기가 하는 모든 결정이 반드시 자기에만 해당하는 것일 수는 없다. 예를 들어, 장애인시설에서 생활했던 클라이언트가 성인이 되어 자립을 희망하여 퇴소를 결정하는 것은 본인에게도 중요하지만, 기본적으로 가족에 의해 결정된다. 그러나 장애 당사자의 퇴소 결정은 가족들에게도 영향을 미치겠지만, 기본적으로 장애인 자신에 관한 결정이 될 것이다(이승민 · 이준영, 2020: 146). 자기결정이 '자기에 대한' 결정이라는 것은 '자기에 관한 사안'은 기본적으로 자기 스스로 결정해야 한다는 것을 의미한다.

이와 같은 의미에서 자기결정을 엄격한 의미로 한정한다면, '자기가 자기에 관한 사안을 결정하는 것'이라고 할 수 있다. 그러나 최윤영(2005: 127)의 지적처럼, 자기결정은 한 개인이 타인으로부터의 도움을 완전히 배제하는 것이 아니라, 타인의 도움에 대한 형태와 내용에 대한 개인의 자기결정을 의미하는 것이다. 즉, 자기결정은 한 개인이 일상생활에서 타인에 의존된 삶을 최소화하면서 자신에게 주어지는 선택 가능성에 기초하여 자신의 삶에 대한 스스로의 통제를 의미한다고 할 수 있다.

2) 자기결정권에 대한 개념적 이해

인생에서 가장 중요한 것 중의 하나는 '자기결정권'을 행사하는 일이다. 자기결정권(自己決定權, self-determination right)이란 개인이 자신의 삶에 관한 일정한 사항에 관하여 스스로 결정하고, 그에 따라 행동할 수 있는 권리를 말한다(민병로, 2012: 151). 자기결정권은 그들의 삶을 통제하는 개인의 능력이면서 권리이기도 하다. 자기결정권의 권리 개념은 시민으로서 정치적 권리 혹은 자기지배(self-governance)의 의미에 기초한다. 자신들의 삶을 책임지며 통제할 수 있는 천부적 권리로서 의미를 지니기도 한다(신유리 외, 2017: 46).

자기결정권은 다르게 표현하면 자기결정에 대한 권리(a right to self-determination)이다. 따라서 자기결정권은 표현상 두 가지 요소로 구성되어 있다. 하나는 '자기결정'이며, 또 하나는 '권리'이다. 김현철(2015)은 자기결정과 자기결정권을 같은 의미로 이해해서는 안 된다고 보았다. 자기결정권은 자기결정에 대한 권리를 의미하기 때문에 자기결정은 권리의 내용은 되겠지만 자기결정 그 자체가 바로 권리를 의미하지는 않는다는 것이다. 즉, '자기결정'은 자기결정권의 대상이고, 그 자체는 경험적, 심리적 차원의 것이지만, 자기결정권은 규범적 차원의 정당화 기능을 갖는 것으로 본 것이다.[1] 그리고 권리란 '정당한 이성'에 합치하며, '정당하게 보유하거나 행하는 권능'으로 이해하고 있다. 이러한 논리에 따르면, 자기결정권이란 '자기가 자신에 대한 사안을 결정'하는 '정당하게 보유하거나 행하는 권능'(김채윤, 2017: 50)으로 정리할 수 있다.

이러한 자기결정권은 인간 존엄성에서 비롯되는 것이다. 자기결정권은 자율성을 기초로 한다. '자율성'이란 "자기 스스로의 원칙에 따라 어떤 일을 하거나 자기 스스로 자신을 통제하여 절제하는 성질이나 특성"을 말한다(윤덕경, 2012: 6). 철학자 존 스튜어트 밀(J. S. Mill)은 "사람은 누구든지 자신의 삶을 자기방식대로 살아가는 것이 바람직하다. 그 방식이 최선이어서가 아니라 자기방식대로 사는 길이기 때문에 바람직한 것이다."라고 말했다(존 스튜어트 밀 지음, 서병훈 옮김, 2014: 129). 이런 의미에서 자기결정권은 '스스로 설계한 삶을 옳다고 믿는 방식으로 살아가려는 의지이며, 권리'라고도 할 수 있다.

---

1) 오혜경(2006)도 자기결정과 권리가 부여된 자기결정권은 차이가 있다고 보고 있다. 개념구조로 보면, 자기결정이 개인적 속성을 갖는 의미가 강하다면, 자기결정권은 사회와의 관계 속에서 의미가 더 강조되는 경향을 보이기 때문에 자기결정권은 개인적 속성의 의미와 사회와의 관계 속에서의 의미를 모두 포함해야 할 필요가 있다는 것이다.

3. 헌법상 자기결정권의 근거

우리 헌법에는 자기결정권에 관한 명문 규정이 없다. 헌법재판소는 자기결정권의 근거로 헌법 제10조[2]가 보장하고 있는 인간의 존엄과 행복추구권에 전제된 개인의 자기운명결정권을 들고 있다.[3] 즉, 인간 존엄의 핵심은 개인이 존엄한 존재로서 자신의 사적 사항을 스스로 결정할 수 있어야 한다는 점이고, 이러한 자기결정권은 곧 행복추구권과 직결된다는 것이다.[4] 그러므로 헌법재판소는 "헌법 제10조가 정하고 있는 행복추구권에서 파생되는 자기결정권 내지 일반적 행동자유권은 이성적이고 책임감 있는 사람의 자기 운명에 대한 결정 · 선택을 존중하되, 그에 대한 책임은 스스로 부담함을 전제로 한다."라고 하고 있다(조성혜, 2016: 131). 헌법재판소는 자기결정권을 헌법에 열거되지 않은 기본권으로서 포괄적 기본권이며, 또한 보충적 기본권으로 해석하고 있다.

이처럼 자기결정권은 헌법에 열거되지 아니하는 권리로서 헌법 제10조, 특히 행복추구권에서 도출되는 것으로 볼 수 있다. 이로써 자기결정이라는 인간의 행태는 헌법상의 권리, 즉 기본권으로서 주장될 수 있는 것이며,

---

2) 모든 국민은 인간으로서의 존엄과 가치를 가지며, 행복을 추구할 권리를 가진다. 국가는 개인이 가지는 불가침의 기본적 인권을 확인하고 이를 보장할 의무를 진다.

3) 헌법재판소는 개인의 인격권, 행복추구권에는 개인의 자기운명결정권이 전제되는 것이고, 이 자기운명결정권에는 성행위 여부 및 그 상대방을 결정할 수 있는 성적자기결정권이 포함되는 것이므로, 인격권과 행복추구권을 규정한 헌법 제10조가 자기결정권의 근거가 된다고 하였다. 이러한 일반적 인격권에는 여러 가지 "자기결정권"이 포함된다고 볼 수 있는데, 헌법재판소는 자기운명결정권과 성적자기결정권, 개인정보자기결정권을 포함시키고 있다(헌재 1990. 9. 10. 89헌마82; 민병로, 2012: 151-153).

4) 헌법상 자기결정권에 관한 연구는 김강운, 「헌법상 자기결정권의 의의」, 『법학연구』 20, 2005를 참조할 것.

자기결정권은 개인의 존엄성의 징표가 되고, 개인이 행복을 추구하는 유력한 수단으로서 기능한다. 다시 말해서, 헌법 제10조는 자기결정권의 헌법적 근거가 되며, 이에 따라 개인은 법질서 내에서 자신의 생활을 자유롭게 결정할 수 있는 권리를 갖는 주체가 되는 것이다(이얼, 2013: 32-33).

4. 자기결정권의 3가지 차원

자기결정권은 크게 세 가지 요소가 유기적으로 결합되어 있다. 이것은 자기결정권의 판단기준이 되기도 한다(김현철, 2015; 이얼, 2013; 이승민 · 이준영, 2020). 첫째는 '누가 결정할 것인가' 하는 자기결정의 주체이고, 둘째는 '무엇을 결정할 수 있는가'라는 자기결정의 대상이며, 셋째는 '자기결정권을 어떻게 행사할 것인가'라는 자기결정의 행사 방법이다.

자기결정권은 이 세 가지 요소에 따라 실질적이고 구체적인 형태를 갖추게 된다. 따라서 자기결정권을 세 가지 요소로써 구체화해야만 각각의 자기결정권이 '누가 무엇을 어떻게 결정할 권리'인지를 명확히 할 수 있다.

1) 자기결정권의 주체

먼저, 자기결정권의 주체에 대해 살펴보자. 자기결정권의 주체는 물론 자기(self)이다. 이 권리의 주체로서 '자기'는 인간이며, 특히 근대 이후 권리의 주된 주체가 되는 것은 개인으로서의 인간이다. 인간이 권리의 주체가 될 수 있는 것은 근대 자연법의 논리에 따르면, 인간이 가지고 있는 특수한 속성 때문이다. 인간이 가지고 있는 특수한 속성은 이성(logos)이며, 그것 때문에 인간은 다른 생물체와 구별된다. 자기결정권의 내용이자 주체가 되는 인간은 그 이성적 능력 덕분에 자기에 관한 사안(내용)을 자기 스스로(주체) 결정할 수 있는 자기결정권을 가진다는 것이다. 즉, 인간은 자연권으로서 자기결정권을 가지게 된다(김현철, 2015: 365).

2) 자기결정권의 행사

자기결정권을 행사한다는 의미는 '자기가 자기의 사안에 대해 자기결정권을 사용할 수 있는가?'이다. 자기결정권의 행사는 두 가지 측면에서 고려되어야 한다(김현철, 2015: 366-367; 이승민 · 이준영, 2020: 146).

첫째는 자기결정권을 행사할 수 있는 주체는 자기결정권의 보유와 다르게 이성적 능력을 갖춘 성숙한 인간이어야 한다는 점이다. 자기결정권의 보유와 그것의 행사는 다른 차원이다. 예를 들어, 지능이 3세 수준의 성인 지적장애인에게 "당신은 자기결정권을 가지고 있으므로 먹고 싶은 것에 대해 건강의 위협을 고려하지 않고 알아서 결정하라."라고 한다면 올바른 결정이라고 할 수 있을까? 이 물음에 대해 대부분 사람들은 부정적으로 대답할 것이다. 그렇다면 많은 사람이 부정적으로 대답했다고 해서 성인 지적장애인이 자기결정권을 가지고 있지 않다고 한다면, 이것은 올바른 판단이라 할 수 있을까? 이 간단한 사례에서 알 수 있는 것은 자기결정권을 가지고 있다는 것과 그 자기결정권을 적절히 행사하는 것은 다른 문제라는 점이다. 자기결정권을 적절하게 사용하기 위해서는 이성적 능력이 충분히 성숙해야 하는데, 이성적 능력은 자연적으로 부여되는 것이 아니다. 따라서 자기결정권을 사용하기 위해서는 일정한 이성적 능력이 갖추어져야 한다.

둘째는 다른 사람의 자기결정권을 침해하지 않아야 한다는 것이다. 누군가의 자기결정권이 실현됨으로써 다른 사람의 자기결정권이 좌절된다면 자기결정권의 사용이 적절하다고 할 수 없다. 예를 들어, 우리는 지하철에서 크게 전화 통화하는 사람들을 가끔 목격한다. 이를 자기결정권의 관점에서 바라보면, 전화하는 사람으로서는 크게 소리 낸다고 해서 문제 될 게 없다고 판단할 수도 있다. 그는 자기에 관한 사안에 대해 결정할 권리를 가지고 있으며, 이는 자연권이기 때문이다. 그런데 그렇게 전화 통화하는 사람 옆에 고개를 숙이고 잠에 취해 있는 사람이 있다고 하자. 이 사람 역시 지하철에서 잠을 잘 수 있는 자기결정권을 가지고 있는 사람이다. 이렇게 두 사람의 자기결정권을 동시에 바라보면, 자기결정권의 행사라는 측면에서 딜레마 상황이 발생하게 된다. 큰소리로 전화 통화를 하는 자기결정권의 행사가 충족되면, 잠을 자고자 하는 자기결정권 행사는 좌절되고 마는 것이다. 이처럼 자기결정권 행사는 자기결정권의 보유와는 다르게 다른 사람의 자기결정권 행사와 양립할 수 있어야 한다.

이렇게 자기결정권의 행사와 관련해서는 최소한 두 가지 근본적인 쟁점이 존재한다. 하나는 자기가 자기의 사안을 결정하는 데 이성적 능력을 갖추고 있는가에 관한 것이고, 다른 하나는 자기결정권 행사가 다른 사람의 자기결정권을 침해하지 않는가에 관한 것이다.

3) 자기결정권의 승인

자기결정권의 승인은 공동체 속에서의 권리에 대한 인정이다. 자기결정권의 주체인 인간이 공동체 속에서 살아가고 있고, 자기결정권 역시 공동체 속에서 실현되는 시민권이기 때문에 공동체적 책무에 대한 이해가 필요하다. 자기결정권에 대한 시민공동체 차원의 승인은 개개 자기결정권에 대한 시민공동체의 제한을 전제로 하는데, 그 제한 때문에 자기결정권의 본질이 훼손되어서는 안 된다.

따라서 시민공동체의 승인은 '공동체' 차원에서만 이루어져서는 안 되고, 다시 개인적 차원의 도덕적 숙고와 성찰에 기반해야 한다. 그리고 개인적 차원의 자기결정권의 승인은 자기결정권의 행사가 오로지 '자기'에만 근거한 '이기주의'가 아니라 항상 '타인'을 고려하는 성찰적인 책임에 근거하여야 한다는 규범적 요구와 만나게 된다. 이것이 자기결정권 행사가 가지는 본질적인 한계이기도 하다. 즉, 자기결정권의 승인은 시민공동체 차원과 개인적 차원 모두에서 이루어져야 한다. 이런 자기결정권의 승인은 '자기의 자기결정권'에 대한 승인이 아니라 '타인의 자기결정권'에 대한 승인이 되고, 이런 승인을 통해 자기의 자기결정권과 타인의 자기결정권은 서로 양립할 수 있는 것이다(김현철, 2015: 368-369).

5. 장애인의 자기결정권

1) 사회복지실천에서 클라이언트의 자기결정권

클라이언트의 자기결정 원리

사회복지 분야에서 자기결정권은 클라이언트의 자기결정 원칙과 관련하여 중요한 개념이다. 클라이언트의 자기결정이란 자신과 관련된 문제에 대해 외부의 압력에 구애받지 않고, 주어지는 다양한 선택 가운데서 스스로 결정하는 것을 의미한다(김기덕 외, 2012: 197). 클라이언트의 자기결정 가치는 인간이 갖는 천부적 존엄성에 대한 신념에서 나온다. 인간이 천부적 존엄성을 가지고 있다면, 자신의 삶에 영향을 미치는 결정에 스스로 참여할 수 있어야 하며, 클라이언트의 결정도 이러한 맥락에서 이루어진다(김상균 외, 2002: 123).

사회복지실천에서 클라이언트는 자기결정에 대한 욕구와 권리를 갖고 있다고 전제한다. 비에스텍(Biestek, 1979: 103)은 클라이언트의 자기결정이란 "사회복지실천의 전 과정에 걸쳐서 클라이언트가 모든 의사결정과정에 참여하여 스스로 선택하고 결정하고자 하는 권리와 욕구에 대한 실천적 인식"이라고 했다. 클라이언트는 비록 스스로 문제해결에 어려움을 느껴 사회복지사에게 도움을 요청하지만, 그렇다고 해서 그의 기본적 권리마저 양도할 생각은 없는 것이다. 따라서 사회복지사는 클라이언트의 자기결정의 권리를 존중해야 하며, 클라이언트가 최적의 조건에서 가장 좋은 결정을 내릴 수 있도록 도움을 주어야 한다.

사회복지사의 역할은 클라이언트가 자신의 문제나 욕구를 정확하게 알도록 돕고, 클라이언트가 성장할 수 있고, 자신의 문제를 해결할 수 있는 관계의 분위기를 만들어 주는 것이다. 또한, 클라이언트 자신의 내면에 숨어 있는 자원을 활용하도록 자극을 주고, 클라이언트로 하여금 지역사회 내에서 적절한 자원을 알게 하는 것이다.

클라이언트의 자기결정 원칙을 적용할 때 유의해야 할 사항이 있다. 첫째, 사회복지사가 문제해결을 위한 주된 책임을 지고, 클라이언트는 종속적인 역할만 하게 하는 것은 피한다. 둘째, 클라이언트의 사회적, 정서적 생활에 지나치게 관여하지 않는다. 셋째, 클라이언트를 직접·간접적으로 조종하지 않는다. 넷째, 클라이언트에게 모든 것을 맡기는 것이 아니라 문제를 해결할 수 있는 다양한 방법을 제시하고, 함께 대안을 모색하며 클라이언트가 선택할 수 있도록 돕는다.

클라이언트의 자기결정권은 자신의 적극적 결정을 내릴 수 있는 능력과 법적 · 도덕적 측면, 또는 사회기관의 규정과 규칙에 따라 제한을 받는 한계가 있다.

자기결정의 딜레마

최근 자기결정 원칙을 사회복지실천에서 적용하는 데 다양한 딜레마가 발생하고 있다. 클라이언트의 자기결정 보장과 자기결정 제한이라는 상반된 가치에 대한 것과 '자기결정권'이라는 강력한 '권리'의 등장은 이러한 갈등을 더 가중시키고 있다. 사회복지사의 입장에서는 클라이언트의 자기결정권을 보장해 주기 위해 노력을 해야 하지만, 아무리 사회복지사가 열심히 클라이언트의 자기결정권을 지켜주려 해도 클라이언트의 자기결정이라는 것 자체가 사실상 거의 불가능하다. 클라이언트의 상황이 자기결정을 어렵게 하는 경우가 있으므로 사회복지사가 100% 자기결정을 지켜준다는 것은 현실적으로 어렵다. 클라이언트의 이익을 위해 클라이언트의 자기결정권을 제한하는 결과를 가져올 수 있다. 예를 들면, 클라이언트가 너무 어려서 스스로 결정할 능력이 없거나 자신에게 해를 끼칠 것으로 예상되는 상황이나 생명에 위험을 초래하는 결정 등에서 제한을 받게 된다. 예컨대, 클라이언트의 자학하는 행동을 제한하거나 원하지 않는 치료나 서비스를 받도록 하는 것 등이다. 이처럼 클라이언트의 자기결정이 지켜지기 어려우므로 더욱 노력해야 한다는 점이 강조된다(양옥경, 2017: 31-38).

한편, 자기결정의 원리는 클라이언트의 책임성을 전제로 한다. 클라이언트의 결정이 자신이나 타인에게 위해를 가할 위험이 있을 수도 있다. 이런 경우 클라이언트의 자기결정이 제한될 수 있다. 사회복지사는 클라이언트의 자기결정과 전체 사회에 대한 책임을 연결하여 균형을 유지해야 한다.

2) 장애인의 자기결정권

자기결정권은 장애인의 자립생활과 자기권리옹호운동의 철학적 기반이기도 하다. 자기결정은 삶을 존중받기 위한 인간의 기본적 욕구, 자립에 대한 적극적인 표현이며, 삶의 질을 구성하는 여러 요인 중 가장 핵심적인 요소이며, 인권을 대변하는 가치이다(최문경 외, 2017: 6).

장애인의 자기결정권은 노멀라이제이션 운동에 의해 처음 제기되었다. 울펜스버거와 뉴리에는 자기결정권을 장애인의 천부적인 권리와 개인적인 자기결정권을 표현할 기회를 갖는 의무로 표현했다.

울펜스버거(2002)는 장애인의 임파워먼트 접근과 SRV 이론을 비교하면서 자율성과 역량 강화, 자기결정권을 권력의 개념으로 해석하였다. 울펜스버거의 공헌으로 오늘날 장애학 분야는 자기결정권 개념을 장애옹호, 임파워먼트(empowerment)나 파워(power) 개념으로 이해하고 있다. 울펜스버거가 주장하는 자기결정권의 개념은 능력으로서의 파워 개념에서 더 나아가 권리의 의미를 포함한다. 울펜스버거의 자기결정권은 권리를 기반으로 한 파워 개념이다(신유리 외, 2017: 47).

한편, 뉴리에는 '자기결정의 권리'와 '통합'에 대해서 특히 관심을 기울였다. 1972년 「자기결정의 권리」라는 논문[5]에서 장애인에 의한 자기주장의 중요성을 강조하여 다음과 같이 논하고 있다.

> 장애인에 의한 자기주장 실현의 길을 만들어 낼 수 있다면, 이것은 노멀라이제이션 원리에 부합하는 것으로서 지금까지 무시되어 온 측면을 실현하게 될 것

5) 이 논문은 울펜스버거의 『The Principle of Normalization in Human Service』의 제13장에 게재되어 있다. ヴォルフェンスベルガー, W. 著, 中園康夫 · 青水降則訳, 『ノーマリゼーションー社会福祉サービスの本質』, 学苑社, 1982.

이다. 지적장애인은 자기 자신을 위해서 주장하지 못하는, 장애 중에서도 가장 큰 장애가 있는 사람들이다. 이들이 자기주장을 하기 시작하면 어떻게 될 것인가? 전문가, 지적장애인, 또한 이들의 부모뿐만 아니라 사회의 다른 그룹에 큰 영향을 미칠 것이다. 또한, 이것은 말 없는 자들의 주장을 지지하게 되고, 가치가 박탈된 사람들이나 장애가 있는 사람들의 주장을 뒷받침하게 될 것이다(나카조노 야스오, 2004: 64).

'자기결정'은 '자기주장'과 밀접한 관계를 가지고 있기 때문에 뉴리에는 자기결정의 능력을 향상시키는 주요한 방법으로서 '다양한 사회훈련'을 강조한다. 뉴리에는 자기결정 능력을 향상시키는 사회훈련에 대해서 다음과 같은 여러 가지 의견이 있다고 논하고 있다.

치료적인 의미는 있지만, 그들이 현실의 상황이나 장애에서 나타나는 한계에 적응할 수 있는 기본적인 활동이 되지 못하고 있다. 사회훈련은 교육적 · 행동 변화적 · 치료적인 수단 이상의 것이 되어야 한다. 또는, 지적장애인들의 주장도 흥미 있게 경청할 가치가 있다 등은 이들이 지적장애인일 수밖에 없다는 것을 재확인시키는 것에 그치지 않는다(나카조노 야스오, 2004: 65).

하지만 뉴리에는 다음과 같이 주장한다.

지적장애인이 자기결정의 문제를 해결할 수 있으면, 우리는 그들 이외에 가치가 박탈된 사람들이나 많은 신체장애인에게 사회에서 인정받는 자기결정을 보장하는 의미 있는 신천지를 개척할 수 있을 것이다. 이것은 지적장애인이 사회에서 일탈되어 있는 사람 중에서도 가장 자기주장을 할 수 없고, 가치가 박탈됐다고 보기 때문이다. 따라서 지적장애인 이외 장애인의 생활조건도 정상화될 것이며, 삶의 질을 향상시킬 수 있게 된다. 지적장애인의 자기결정의 권리가 존중되지 않는다면, 다른 많은 사람에 대해서도 이 권리는 존중되지 않을 것이다(나카조노 야스오, 2004: 65).

뉴리에의 노멀라이제이션의 원칙으로 등장한 자기결정권은 1990년대 초반 발달장애인의 자기결정권의 개념을 재정립하는 데 기초가 되었다(신유리 외, 2017). 발달장애인에게 자기결정은 모든 일을 스스로 해야 한다는 것을 의미하는 것이 아니라, 발달장애인의 욕구를 충분히 고려하여 결정된 의견을 부모나 주변 사람이 전달하고 발달장애인이 이에 동의하는 것으로도 실현될 수 있으며, 자기결정에 필요한 서비스나 정보를 제공받을 권리까지 포함하는 것이다(이경준, 2005; 이복실, 2016). 발달장애인의 자기결정이 중요한 이유는 첫째, 자기결정 행동기술의 발달은 자신을 제대로 대변하고 기본적인 인권을 보호할 수 있으며, 둘째, 자기결정 향상은 사회통합과 참여를 촉진시키는 중요한 수단이 된다. 셋째, 자기결정과정에서 자기존중을 습득하고 임파워먼트를 충족시킬 수 있으며, 넷째, 자기결정 기술의 촉진은 성인기에 달성해야 할 주요한 과제인 자립을 실현시킬 수 있다(Wehmeyer, Agran & Hughes, 2000; 장영희 · 염동문, 2019: 96에서 재인용).

따라서 발달장애인에게 자기결정권은 능력의 문제가 아닌 권리의 문제로 접근해야 한다. 발달장애인의 자기결정권은 모든 사람은 장애 유형과 정도에 관계없이 자신의 삶을 주도하고 결정할 권리가 있으며, 장애인의 자립은 당사자의 삶에 대한 자기결정에 기반을 두어야 한다는 자립생활의 기본 개념과 연결된다(김미옥 · 정민아, 2017).

자립생활모델에 기초한 장애인 자기결정권의 원칙

최윤영(2005: 127-129)은 자립생활모델[6]에 기초한 장애인 당사자의 자기결정권에 대한 원칙을 다섯 가지로 제시하고 있다.

첫째, 장애인 당사자 원칙이다. 서비스를 제공하는 사회복지전문가가 아닌, 서비스를 제공받는 소비자인 장애인 당사자가 실제로 자신의 이익을 가장 잘 판단하고 대변할 수 있다는 것이다. 장애인 당사자가 자신의 욕구와 이해에 맞추어서 서비스가 어떻게 구성되고 전달되는지를 결정하는 것이다. 결국, 장애인 스스로가 자신의 자립생활을 위해서 주체적으로 선택하고 결정하는 권한을 확보하는 것을 의미한다.

둘째, 선택 가능성의 원칙이다. 실질적인 중증장애인의 자기결정권이 보장받기 위해서는 선택할 수 있는 다양한 대안과 가능성이 주어져야 한다. 선택에 대한 자유가 주어지지 않고, 단지 하나의 방법과 가능성을 부여한다면 진정한 의미에서 자기결정을 행사했다고 볼 수 없을 것이다. 이러한 선택 가능성은 장애인이 일상생활에서(주거, 직업, 여가 등) 보장되어야 할 가장 중요한 원칙으로서 자기결정권의 근본을 이룬다.

셋째, 사회통합의 원칙이다. 자기결정권은 민주사회에서 장애인 비장애인 모두에게 부여되는 당연한 권리이다. 개인의 자기결정권은 한 사회에서 행해지는 자율과 사회통합 간의 양쪽 사이에서 긴장관계를 가지고 있다. 즉, 개인의 자율을 지나치게 강조하게 되면 전체적인 사회구성원의 사회통합에서는 갈등관계를 형성할 수도 있다.

넷째, 정의의 원칙이다. 한 개인의 소득수준이나 사회적인 지위에 기초하여 서비스가 제공되는 것이 아니라 누구에게나 공평한 부담과 개인 필요와 욕구에 기반을 둔 서비스를 제공해야 한다. 정의 원칙에 의한 장애인 당사자의 개별 권리를 부여받기 위해서는 차별, 배제, 타인의 간섭으로부터 자유로워야 한다.

다섯째, 상호교환의 원칙이다. 상호교환 측면에서 한 개인은 자신에 대

6) 자립생활모델에 관해서는 다음 장에서 자세하게 논의하기로 한다.

하여 긍정적으로 호감을 표현하는 상대자를 파트너로 인정할 수 있다. 서로에 대한 개인 상호 간의 관심이나 호감 없이 서로 적대적인 관계가 형성될 때는 상호 간의 관계 형성 단절을 일으킬 수 있다. 이러한 상호교환의 원칙은 한 사회의 의사소통 전제조건이기도 하다.

자기결정의 어려움

원조가 필요한 장애인이 자기결정에 따라서 생활을 영위하기 위해서는 먼저, 결정할 것과 그 결정을 원조하는 사람에게 적절히 전달해 그 사람이 행하도록 하는 것, 그리고 원조자와의 관계를 잘 유지하는 것이 필요하다.

우선, 중증 지적장애가 있는 사람이 다양한 선택사항이나 선택에 따라 일어나는 여러 가지 사건을 판단하기는 쉽지 않다. 또 지금까지 사회로부터 격리되어 생활해 온 사람은 사회 경험이 적거나 스스로 결정하는 것에 익숙하지 않기 때문에 역시 혼자 힘으로 결정하기가 어려울 때가 있다.

또한, 결정할 수 있다고 해도 결정한 것을 실행하기 위해 원조자에게 적절하게 전달하는 것, 원조자가 그대로 하는 것이 필요하다. 자신이 원하는 대로 일을 진행하려면 적절하게 자신의 의사를 전달하는 것이 필요한데, 모든 것을 말로 설명하는 것은 어렵고 한계도 있다. 장애로 인해 의사소통에 어려움이 있는 경우에는 더욱 그렇다. 다른 사람인 원조자가 본인이 원하는 대로 무엇인가를 하는 것은 매우 어려운 일이다. 게다가 원조하는 측과 원조를 받는 측의 관계는 종종 대립이나 긴장을 낳는다. 예를 들면, 장애인 본인과 그 원조자가 다른 판단을 내릴 경우, 물리적으로 강한 입장인 원조자가 장애인 본인이 결정한 것을 무시하고, 원조자의 의도에 따라 일을 진행해 버리는 일이 쉽게 일어난다. 만일 원조자가 장애인의 결정에 따른다고 해도 원조자가 그 결정이 합리적이지 않고, 위험하거나 부적절하다고 느낄 때 원조자는 딜레마를 경험한다. 이러한 대립이 일어났을 때도 잘 처리해 나가는 힘이 필요하다(岡原正幸, 1995: 165-226).

자기결정을 지탱하는 시도

현재의 사회는 '사물을 합리적으로 판단할 수 있는 개인'을 상정해 이루어져 있다. 그러나 조금 생각해 보면 깨달을 수 있지만, 비장애인도 무엇인가를 결정하는 데 주위의 사람에게 정보나 조언을 구한다. 장애인도 마찬가지로 자기결정은 그 사람이 단독으로 실시하는 것이라고 할 수 없고, 장애를 보충하기 위한 지원을 받아서 자기결정을 하기 위한 힘을 얻음으로써 자기결정이 가능해진다. 자립생활센터에서 자주 시행되고 있는 자립생활 프로그램과 같이 자기결정과정을 지원하는 것은 중요하다. 중증장애를 지녀 의사를 표현하는 것조차 곤란한 경우 원조자 측도 쾌·불쾌의 표정을 읽는 것을 포함해 본인의 의도를 최대한 끌어내는 원조의 방법을 모색하는 것이 필요하다(小沢温編, 2016: 21).

한편, 자기결정권의 행사가 불가능하거나 자기결정 능력이 미약한 사람들이 존재한다고 해서 장애가 있는 개인 또는 일정 나이에 도달하지 못한 개인에게 자기결정권의 주체성을 부정할 수는 없다. 다만, 그렇지 않은 성인에 비하여 자기결정권의 행사가 오히려 자신에게 불이익을 가져올 위험이 크기 때문에, 이러한 개인들에게는 자기결정권을 행사할 수 있도록 보조하거나 본인을 위하여 자기결정권을 대변할 수 있는 제3자를 지정하는 등의 특별한 조치가 필요하다. 이는 국가가 후견주의적 입장에서 법익주체를 보호하기 위한 것이다(이얼, 2013: 47).

제6장
자립생활

1. 자립생활이란 무엇인가
2. 자립생활운동의 원류와 법적 배경
3. 자립생활운동의 지지기반
4. 다른 사회운동과의 관계
5. 자립생활운동의 의의
6. 한국의 자립생활운동과 자립생활센터

제6장 자립생활

1. 자립생활이란 무엇인가

1) 자립생활의 개념

자립생활(Independent Living: IL)[1]은 일반적으로 "남의 힘을 빌리지 않고 자신의 힘으로 스스로 생계를 유지하면 살아가는 것"이라고 이해되는 경우가 많다. 그러나 자립생활에 대한 이러한 인식을 장애인에게 적용하는 것은 크나큰 오류이다. 장애란 기본적으로 자신의 의지와는 상관없이 예측 불가능한 상황에서 발생하는 것이며, 타인의 도움 없이는 극복하기 어려운 경우가 대부분이다. 더군다나 중증장애인에게 자신의 힘으로 생계를 유지한다는 것은 몹시 어려운 일이기 때문에 위의 자립생활에 대한 이해의 적용은 합당치 않다.

영국의 장애운동가 브리젠덴(Brisenden, 1989)은 "자립생활이란 장애인의 신체적 · 인지적 능력과 연관된 것이 아니며, 아무런 지원 없이 스스로를

---

1) 우리나라에서는 Independent Living을 당사자의 자기결정권을 강조하는 측면에서 독립생활이라고 할 것인가(성숙진, 2001), 아니면 지역사회에서의 상호교류를 강조하는 측면에서 자립생활이라고 부를 것인가(오혜경, 1998) 하는 논의가 있었다. 현재도 양분되어 사용되고 있지만, 자립생활이라는 용어가 좀 더 보편적으로 사용되고 있는 듯하다.

보호하고 관리한다는 의미가 아니라 장애인 스스로 필요한 원조와 지원을 다양한 지원체계를 통하여 제공받음으로써 가능해지는 것”(손광훈, 2004: 93에서 재인용)이라고 말한다.

한편, 드종(DeJong, 1978)은 장애인이 타인으로부터의 의존에서 벗어나 얼마만큼 타인의 도움에서 벗어나는가가 중요한 것이 아니라 당사자 자신이 문제의 중심에 서 있는가 그렇지 않은가가 중요한 요소로 작용한다고 지적한다. 즉, 문제의 중심이 당사자이고, 그 해결을 위한 선택권도 장애인 당사자에게 있으므로 자율과 선택의 권리를 가지고 일상생활에서 다른 사람, 특히 전문가의 판단이나 선택으로부터 자유로워지며 자기결정을 할 수 있게 된다는 것으로 해석된다.

찰톤(Charlton, 1998: 124)은 “자립이란 자신의 의사결정과 일상생활에서 타인에 대한 의존을 최소화할 수 없는 수용 가능한 옵션을 선택해 가면서 사신의 삶을 지배(control)하는 것”이라고 하였다. 즉, 자립생활은 장애인을 서비스와 관련된 의사결정과정에 적극적이고 책임감 있는 참여자로서 규정하여 자신의 삶에 대한 통제력을 발휘하는 것이다. 여기에서 참여라는 것은 단편적이고 일시적이지 않은 완전하고 지속적인 참여를 의미한다.

윤재영(2010: 22-26) 역시 자립생활의 핵심을 ‘지배(control)’라고 하였다. 자립이라는 것은 타인의 지배를 얼마나 받고 있느냐와 연관된다고 보았다. 나 스스로 나 자신을, 내가 맺는 관계를, 내 주위의 환경을 지배하는 것이 자립이며 자립생활이라고 주장하였다. 즉, 자립생활을 위해서는 자기(자기결정권, 권한 부여), 공동체(관계, 생산성), 사회환경(접근성, 지원제도)에 관련된 것들에 대한 지배가 전제되어야 함을 강조했다.

조네스(Johnes, 1993)는 생활의 개념을 조정하는 책임이 누구에게 있는가에 초점을 두어 자립의 개념을 규정하였다. 즉, 장애인 자신의 건강관리, 식사 조절, 취침시간과 같은 모든 일상의 활동뿐만 아니라 보호자의 결정,

재정관리, 거주지 선정 등의 일까지 모두 스스로의 선택과 판단으로 의사결정을 하는 것을 의미한다고 하였다. 이것은 장애인이 의사결정에 있어 자립적 자아와 권리를 가진 자립 주체로서 의사결정에 주체적으로 참여하여 자신의 삶을 조정 가능하도록 만든다는 것이다(손광훈, 2004: 94에서 재인용).

결국, 자립생활이란 지금까지 장애인들이 '의존(dependence)'적인 생활에 익숙했던 삶에서 벗어나 자기결정권과 선택권을 행사하고, 주체적으로 참여할 수 있도록 환경을 지배(control)하며, 지역사회에서 완전히 통합되어 살아가는 것이라고 정의할 수 있다.

2) 자립생활의 기본 이념

자립생활은 〈표 6-1〉과 같이 네 가지 사상과 기본 개념으로 구성된다. 그 가운데 '선택'과 '자기관리'가 자립생활의 중심원리이다. 선택이란 장애인이 생활의 거점을 결정하고 생활계획을 세우며, 원조자를 선택하는 것이다. 자기관리란 장애인이 원조가 필요한 시간, 장소, 원조방법을 결정하는 것이다.

〈표 6-1〉 자립생활의 사상과 기본 개념

자립생활의 사상	기본 개념
① '시설수용'이 아닌 '지역'에서 생활해야 한다. ② 치료를 받아야 할 환자도 아니고 보호받아야 할 어린이도, 숭배받아야 할 신도 아니다. ③ 원조를 관리해야 할 입장에 있다. ④ '장애' 그 자체보다도 사회적 '편견'의 희생자이다.	① 선택할 권리 ② 서비스를 받을 권리 ③ 자기결정권(self-determination)

출처: 八代英太·富安芳和(1999); 竹原健二編(2004), p.5.

자립생활 실현을 위한 자립생활운동(independent living movement)은 장애인의 문제를 장애인 당사자가 가장 잘 이해하고 있으므로, 장애인이 삶을 영위하는 데 있어 스스로의 '선택권'과 '자기결정권'을 신장하고, 서비스 제공에서는 장애인의 '주도적인 참여'가 보장되어야 한다는 이념에 기초하고 있다. 또한, 장애인의 문제는 장애인이 가지고 있는 신체적 문제보다는 그러한 요소를 문제화시키는 사회적 환경에서 비롯되므로 자립생활은 물리적, 심리적 환경의 개선에 관심을 가진 강력한 권익옹호의 지향성을 담고 있다(Dejong, 1979; 김미옥 외, 2004: 22; 유동철, 2013: 27-28). 여기서 자립이란 자신의 생활 전반을 조정하고 관리하는 것이며, 자신의 모든 과업을 수행하는 것을 의미하는 것은 아니다. 자립이란 장애인들의 신체적 또는 지능적인 능력에 연관된 것이 아니고, 아무런 지원 없이 이룰 수 있는 것도 아니다. 장애인들이 스스로 필요한 원조와 지원을 다양한 지원체계를 통해 제공받음으로써 장애인의 자립생활이 이루어지게 되고, 이로 인해 자립할 수 있게 된다(Brisenden, 1989; 김미옥 외, 2004: 22). 결국, 자립생활은 장애인이 자신의 선택과 결정 그리고 주도적인 역할을 바탕으로 지역사회에서 통합되어 살아가는 것을 목표로 한다.

따라서 자립생활운동의 기본 이념은 중증장애인이 재활을 받지 않더라도 포괄적인 지원시스템에 의해 자립생활을 실현하고, 자기의 인생 설계에 기초해서 행복을 추구하는 데 있다고 할 수 있다. 이 때문에 자립생활 이념은 중증장애인의 권리를 확대하고, 인간의 존엄성을 보장받는 생활을 추구하는 것이다.

3) 자립생활을 위한 장애인복지 패러다임의 전환

이와 같은 자립생활운동은 장애인복지의 새로운 조류를 만들어냈다. 장애인의 자립생활을 위한 장애인복지 패러다임(paradigm)[2)]의 전환이 이루어진 것이다. 이른바 재활 패러다임에서 자립생활 패러다임으로의 전환이다(〈표 6-2〉). 자립생활 패러다임은 지금까지 장애인복지정책 및 실천 그리고 연구에 있어서 지배적이었던 재활 패러다임과는 대조적이다. 패러다임으로서의 자립생활은 장애인 문제에 새로운 정의를 내리고 새로운 개입을

〈표 6-2〉 재활 패러다임과 자립생활 패러다임의 비교

항목	재활 패러다임	자립생활 패러다임
문제의 정의	신체적 손상, 직업기술의 결여, 심리학적 부적응, 동기 · 협조의 결여	전문가, 친족, 타인에 대한 의존, 불충분한 지원서비스, 건축물의 장애물, 경제적 장애물
문제의 소재	개인	환경, 재활의 과정
문제의 해결	의사, PT, OT, 직업재활 상담사 등에 의한 전문적 개입	동료상담, 옹호, 자조, 소비자주권, 장애물의 제거
사회적 역할	환자/클라이언트	소비자
관리주체	전문가	소비자
바람직한 결과	ADL의 향상, 유리한 고용, 심리학적 적응, 동기부여, 완전처우, 수입이 있는 직업	자기결정, 최소한의 환경적 제약, 사회적 경제적 생산성 향상

출처: Dejon(1979); Crewe and Irving(2001); 竹原健二編(2004), p.5에서 구성.

2) 패러다임(paradigm)이란 한 사회의 구성원이 공감하고 있는 기본 이념이나 신념에 연유하는 일련의 행위를 말하며, 사물을 보는 방법, 문제의 인식방법, 문제해결 방안, 문제해결 수단의 동원방법 등을 포괄하는 개념이다. 또한, 패러다임은 사회구성원에게 현상을 보는 관점 또는 시각을 제공하고, 그에 따른 문제해결 방법까지도 제공하는 역할을 한다. 한편, 패러다임 전환(paradigm shift)이란 어느 패러다임이 버려지고 다른 패러다임이 채용되는 것을 가리킨다. 패러다임 전환은 낡은 규범에 대체되어 새로운 규범이 나타날 때까지 일어나지 않는다(Kuhn, 1970).

도모하는데, 그것은 기존의 재활 패러다임에 의한 정의나 개입방법과는 현저하게 대조를 이루는 것이다(Dejong, 1979).

재활 패러다임에서는 장애인 개인의 신체적 손상이나 결함, 직업기술의 결여와 심리학적 부적응 등을 해결해야 할 문제라고 인식하고 있다. 문제는 모두 개인에게 있는 것이다. 변화가 필요한 쪽도 장애인 개인이다. 문제를 해결하기 위하여 의사, 물리치료사, 작업치료사, 직업재활 상담가 등의 전문적 개입이 불가피하다고 본다. 따라서 장애인의 사회적 역할은 치료나 교정을 받아야 할 환자나 재활이나 복지의 대상으로서의 클라이언트이다. 관리의 주체는 전문가이다. 그 결과, 개인의 의지, 치료, 훈련의 노력 여부에 따라 장애 극복이 가능하다고 본다.

이처럼 재활 패러다임에 따르면, 장애는 기능적 손상 및 제약이므로 의료재활과 직업재활을 통해 손상을 최소화하고, 능력을 향상시키는 것이 목적이다. 이 재활 패러다임에서는 본질적으로 장애인을 주체적이고, 온전한 사회구성원으로 인정하지 않는다.

한편, 자립생활 패러다임에서는 전문가들에 의해 주도되는 재활과정이 오히려 문제의 일부로 간주된다. 문제가 장애인 개인에게 있는 것이 아니라 재활과정이나 물리적인 환경과 사회통제 기제를 포함하는 환경에 있다는 것이다. 환경적 장애물에 대처하기 위해서 장애인은 환자나 클라이언트 역할을 벗어나 복지를 선택할 수 있는 소비자의 역할을 하게 되며, 따라서 소비자인 장애인 자신이 주체로서 자립적인 생활을 하는 것이 목표이다. 권리옹호, 동료상담, 자조, 자기관리, 소비자 주권회복, 사회적 장애의 제거가 문제해결을 위한 실천방안이 된다.

이처럼 자립생활 패러다임은 장애로 인해 파생되는 문제의 근원을 장애인 개인에 한정하는 것에서 탈피하여 장애를 초래하는 사회환경이나 사회환경과의 부적절한 상호작용으로 보고, 그 유형을 개선하는 데 초점을 두었다. 또한, 자립생활 패러다임에 의해 장애인은 장애의 측면보다 인간으로서의 측면이 중시되고, 생활자 · 소비자로서 자리매김하였다. 그리고 환경이나 재활의 변혁이 중시되어 동료상담과 같은 셀프케어나 당사자 그룹은 전문가와 다른 역할을 하는 것이 확인되었다. 오늘날 이것은 '당사자 주권'(中西正司 · 上野千鶴子, 2003)으로 불리고 있다.

2. 자립생활운동의 원류와 법적 배경

미국의 사회학자 드종(DeJong, 1979)은 자립생활운동이 언제, 어디에서 시작되었는지를 정확히 제시하는 것은 곤란하지만, 이 운동의 원류는 크게 두 가지, 즉 비장애인 중심의 사회 속에서 더욱 충실한 생활을 추구하려는 장애인들의 투쟁과 이를 입법화시키고 제도화시키려는 전문가의 노력에서 찾을 수 있다고 하였다.[3)]

고유의 원류

미국의 자립생활운동은 현재 우리나라를 비롯한 자립생활운동이 실행되는 거의 모든 나라에 영향을 미쳤다고 해고 과언이 아닐 것이다. 미국에서의 자립생활운동은 흑인의 공민권운동과 시민의 권리회복운동이 절정을 이루던 1960년대에 장애가 있는 대학생이 중심이 되어 시작된 것으로 알려져 있다.[4)] 특히, 에드워드 로버츠(Edward V. Roberts)가 대표적인 인물이

3) 자립생활운동의 역사에 관해서는 DeJong. G., Independent Living: From Social movement to analytic Paradigm, Archives of Physical Medicine and Rehabilitation, 60, 1979, pp.435-446의 내용을 토대로 기술하였음을 밝힌다.

다. 로버츠는 13세 때 걸린 소아마비로 사지마비 및 호흡기 장애가 있는 중증장애인이었다.[5] 고등학교시절 우수한 성적이었지만 체육과 운전시험을 통과하지 못하여 졸업할 수 없게 되자, 캘리포니아 교육위원회에 항의하여 겨우 졸업을 할 수 있었다. 그리고 1962년 캘리포니아 버클리대학에 진학하게 된다. 그러나 철제 호흡기를 장착한 휠체어가 들어갈 수 있는 기숙사 방을 구하지 못하게 되자 대학병원인 코웰(Cowell) 병원의 병실을 기숙사 대용으로 사용하였다. 그러나 로버츠에게는 생활환경 조건만이 문제가 되는 것은 아니었다. 강의실 위치, 복도, 문, 강의실 건물, 화장실 등 대부분의 환경이 문제가 되었다.

이 시기는 미국 내에서 일어나고 있던 멕시코계의 주민권리회복운동과 베트남전쟁의 반전운동, 대학생의 학원 민주화운동이 확대되던 시기였다. 이와 같은 시대적 상황과 맞물려 그는 신문과 TV 등을 통해 장애학생을 위한 지원을 요구하는 투쟁을 전개해 나간다. 그 결과, 캘리포니아 정부로부터 장애학생지원프로그램(Physically Disabled Student Program: PDSP)을 지원받게 되는데, 이 프로그램을 통해 장애인을 위한 수화통역, 점자 번역, 휠체어 임대 등의 서비스가 제공되었다. 로버츠는 중증장애인 학생으로서 대학을 졸업한 최초의 사례가 되었고, 이 프로그램으로 대학원까지 수학할 수 있었다.

한편, 로버츠와 같은 경로로 버클리대학의 학생이 된 장애인 중 12명이

---

4) 자립생활운동은 일리노이즈대학(Champaign-Urbana)에서 중증 신체장애 학생들의 지역사회 내 일상생활을 촉진하는 프로그램이 최초라고 볼 수 있다. 이 프로그램은 1962년 4명의 중증 신체장애인들이 학교에서 멀리 떨어진 생활시설(요양원)로부터 캠퍼스에 가까운 개조된 집으로 옮겨 학교와 지역사회에서 더욱 편리하게 생활할 수 있도록 돕는 프로그램이었다(정무성 외, 2006: 316).

5) 로버츠는 어린 시절 소아마비 후유증으로 인하여 하루 18시간을 철제 호흡보조기를 착용하여야 하였고, 팔과 다리를 움직일 수 없었다.

모여서 최초의 대학생 장애인조직(Rolling Quads라 부름)을 결성하였다. 로버츠를 대표로 하는 이 최초의 대학생 장애인조직은 학교 내 문제뿐만 아니라 학교와 인접한 버클리 시내 도로 턱을 없애는 운동을 벌여나갔고, 결국 최초로 도로 턱이 없는 시내 거리를 만들기도 하였다(정무성 외, 2006: 317).

1972년 로버트는 장애인 동료들과 함께 미국 최초의 자립생활센터(Center for Independent Living: CIL)를 버클리에 설립하게 된다. 버클리 자립생활센터는 설립되면서 다음의 네 가지 원칙과 서비스의 내용으로 운영되었다. 첫째는 자립생활센터의 운영위원회의 위원 중 51% 이상이 장애인으로 구성되어야 한다는 것이고, 둘째는 중대한 사안을 결정할 경우 최종 결정자는 장애인이어야 하며, 셋째, 자립생활센터의 직원 과반수가 장애인이어야 하고, 넷째, 유형과 관계없이 다양한 서비스를 제공해야 한다는 것이었다. 자립생활센터에서는 주로 동료상담서비스(peer counseling), 활동보조인서비스(attendant care service), 자립생활프로그램(IL program), 주택서비스(housing), 권리옹호 활동(advocate), 자조(self-help) 등의 광범위한 서비스가 제공되었다(손광훈, 2004: 95).

동부에는 1974년에 보스턴 자립생활센터(Boston Center for Independent Living: BCIL)가 설립되었다. 이 센터는 자립생활을 위한 거주장소와 활동보조서비스에 힘을 기울였다. 이후 휴스턴, 콜롬비아 등 미국 전역에 걸쳐 새로운 센터가 설립되었다. 각 센터는 권리옹호와 당사자 중심의 서비스를 조화시켜 각각 독자적인 서비스를 제공하였다. 이러한 다양한 자립생활센터들은 자립생활운동의 중요 목표실현을 위한 매개역할을 수행하였다.

자립생활센터와 더불어 미국장애인시민연합(American Coalition of Citizens with Disabilities: ACCD)도 연방정부의 장애인에 관계되는 입법 활동을 감시하는 역할을 하는 등 자립생활운동에 대한 조직적 협력을 추진해왔다. 미국장애인시민연합은 또한, 1973년 「재활법」 제504조를 실시하기 위한 규칙을 공포하도록 요구하는 전국적인 대규모 시위를 감행하였다.

그 결과, 1973년에 제정된 「재활법」이 1978년에 개정되어 자립생활을 위한 종합적인 서비스의 제공이 법제화되었다. 또한, 1981년에는 전미국자립생활협의회(NCIL)가 설립되었고, 1999년에는 '세계자립생활국제협의회'가 발족되어 자립생활운동의 국제연맹이 탄생하기에 이른다(DeJong, 1979).

1973년 재활법과 1978년 개정법

1973년 미국 연방정부의 고용과 지원 프로그램에서 근본적으로 장애인에 대한 차별을 금지하고 있는 「재활법」(National Rehabilitation Act, 1973)이 제정되었다. 법의 주요 내용은 다음과 같다.

- **501조**: 개별 장애인들에 대한 적절한 고용, 배치, 승진의 기회를 제공하는 데 있어 연방정부 기관들에 의한 적극적인 시정조치와 차별금지를 요구하고 있다.
- **502조**: 장애인들이 접근할 수 있는 공공건물과 공공 교통수단을 만드는 노력을 감독하기 위해 특별위원회를 설립하는 것을 명시하고 있다.
- **503조**: 연방정부 계약자들에게 적극적인 차별 시정조치와 차별금지를 요구하고 있다.
- **504조**: 행정기관이나 미국 우편 서비스에 의해 수행되는 프로그램이나 활동 또는 연방 지원을 받는 프로그램이나 활동에서 자격을 갖춘 미국 장애인들이 배제되거나 불이익을 당하거나 차별대우를 받지 않아야 한다고 명시하고 있다.

이 법에는 자립생활운동에서 몇 가지 중요한 진전된 사항이 포함되어 있었다. 첫째로 서비스의 제일 우선순위를 장애가 가장 무거운 사람들에게 두었다는 점이다. 둘째로 장애인에 대한 새로운 법적 권리의 확대를 규정하고 있다는 점이다. 501조와 503조는 연방정부와 계약하는 조직의 경우 장애인 고용의 긍정적 행동의 프로그램을 명하고 있다. 또한, 502조에 의해서 건축과 교통 장벽에 관한 대책위원회(Architectural and Transportation Barriers Compliance Board)가 설치되었다. 그리고 504조에 의해서 연방정부의 지원을 받는 모든 프로그램이나 활동에서 장애인에 대한 차별금지가 명시되었다.

1973년 「재활법」이 성립했을 때는 자립생활의 조항은 삭제되어 있었으나, 1978년 개정을 통해 자립생활서비스가 최종적으로 법적 권위를 가지게 된다. 이 개정 법률에서 '자립생활을 위한 통합서비스'가 창설되었는데, 이것은 ① 주(州)의 직업재활 기관이 관할하는 자립생활 프로그램, ② 자립생활센터에 대한 조성프로그램, ③ 고령시각장애인을 위한 자립생활 프로그램, ④ 중증장애인의 권리를 지키기 위한 보호 및 옹호프로그램의 네 가지 부분으로 이루어졌다(DeJong, 1979).

1978년 개정법의 특징은 장기적이고 광범위한 재활서비스의 제공을 명시하고 있으며, 재활프로그램에 대한 예산을 1년 혹은 3년에서 영구적 예산으로 전환한 것을 들 수 있다. 또한, 주정부 기관에서 책임지도록 하고 있고, 장애인들의 자립생활을 위해 지역사회에서 장애인들을 위한 서비스를 제공하도록 개정되었다(정무성 외, 2009: 320).

3. 자립생활운동의 지지기반

자립생활운동의 중심적 지지기반

자립생활운동의 중심적 지지기반은 생각보다는 훨씬 한정되어 있었다. 자립생활운동은 척추손상, 근디스트로피, 뇌성마비, 다발성경화증, 폴리오 후유증 등의 중증장애인들을 중심으로 시작되었다. 더욱이 청년기 후기 및 젊은 노동연령층에 집중되었다. 이처럼 젊은 연령층에 한정된 것은 장애를 발생시키는 조건이 작용하고 있는데, 예를 들면, 척추손상은 10대 후반에서 20대 전반의 남성에게 많고, 다발성경화증은 20대에서 나타나는 경우가 일반적이다. 뇌성마비와 근디스트로피는 어린 시절부터 시작된다.

젊은 장애인에 역점을 두고 있는 또 하나의 이유는 이 운동이 뿌리를 둔 사회집단의 기능과 관련이 있다. 자립생활운동은 비판적 의견을 가진 대학생이 많이 포함되어 있을 정도로 지적 커뮤니티에서 가장 활발하였다. 이 연령층은 가족적으로도 경제적으로도 그다지 무거운 책임이 없기 때문에 주요 사회문제에 대해 조직적으로 대응하기 쉬웠다.

이와 같이 자립생활은 젊은 중증장애인들이 서로 연대하여 장애인의 자립적인 생활을 삶의 이슈로 끌어들이기 시작하면서 하나의 사회운동 차원으로 승화시켰다(DeJong, 1979).

장애전문가와 특수 이익집단

자립생활운동의 지지기반 가운데 빼놓을 수 없는 것은 장애에 관한 전문가 및 특수 이익집단이다. 장애인들의 투쟁과 노력에 관련 전문가들이 개입하여 협력 · 연대함으로써 법과 제도 등 자립생활체계를 본격적으로 만들어 가기 시작하였다(정무성 외, 2006: 318).

장애전문가 중에는 물리치료학이나 재활의학을 하는 의사, 물리치료사, 작업치료사, 간호사, 재활상담가, 심리학자, 장애연구자 등이 포함된다. 이러한 전문가들의 운동 관여 방식은 다양하여 한마디로 말할 수 없지만,[6] 자립생활운동의 지지자는 증가하고 있다. 특수 이익집단으로는 전국척수장애인재단(National Spinal Cord Injury Foundation) 등 다양한 전문가 집단이 포함된다. 이러한 특수 이익집단의 운동 관여 방식도 다양하였다.

자립생활운동의 지지기반을 정의하는 데 있어 '소비자'로서의 장애인이 동시에 장애전문가인 경우와 같이 중복되는 경우를 간과할 수 없다. 장애인 중에는 자신이 장애전문가인 경우가 많다. 신체 건강한 전문가가 이 운동에 참여하는 현상은 동료 장애인으로부터 영향이나 의식 면에서 자극을 받는 것으로 어느 정도 설명된다. 자립생활운동의 힘은 이 운동과 직접 관여되어 있는 장애인집단의 이익과 그렇지 않은 다른 장애인집단의 이익이 공통의 관심사를 둘러싸고 서로 연결되어 있다는 점이다. 예를 들면, 건축상의 장벽이라는 문제의 경우 최대의 효과를 올리고 있는 것은 자립생활운동의 중심을 담당하고 있는 장애인집단이지만, 동시에 이동이 필요한 다른 모든 장애인과도 함께 연대할 수 있는 이슈였다. 미국장애인시민연합과 같은 연합조직 결성이 그 좋은 예이다.

이와 같이 장애 관련 전문가들의 개입과 연대는 자립생활운동의 참여자들을 확대해 나갈 수 있었던 중요한 요인이었다.

---

6) 자립생활운동에 참여한 관련 전문가들의 개입과 협력의 내용을 구체적으로 언급하는 것은 매우 어려운 일이다. 이는 이들이 장애인 당사자들과 자립생활운동에 대한 인식의 공유뿐만 아니라 여타의 수많은 전문가와 이익집단들과 인식을 공유하였으며, 자립생활운동에 직접 관여되지 않은 다른 장애인집단들의 이해관계와도 얽혀 있기 때문이다(정무성 외, 2006: 318).

4. 다른 사회운동과의 관계

자립생활운동이 개화한 시기는 다른 몇 가지 상호보완적인 사회운동이 전개한 시기이기도 했다. 예컨대, 공민권운동, 소비자운동, 자조운동, 탈의료 · 셀프케어운동, 탈시설화, 노멀라이제이션, 주류화 등이 그것이다. 이러한 운동들은 각각이 서로 다른 곳에서 다른 사회문제에 대응해서 일어났으며, 각자 독자적인 형태로 자립생활운동에 영향을 미쳐왔다. 자립생활운동의 원류와 이념을 충분히 이해하기 위해서는 다른 사회운동의 역할에 관해서도 살펴볼 필요가 있다(이하 DeJong, 1979).

공민권운동

1960년대의 공민권운동은 인종소수파의 이익추구라는 본래의 목적을 넘어서 훨씬 넓은 범위에 영향을 미쳤다. 이 운동을 통해 사회에서 불이익을 당하는 다른 집단이 자신의 권리가 어느 정도 부정되어 왔는가를 자각하게 되었다. 운동 초기 단계에서는 이익권에 대립하는 것으로서의 공민권에 역점을 두고 있었다. 공민권에 포함되는 것은 투표권, 선거사무소를 가질 권리, 동지의 배심원에 의해 심리(審理)를 받을 권리 등이 있다. 이익권 가운데에는 소득보장, 의료부조, 교육수당, 기타 수급권이 포함되는데, 이 이익권의 문제는 나중이 되어서야 빈곤자 캠페인이나, 그 부산물로서 생겨난 전국복지권리동맹 등의 조직에 의해서 취급되었다.

자립생활운동도 공민권과 이익권 양자 모두에 주목해왔다. 자립생활운동이 공민권에 반영된 예로는 1973년 「재활법」 제5장의 각종 차별, 특히 고용 분야에서의 차별을 금지한 조항을 들 수 있다. 하지만 공민권에 대한 관여는 그것에 그치지 않았다. 이동의 기능에 중대한 손상을 수반한 사람들은 건축 장벽이 자신들의 공민권을 박탈하고 있다고 주장했다. 이것은 그러한 장벽이 사회 속에서 정치활동에의 참여를 방해하고 있기 때문이다. 마찬가지로 장애인들은 '이익권은 지역사회에서 생활하기 위한 전제조건이다.'라는 것을 자각하게 되었다. 소득보장급여나 케어수당의 지급이 없다면, 많은 장애인은 장기의 케어시설에 수용될 수밖에 없는 것이다.

공민권운동의 영향은 획득하는 권리의 내용뿐만 아니라 권리를 획득하는 전술 면에서도 나타났다. 옛날의 합법적인 교섭 루트에서는 어떻게 할 수 없었던 당시 장애인들은 데모라든가 앉아서 농성하는 방법(예를 들어, 항의, 연좌점거 시위, 로비, 여론 결집 등)을 다른 사회적 저항운동에서 배우게 된 것이다.

소비자주의운동

소비자주의운동은 서비스, 프로그램, 상품 등에서 소비자의 선택권과 제공자의 책임성을 강조하는 것이다. 일반적인 상품에 대한 소비자의 선택권 강조와는 달리 전통적으로 의료적 보호, 재활과 교육 등의 서비스에서는 소비자라는 용어의 사용 또는 소비자의 선택권이 없었다. 하지만 이제는 이러한 서비스에도 소비자라는 용어 인식과 개념이 사용되고 있다. 소비자주의운동은 공·사적 영역에서 장애인을 수동적이고 소극적인 환자나 클라이언트라는 이미지에서 능력이 부여된 소비자라는 이미지로의 변화에 강력한 영향을 미치고 있다.

소비자가 주권을 가지게 됨에 따라 장애인정책과 재활에 대한 전문가의 지배도 위협을 받았다. 예를 들면, 직업재활에서는 전문가로서의 상담사가 클라이언트에 관해서 최종결정을 내리는 것이 일상화되어 있었다. 이와 관련하여 1973년 「재활법」은 '개별재활계획서'를 본인과 상담사가 공동으로 작성해야 한다고 규정하고 있다. 직업재활 이외의 분야에서는 자립생활운동은 장애인의 법적 권리나 이익에 관해서 조언하는 새로운 권리옹호센터를 많이 만들어 왔다. 자립생활운동에 의해서 전문가들 이상으로 행정서비스나 규정에 정통한 장애인도 적지 않다.

'소비자 참가'라고 일컬어지는 소비자주권의 원칙은 오늘날 자립생활운동에 깊이 정착하였다. 이 원칙에 의하면, 장애인은 자신의 이익과 관련해 더 좋은 판단을 할 수 있는 입장에 서 있기 때문에 장애인에 대한 서비스 시장에서 어떠한 서비스를 제공할 것인가를 결정하는 데 더욱 큰 발언권을 가져야 한다는 것이다.

자조집단운동

자조집단(self-help)운동의 범위는 극히 넓다. 인간의 생활조건에서 생각할 수 있는 모든 문제에 자조집단이 존재하고 있는 것 같다. 즉, 약해(藥害), 소음, 호모섹스, 아동학대, 부인의 건강, 노령, 성, 이웃의 범죄, 흡연, 출산, 그리고 이 장의 중심과제인 신체장애 등. 많은 조직들은 기성의 인간 서비스 기관의 서비스를 보완하고, 또는 그것과 관련하여 유효한 서비스를 제공하는 상호원조단체로서 기여하고 있다. 그들은 통상, 다른 사회적 기관이 취급하지 않는 문제나 욕구(needs)에 관심이 있다.

장애인에게는 자립생활센터가 자조집단 활동의 주요한 단위가 되고, 기존의 인간 서비스체계를 보완하고 동시에 서비스제공자를 대신하는 역할도 추구하고 있다. 자립생활센터는 인간 서비스의 자금을 모으는 파이프 역할을 하고 있다. 기성체계를 대신하는 것으로는 센터의 상담과 권리옹호의 서비스를 들 수 있다. 주류의 인간 서비스조직에서는 하지 않는 것들이다. 비슷한 장애 상태의 장애인이 장애인을 더 잘 이해할 수 있고, 잘 도울 수 있다는 개념에서 출발한 자조집단운동과 동료 간 지원은 장애인 인권을 위한 유용한 모델로 사용되었다.

탈의료 · 셀프케어운동

'탈의료'란 의료전문가가 인간 생활의 중요 영역에서 지배권을 장악하는 것에 도전하는 하나의 조류이다. 수십 년 전부터 범죄행위가 병으로 취급받는 사례가 점점 증가되고 있다. 예를 들면, 알코올 중독이나 정신이상은 범죄의 범주에서 제외되었고, 오늘날에는 병으로 취급된다. 아동학대를 병으로 간주하는 사람까지 나타났다. 마찬가지로 목숨에 관계되는 현상도 거의 모든 경우 의료의 개입을 받고 있다.

과잉의료에 반대해 인생의 소중한 장면에서의 탈의료화를 주장하는 사람들이 늘어나고 있다. 예를 들면, 임신과 출산이 그것인데, 임신을 병의 범주에 포함시키지 않고, 출산은 의사가 아닌 조산부가 취급해야 한다고 주장하는 사람도 있다. 또 하나의 예로서 죽음이 있다. '존엄사(尊嚴死)'라는 말이 생겨났다. 이것은 말기적 증상의 사람이 병원에서 죽음을 맞이하는 것이 아니라 자신의 집에서 죽음을 맞이하는 것을 의미한다.

이 탈의료화의 주장은 '인간은 자신의 건강과 의료케어에 관해서 더욱 책임을 질 수 있으며, 또한 그렇게 해야 한다.'라는 가정을 내포하고 있다. 탈의료운동은 여러 가지 의미에서 자조집단운동을 건강과 의료의 분야로 확대한 것이다. 셀프케어운동이란 병이 가벼울 때 자신이 치료해서 잔병을 유발하지 않고, 만성병이 되지 않는 노력을 하자고 부르짖는 것이다.

자립생활운동은 의료 · 셀프케어 논쟁을 지지한다. 자립생활운동에서 현재 문제가 되는 것은 장애가 의학상 어느 정도까지 의료케어시스템의 보호를 받아야 하느냐는 점이다. 오늘날 장애에 관한 공공정책 대부분이 어떤 형태로든 전문 의료의 참가를 요건으로 하고 있다. 그러나 자립생활운동은 이 지나친 의료참가는 불필요하며, 오히려 해가 된다고 주장한다. 장애인의 탈의료화를 요구하는 중요한 이유 중의 하나는 의료모델의 전제조건 대부분이 장애인의 욕구에 맞지 않든가 무시하고 있는 점이다. 예를 들면, 의료모델은 급성기나 회복기의 치료에 중점을 두고 있는데, 그것으로는 급성의 상태를 벗어난 장애인의 장기적 욕구를 만족시킬 수 없다. 게다가 일단 급성상태를 벗어나서 자립생활을 시작하면 수술이나 약물치료나 임상 의료의 특징인 치료조치가 필요 없게 된다. 아울러 경험이 많은 장애인은 의료전문가의 진단도 증명도 치료도 필요로 하지 않는 경우가 많다. 왜냐하면, 그들은 자신의 상태를 충분히 알게 되었고, 자신이 의료감시나 치료를 할 수 있기 때문이다.

자립생활운동 목표의 중심에는 의학상 고정된 장애의 관리는 1차적으로는 개인의 문제이며, 의료는 2차적인 위치를 차지하는 것에 불과하다는 확신이 있다. 장애인의 생활에 항시 의료가 개입하는 것은 의료종사자와 환자 쌍방에 의존을 불러일으키는 행동을 유발하고, 재활이나 자립생활의 목표와 모순된 결과가 된다고 주장한다.

탈시설 · 주류화 · 노멀라이제이션 운동

탈시설화의 경향은 장애의 종류와 관계없이 다양한 장애인에게 영향을 미쳤다. 탈시설화의 노력으로 많은 사람이 시설 내 감시로부터 해방되고, 지역사회 내에 머물 수 있게 되었다. 시설 케어는 비싸지만, 지역사회 케어는 납세자의 부담을 가볍게 한다는 정치 논법이 탈시설운동을 지지해왔다. 그러나 이 논법을 완전하게 증명하는 것은 어렵다. 오늘날까지 시설은 수용 능력만을 고려하여 계속해서 이용자를 늘리는 경향이었음에도, 이 점이 간과되어 왔기 때문이다.

드종은 자립생활운동이 탈시설화가 경비절감을 가져온다는 논법을 대부분 수용해 왔지만, 납세자 대표들이 인간 서비스 지출의 대폭적인 삭감을 실제로 본 것이 아니므로 논법이 희미해지고 있다고 말한다. 따라서 탈시설운동의 참가자들인 중증장애인에게 경비절감 논법의 주지는 유리하게 작용하지 않는다고 보았다. 그리고 탈시설화에 대한 대중의 냉소적인 태도가 자립생활의 새로운 장벽이 될지도 모른다고 지적했다.

탈시설운동과 가까운 관계에 있는 것이 노멀라이제이션의 개념과 주류화의 개념이다. 이러한 개념은 주로 발달장애가 있는 어린이나 청년과 관련지어 거론되었다. 장애아에게 가장 좋은 것은 시설에 수용하거나 특별반에 격리해서 교육하는 것이라고 여겨져 왔다. 그러나 오늘날에는 비장애아와 함께 주류에 포함시키는 것이 장애아도 청년도 보다 노멀(normal)해진다고 생각하게 되었다. 이러한 노멀라이제이션은 탈시설화를 한걸음 진전시켰다.

5. 자립생활운동의 의의

미국에서의 자립생활운동은 미국 장애인정책에 새로운 한 페이지를 장식했다고 해도 과언이 아니다. 그 짧은 역사치고는 입법과 서비스와 의식의 고양 면에서 운동이 있었다고 하는 것은 대단한 일이었다.

또한, 자립생활 패러다임은 장애인정책의 영역을 다른 분야에까지 확장시켰는데, 권리와 자격을 강조하는 것으로 법률전문가의 참가를 촉진하게 되었다. 건축상의 장벽 문제는 건축가에게 새로운 관심을 불러일으켰다. 더욱이 자립생활운동이 가져온 장래의 전망이 재활 분야에 활력을 불어넣었고, 관련 분야의 이해를 넓히게 될 것은 틀림이 없는 일이다.

여하튼, 자립생활운동의 가장 의의 있는 공헌은 장애인에게 자신들의 장래에 관해서 발언할 권리를 부여하였고, 지금까지 오랫동안 거부됐던 인간의 존엄에 대한 새로운 의식을 이끌어내었다는 점이다. 이것은 앞으로도 가장 중요한 공헌으로 인식될 것이다.

6. 한국의 자립생활운동과 자립생활센터

1) 한국 자립생활운동의 역사

우리나라에 자립생활 개념이 알려지게 된 것은 1997년 서울 국제장애인 학술대회에서 일본의 자립생활운동이 소개되면서부터이다. 이 학술대회에 일본의 자립생활지도자 나카니시(中西)가 방한하게 되었는데, 그 후 자립생활 이념을 보급할 국내 협력단체로 한국소아마비협회를 파트너로 정하고, 이념을 보급하는 3년 프로젝트를 실시하였다.

1998년 5월 25일부터 5월 27일까지 자립생활 실천세미나가 정립회관에서 진행되었고, 1999년에는 한국의 자립생활 지도자 4인이 일본의 초청을 받아 2주일간의 자립생활 연수를 실시하였다. 2000년에는 '한 · 일 장애인 자립생활세미나 2000'이 제주도, 광주, 대구, 서울 등 4대 도시에서 개최되었고, 이 과정에서 자립생활 이념 보급과 중증장애인의 새로운 지원모델의 가능성을 시사하였다(고춘완, 2005: 59). 그리고 2000년 가을에는 3년간의 프로젝트를 종료하면서 일본자립생활센터협의회의 후원으로 한국소아마비협회에 한국자립생활지원기금이 정식으로 조직되었으며, 이 기금으로 우리나라 최초의 자립생활센터인 '동대문 피노키오 자립생활센터'와 '광주 우리이웃 자립생활센터'가 개소되기에 이른다(정종화, 2002; 고춘완, 2005: 59-60; 유동철, 2013: 318).

이후 정립회관의 동료상담학교 수료자들이 중심이 되어 2001년 8월 2일에 한국자립생활네트워크를 설립하면서 자립생활운동의 담론이 한국에서 대중화되기 시작했다(김도현, 2007d: 140). 중증장애인들이 장애인자립생활센터를 중심으로 재조직되면서 장애인자립생활센터는 장애인운동에 있어 가장 큰 기층단위로 자리 잡게 되었다. 그리고 2003년 10월 20일에는 장애인자립생활센터들의 연합체인 '한국장애인IL단체협의회'가 설립되었다. Independent Living의 한국어 번역을 '자립생활'로 할지 '독립생활'로 할지를 결정하지 못해 일시적으로 결정된 이러한 단체의 명칭은 2004년 10월 22일의 총회에서 '한국장애인자립생활센터협의회(이하 한자협)'로 변경되었다(김도현, 2007a: 58; 김도현, 2007b: 140).[7]

한편, 한국DPI[8]의 주도하에 만들어진 서울장애인자립생활센터, 양천장애인자립생활센터, 제주장애인자립생활센터가 2005년 2월 25일 별도의 '한국장애인자립생활센터연합회(이하 한자연)'를 출범시켰다. 한자연은 권익옹호 활동과 각종 서비스 제공의 조화를 주장하며, 한자협과 별도의 연합체를 구성했다. 이는 현장 투쟁 중심의 장애인이동권연대와 한국DPI 간의 경쟁 구도로 인식되기도 했다. 한자협의 회원단체 중 다수가 장애인이동권연대에 참여하고 있었기 때문이다(김도현, 2007d: 141).

한자협과 한자연의 양분구조는 2005년 말부터 두 연합체의 상층부 간에 통합 논의가 이루어지면서 조정의 과정을 거치게 된다. 두 연합체는 장애인자립생활운동과 센터에 대한 지원을 보장하는 법률의 제정을 위해 통합조직

7) 2004년 총회 당시 한자협에는 우리이웃장애인자립생활센터, 노들장애인자립생활센터, 독립생활비전21(현 서초장애인자립생활센터), 한밭장애인자립생활센터, 부산상화자립생활센터(현 부산장애인자립생활센터), WILL장애인자립생활센터(현 광진장애인자립생활센터), 중증장애인독립생활연대, 전북손수레자립생활협회, 전주작은자의자립생활센터, 충북장애인자립생활센터, 피노키오장애인자립생활센터, 한국자립생활네트워크(현 성동장애인자립생활센터) 등 12개 센터가 참여하고 있었다(김도현, 2007d: 140).

8) 장애인 당사자조직인 한국DPI는 DPI(Disabled Peoples' International, 국제장애인연맹)의 한국지부 성격을 지닌 조직으로 1986년에 결성되었다.

을 꾸린다는 데 합의하고, 각각 해산의 절차를 밟게 된다(김도현, 2007d: 141).

한자연은 내부적으로 별다른 문제가 없었고 적극적이었다. 그러나 한자협은 통합을 주도했던 센터와 나머지 센터들 간에 공감대가 이루어지지 못한 상태였고, 해산총회의 과정에서 절차의 민주성과 운동방식을 놓고 크게 충돌하였다. 결국, 한자협 소속 10개 센터는 한자연 소속 4개 센터 및 신생 센터들과 함께 2006년 3월 27일에 창립총회를 통해 '한국장애인자립생활센터총연합회(이하 한자총연)'를 구성했으며, 한자협의 나머지 14개 센터들은 비상대책위원회와 임시총회를 거쳐 그대로 한자협을 유지하였다. 이후 한자협과 한자총연은 각각 신설되는 장애인자립생활센터들을 회원단체로 받아들이면서 일정한 경쟁체제를 이루었다(김도현, 2007d: 141).

자립생활센터는 자생적으로 보건복지부의 시범사업으로 또는 지방자치단체의 재정적 지원을 받아 설립 · 운영되다가, 2007년 이후 정부가 「장애인복지법」을 개정하여 자립생활에 관한 장(章)을 신설함으로써 장애인정책 전반에 있어 자립생활의 이념을 추구할 것을 천명하기에 이르게 되었다(김진우, 2010: 41).

2) 자립생활센터

자립생활센터의 의미

자립생활센터에 대한 우리나라의 법적 공식 명칭은 '중증장애인자립생활지원센터'이다. 「장애인복지법」 제54조에서는 중증장애인자립생활센터(이하 자립생활센터)를 '중증장애인의 자립생활을 실현하기 위하여 각종 서비스를 제공'하는 기관으로 규정하고 있다. 장애인복지의 이념 중 하나인 장애인 자립생활 실현을 직접적인 목표로 하고 있다. 장애인 거주시설이나 장애인 지역재활시설과 달리 장애인들의 직접적인 참여와 운영을 강조하는 특성이 있다. 아울러 장애인 거주시설과 장애인 지역재활시설은 장애인 복지시설로 규정되어 있으나(장애인복지법 제57조), 자립생활센터는 시설로 분류되지 않는다. 자립생활센터의 목표 중의 하나가 탈시설을 통해 지역사회에서 삶을 살아갈 수 있도록 하는 것이므로 시설로 규정되는 것은 자립생활센터의 목표와 모순되기 때문이다(서동명 외, 2022: 374).

자립생활센터의 주요 사명은 장애 영역과 관계없이 모든 장애인이 자립적으로 살아갈 수 있고, 자신의 생활에 대해 주도적일 수 있도록 지원해주고, 이를 위한 서비스를 제공하는 데 있다. 따라서 자립생활센터는 서비스의 중심을 장애인의 신체적, 심리적 기능을 개선하고 높이는 데에 두기보다 지역사회에 참여하고 활동하는 과정에서 발생하는 역동적인 문제점들을 전방위적으로 해결하는 지점에 중심을 두고 있다(유동철, 2013: 309).

자립생활센터의 운영 및 기능

지역사회의 환경조건에 따라 자립생활센터의 서비스 접근방식은 매우 다양하지만, 효과적인 지역사회중심의 자립생활서비스를 설계하고 유지하기 위해 다음과 같은 필수적인 핵심요소를 공통으로 한다. 첫째, 정책결정과정과 운영상 당사자가 주도해야 한다. 둘째, 서비스의 목적과 방법에 있어서 당사자가 주도해야 한다. 셋째, 전 장애 영역을 포괄해야 한다. 넷째, 지역사회 기반과 지역사회 요구에 대해 적절히 부응해야 한다. 다섯째, 동료 역할이 잘 반영되어야 한다. 여섯째, 제공되는 서비스의 범위가 적절해야 한다. 일곱째, 지역사회 권익옹호 활동이 있어야 한다. 여덟째, 상시적이며 열려 있는 서비스가 제공되어야 한다. 이처럼 자립생활센터는 장애인 당사자에 의해 주도되고 지역사회에 기반하며, 모든 장애 영역을 포괄하는 비수용시설이어야 한다(유동철, 2013: 310-311).

우리나라 「장애인복지법 시행규칙」 제39조의2에 의한 장애인자립생활 지원센터의 운영 기준을 보면, 자립생활센터의 의사결정, 서비스 제공 및 운영 등은 장애인 주도여야 하며, 의사결정기구의 경우 과반수가 장애인으로 구성되어야 한다. 장애동료가 상담가 1명 이상을 의무적으로 배치해야 하고, 전체 인력 중 1인 이상은 장애인이어야 한다.

자립생활센터의 기본적 특성은 장애인에 의한 운영을 일정 부분 확보하는 데에 있다. 장애인의 자립생활을 실현하는 기관의 특성상 장애인 당사자주의가 서비스 제공기관 중에서 가장 잘 드러난다. 자립생활센터의 주된 기능은 크게 네 가지로 구분할 수 있다(서동명 외, 2022: 375).

첫째, 장애인 동료에 의한 서비스 지원이다. 이것은 장애인의 자립생활을 위한 역량을 강화하고, 동료상담 등의 서비스를 지원하는 것이다.

둘째, 장애인의 지역사회로의 통합과 지역사회의 물리적 · 사회적 환경 개선 사업이다. 특히, 지역사회로의 통합은 장애인이 지역사회에서 참여적이고, 통합적인 생활이 가능하도록 정보를 제공하는 등 다양한 서비스를 지원하는 것이다.

셋째, 장애인에 대한 차별 해소 및 장애인 인권의 옹호 · 증진이다. 이것은 장애인차별금지법 등의 실천과 인권교육 등을 통해 이루어진다.

넷째, 중증장애인에게 적합한 서비스의 제공이다. 이것은 장애인의 직업재활 및 취업정보 제공 등과 같이 지역사회에서의 삶을 확보하기 위한 노력이다.

따라서 자립생활센터는 장애인이 지역사회에서 차별 없이 인간으로서의 권리를 가지고 살아갈 수 있도록 지원하는 임무를 부여받고 있다고 할 수 있다. 그러나 이러한 기능의 기본적 수행 외에 현실적으로 가장 중추적인 역할을 차지하는 업무는 활동지원제도와 관련된 활동보조인 중개사업이다. 중개사업에서 발생하는 수수료를 통해 수입을 창출할 수 있어 상당수의 자립생활센터가 활동지원 업무에 매진하는 듯한 인상을 주고 있는데, 이처럼 중개사업에 편중되는 것은 자립생활센터의 기본적 목적을 손상시킬 수 있다는 비판이 제기되고 있다(서동명 외, 2022: 375).

장애인지원 서비스 프로그램

장애인지원 서비스 프로그램으로 기본사업과 선택사업이 있다. 기본사업은 자립생활센터가 필수적으로 시행하여야 하는 사업으로 정보제공과 의뢰, 권익옹호, 동료상담, 자립생활 훈련기술이 있다. 선택사업은 개별 센터의 역할에 따라 수행 여부를 결정할 수 있는 사업으로 개별 자립생활지원, 거주시설 장애인 탈시설 자립지원, 활동보조서비스, 주거서비스, 이동서비스, 보조기구 관리, 수리, 임대, 기타 사업으로 구분된다(서동명 외, 2022: 377).

〈표 6-3〉 장애인지원 서비스 프로그램

구분	서비스	내용
기본사업	정보제공과 의뢰	자립생활에 영향을 미칠 수 있는 각종 제도 · 정책, 지역사회자원에 대한 정보제공과 다른 기관에서 적절한 서비스를 받을 수 있도록 알선하는 활동
	권익옹호	개인적 · 사회적 권리침해에 대해 옹호적 활동을 하고, 법률적 자문 지원 • 인권교육 및 인식 개선사항 등을 포함할 수 있음
	동료상담	자립생활을 경험한 동료장애인에 의하여 제공되는 상담 동료역할 모델을 통해 자기신뢰(장애수용) 등을 목적으로 함. 이외 가족관계, 지역사회자원 활용방법, 곤란한 문제에의 대처 방법 및 법률적 자문 등에 대해 상담을 하거나 정보를 제공함
	자립생활기술훈련	스스로의 의사결정의 중요성, 활동보조서비스 관리, 신변처리 및 일상생활 관리, 개인 재정관리, 지역사회 자원의 활용 등에 대한 교육프로그램 · 동료 지원방식을 적극 활용함 • 자립생활 체험홈을 활용하는 프로그램을 포함할 수 있음 • 장애인의 자립을 위한 기본적인 교육활동 프로그램도 포함할 수 있음(예: 야학, 검정고시 대비 등)

선택 사업	개별 자립생활지원	장애인의 개별적 욕구(자립생활, 교육 · 문화 등의 사회참여, 가족지원 등 포함)에 대응하고 이를 위한 자원을 연계 · 동원하는 지속적인 서비스 지원
	거주시설 장애인 탈시설 자립지원	거주시설 장애인 중 탈시설 가능 장애인에 대한 자립생활지원 서비스 제공(자립생활 체험홈 활용) 지역 내 거주시설 및 각종 장애인서비스 기관과 협력체계를 구축하여 추진
	활동보조서비스	중증장애인에게 신변활동, 가사 및 일상생활의 보조, 이동 등의 활동보조서비스 지원 • 활동보조서비스를, 자원봉사서비스와 달리 유료로 하는 것은 장애인이 선택권과 결정권을 가지고 서비스를 구매하는 소비자(당사자)의 입장에서 서비스 시간, 용도 등을 스스로 결정할 수 있게 하여 자신의 삶에 대한 통제권과 자율성을 높이기 위한 것임
	주거서비스	주택의 개조, 소개, 주거서비스 지원제도에 대한 정보제공 등
	이동서비스	리프트 차량 등을 활용한 이동서비스
	보조기구 관리, 수리, 임대	각종 장애인보조기구, 관련 장비의 유지 · 관리 및 지원
	기타 사업	장애 유형 및 생애주기별 지원사업, 가족지원사업, 교육 · 훈련사업, 고용지원사업, 자원개발사업 등 기타 사업

출처: 서동명 외(2022), pp.377-378의 〈표 13-10〉 발췌.

과제

유동철(2013: 323-324)은 우리나라에서 자립생활이 정착되기 위해서는 다음과 같은 문제점들이 해결되어야 한다고 지적하고 있다.

첫째, 자립생활센터의 정체성을 정립해야 한다. 자립생활 이념은 장애인의 권익옹호운동이라는 차원에서 시작된 것임에도 불구하고 자립생활센터가 권익옹호보다는 서비스를 전달하는 기능에 너무 많은 사업을 할애하고 있다. 물론 권익옹호와 서비스 제공이 별개로 분리된 것은 아니지만, 본연의 역할을 잊고 서비스 제공에 치중한다면 결국 기존의 장애인복지관과 크게 다를 바 없다는 지적이다.

둘째, 한국적 자립생활센터 모형을 개발할 필요가 있다. 즉, 어떤 서비스가 핵심적이고 누가 운영할 것이며, 어떻게 운영할 것인지에 대한 구체적 모델이 아직 부족한 상황이라는 지적이다.

셋째, 장애인 자립생활이 가능한 지원체계를 다양하게 갖추어야 한다. 자립생활이 가능하려면 실질적인 지역생활을 가능하게 해줄 수 있는 것들이 필요하다. 소득의 안정적 확보, 접근권의 보장, 활동보조서비스의 확충 등이 해결되어야만 실질적인 자립생활이 가능하다는 지적이다.

마지막으로 장애인자립생활센터에 대한 기본 운영비를 지원해야 한다. 현재 법적인 근거는 만들어졌으나, 이에 대한 재정지원이 따르지 않아 다양한 서비스를 제공하는 데 어려움을 겪고 있다는 지적이다.

한편, 고춘완(2005)은 자립생활운동 역시 계급운동적 시각으로 접근해야 한다고 보고, 이를 위해 몇 가지의 문제를 지적했다.

첫째, 자립생활운동의 철학에 영향을 주었던 소비자로서의 권리에 대한 한계와 관련한 문제이다. 장애운동을 시장에서 평등한 대우를 받을 소비자의 권리라는 맥락으로 논쟁을 국한한다면, 자유시장 이데올로기의 토대를 내재화하는 것이며, 시장에 접근할 능력이 없는 대다수 빈곤한 장애인들에게 유효하지 않다는 점이다. 더군다나 한국의 장애인들은 생존권을 확보하고, 장애인 빈곤문제를 해결하기 위한 운동이 더 요구되고 있다는 것이다.

둘째, 자립생활운동 역시 자본주의의 경제적 이해관계를 벗어날 수 없다는 것이다. 신자유주의 시기에 정부의 보조금이 삭감되면 자립생활센터의 운영이 어려워지고, 결과적으로 자립생활운동이 위기에 처하게 된다는 것이다.

셋째, 장애운동의 한국적 특성과 관련한 문제이다. 현재 한국의 장애인이 처한 현실은 경제적, 사회적, 정치적 제권리가 억압되어 있고, 최하위 빈곤층을 형성하고 있다는 점이다. 따라서 한국에서의 자립생활운동은 이러한 사회적 장벽을 제거해 나가는 운동에 기여하면서 위상을 정립할 때만 자립생활운동의 발전을 도모할 수 있다는 것이다.

제7장
장애인 당사자주의

1. 장애인 당사자주의란 무엇인가
2. 장애인 당사자주의의 배경
3. 장애인 당사자주의운동의 역사
4. 정체성의 정치와 그 한계
5. 당사자주의의 과제와 전망

제7장 장애인 당사자주의

1. 장애인 당사자주의란 무엇인가

당사자주의(當事者主義)[1]는 원래 법률용어로서 형사소송에서 소송당사자들에게 소송의 주도권을 인정하여 당사자 상호 간의 공격 · 방어에 의하여 심리가 진행되도록 하고, 법원은 제3자적 입장에서 양 당사자의 주장과 입증을 판단하는 주의를 말한다(다음백과). 다시 말하면, 형사소송 진행 시 소송의 주도권을 당사자에게 주고, 법원은 당사자의 공격, 방어 방법에 간섭하지 않는 것을 의미하는 법률용어로 사용된 것이다. 그러다 점차 1970년대 일본에서 여성주의운동과 장애인운동 등 사회운동에서 쓰이기 시작하면서 '직접적으로 차별을 경험한 개인 혹은 개인들이 모인 집단'이라는 뜻으로 사용되기 시작하였다(김효진, 2019; 최창현, 2022: 16).

우리나라에서는 2000년대 초반부터 한국 DPI를 중심으로 장애인운동 단체가 '당사자주의'를 장애운동의 이념으로 상정하고자 하는 흐름이 생겨났다.[2] 한국 DPI는 장애인 당사자주의를 "장애인의 정치적 연대를 통해 장애인을 억압하는 사회환경과 서비스 공급체계의 불평등한 권력 관계를 비판 · 견제함으로써 장애인의 권한과 선택 및 평가가 중시되는 장

---

1) 독일어는 Parteienprinzip, 영어권에서는 adversary system이라고 표기된다.

2) 한국에서 장애인 당사자주의라는 명칭이 처음 소개된 것은 1991년 지체장애인협회의 「새보람지」를 통해서였다고 알려져 있다(서인환, 2003: 40).

애인복지를 추구하며, 그 결과 장애인의 권리, 통합과 독립, 그리고 자조와 자기결정을 달성하려는 장애인 당사자 주도의 발전된 권리운동"(이익섭, 2003: 26)이라고 정의하고 있다. 그리고 한국 DPI의 이사를 지낸 김대성(2003)은 「장애인 당사자주의운동의 참여와 연대정신」이라는 논문에서 당사자주의가 장애인운동의 이념임을 밝힌 뒤,[3] 장애인 당사자주의의 핵심은 바로 "자기대표성과 자기결정권이다."라고 하였다. 그가 말하는 자기대표성이란 말 그대로 장애인이 스스로 대표성을 갖는다는 것이다. 이러한 자기대표성은 자신(당사자)의 이해와 요구가 몇몇 학자와 전문가 집단에 의해 대리될 성질의 것이 아니라 그 문제의 당사자가 그 문제에 관한 한 대표성을 가지며, 이러한 대표성은 영구적으로 인정되고 보장되어야 한다는 것이다. 그리고 자기결정권은 장애인의 이해와 요구에 관한 한 그 이해와 요구를 관철시키기 위한 방법, 시기, 그 결과에 따른 책임까지 그 스스로의 선택과 결정에 의해서만이 가장 올바르며 바람직하다는 것이다. 이러한 주장에는 장애인의 인권회복을 위해 해야 할 일과 방법에 대해서 장애인 당사자가 가장 잘 알고 있으며, 장애인이 정책의 결정과 집행, 평가에 참여하는 것만이 올바른 장애인 정책을 담보하는 것이라는 의미가 담겨 있다.

또한, 김대성(2003: 181)은 당사자와 당사자주의를 구분한다. 당사자라고 해서 당사자주의를 지향한다고 볼 수는 없으며, 또한 당사자단체라 해서 당사자주의를 지향한다고 볼 수 없다는 것이다. 당사자는 아니지만, 당사자주의를 지지하고 당사자운동에 앞장설 수 있다. 당사자지만 당사자주의

---

3) 그러나 김도현(2012)은 "당사자주의가 지향과 내용을 담보하는 이념적 수준의 것이 아니기 때문에 그 어떤 대중운동도 당사자주의를 운동의 이념으로 내세우지 않는다며, 자기대표권으로서의 당사자주의가 운동의 출발점에 놓여 있는 기본적 원리 중 하나라는 원래의 위상을 이탈하여 운동의 지향과 이념으로 내세워지는 순간 그것은 필연적으로 유사 당사자주의로 전환되고 만다."라고 지적한다.

에 반대하고 당사자운동을 반대할 수 있는 것이다. 장애인 당사자 중에서는 당사자란 이유만으로 정치권이나 정책결정과정에 편입되어 당사자에 반하는 내용을 만들고, 당사자 참여를 배제시키는 사람도 있고, 당사자단체이지만 장애인의 자기결정권과 참여가 무시되는 단체도 있다는 것이다. 중요한 것은 당사자냐 당사자가 아니냐가 아니라 당사자주의를 인정하느냐 인정하지 않느냐에 있다는 것이다.

이처럼 당사자주의란 장애인의 자기결정을 핵심적인 것으로 간주하는 이념적 지향을 말하는데, 다음과 같은 발언은 당사자주의의 특성을 잘 나타내 주고 있다(유동철, 2003: 275).

> 지금까지 일상 하나하나의 의사결정과정에서 배제되어 왔던 것을 극복하고 전환해야 하는 것이다. 그래서 더 이상 대상화되고 누군가에 의해 권한이 대행되어 왔던 형태를 바꾸어, 장애인 스스로의 눈으로 판단하고 당사자의 목소리로 이야기 하고, 개인의 일상과 사회복지서비스와 정책, 사회적 상황, 나아가 정치적 모든 현장 속에서 장애인 당사자의 경험과 요구가 시스템 속으로 구조적으로 관철될 수 있도록 요구하는 것이다. 바로 그것이 장애인 당사자주의이다(『보이스』 2003년 봄호, 좌담회; 유동철, 2003: 275에서 재인용).

이에 따르면, 당사자주의는 장애인이야말로 장애인의 요구가 무엇인지 가장 잘 알고 있으므로 배제하고 차별하는 사회를 변화시키기 위해서는 당사자의 눈으로 판단하고, 당사자의 목소리로 이야기하고, 당사자의 요구가 사회구조적으로 관철될 수 있도록 요구하는 것이라 할 수 있다.

2. 장애인 당사자주의의 배경

장애인배제의 역사

그렇다면 장애인 당사자주의의 주장은 어떠한 배경에서 나온 것일까? 장애인 당사자주의 주장이 나오게 된 배경에는 그만큼의 장애인 배제의 역사가 있었음을 돌아볼 필요가 있다. 당사자주의운동은 기존의 복지정책이 전문가나 공급자 중심에서 선택되고 평가됨으로써 서비스의 이용자인 장애인이 배제되는 것에 대한 문제의식에서 출발하였다(박미옥 외, 2020: 84). 이제까지 장애인은 신체적 · 정신적 손상에 의한 사회적 약자로 간주되거나, 사회적 장벽에 의해 무능력한 존재로 인식되어 왔다(Oliver, 1996). 따라서 장애인에게 필요한 사항들은 과학적 지식을 소유한 전문가들(의사, 물리치료사, 심리치료사, 사회복지사 등)에 의해 규정되어 정책이 결정되거나 서비스가 제공되어 왔다. 그러나 전문가가 제공하는 교육, 훈련 및 고용 프로그램에 의존된 장애인은 궁극적으로 동등한 시민으로서 권리를 회복하기 원하는 당사자의 기대보다는 전문가에게 의존하는 무기력한 장애인으로 전락했다는 주장이 대두되었다(이익섭, 2003: 23). 하물며 전문가들에 의해 제공되는 각종 교육 및 재활프로그램들이 장애인의 삶의 현실과 동떨어지게 진행될 경우 최악의 상황에서는 전문가들만을 위한 프로그램으로 끝날 수 있다는 우려도 제기되었다. 또한, 당사자의 경험과 요구가 반영되지 않아 실제로는 당사자의 절실한 필요성을 수반하지 못하기 때문에 장애와 관련된 모든 영역에서 당사자의 경험이 토대가 되어야 한다는 주장이 나오게 된 것이다(곽정란 · 김병하, 2004: 260).

이처럼 당사자주의는 장애인을 보호와 보살핌의 대상으로 바라보는 사회적 인식에 대한 저항으로부터 비롯된 것이다. 장애 그 자체는 무능력의 원인이 아니며 오히려 장애인을 배제시키고 차별해 온 사회구조적 환경이 장애인을 무능력하게 한다는 것이다. 따라서 장애인들의 목소리가 적절하게 반영되면 장애인을 무능력하게 만들어온 사회를 변화시키고, 이로 인해 장애인들은 능력 있는 주체로 설 수 있다는 것이다(유동철, 2003: 278).

그동안 지배해왔던 장애에 대한 시각인 개인적, 의료적 모델이라는 지배이데올로기 그리고 사회로부터 분리와 배제를 통한 통제정책을 전면적으로 부정하게 된 것이다. 오랜 세월 동안 사회로부터 배제되어 온갖 차별을 받으면서 주체적으로 어떤 것도 선택하고 결정할 수 없었던 장애인들이 저항하기 시작하면서 당사자주의는 탄생된 것이다(고춘완, 2005: 91).

당사자주의는 장애인운동에서 더욱 강조되었는데, 그동안 장애인운동은 소수의 소수에 의한 '특별한 요구'로 표출된 인권운동이기에 사회적으로 광범위하면서도 지속적인 관심을 불러일으키는 데는 한계가 있었다. 따라서 장애인운동은 장애 영역에 따른 다양성을 존중하는 가운데, 명분과 실리에 따라 여러 갈래로 갈라진 장애인계를 하나로 묶어내는 통합성이 동시에 요구되었다(김병하, 2005a: 4). 이런 의미에서 이익섭(2003)은 '장애인 당사자주의'는 장애인 개개인이 느끼는 '특수성'과 사회적 억압현상으로 장애문제를 인식하는 '보편성'을 함께 지니는 문제로 설정하였다.

동수분할론

이익섭은 장애인 당사자주의가 역사적으로 주목을 끌게 된 실천적 계기를 다음과 같은 사실(史實)에 기초하여 논의하고 있다.

1980년에 국제재활협회(RI)가 캐나다 위니펙에서 세계대회를 했습니다. 이때 5천 명 정도 모였는데, 거기에 장애인들이 약 2백 명 정도 되었습니다. 이때, 장애인들이 어쩌면 당시에 아주 당돌한 제안을 했습니다. 국제재활협회 이사회의 의석수 중에서 50% 이상을 장애인에게 할당하라고 요구한 것이지요. 상당히 당혹스러운 이 제안은 이사회에서 당연히 부결되었습니다. 이러한 부결을 마치 기다리기라도 한 듯이 장애인들이 별도로 모였습니다. (중략) 장애인이 이야기해야 할 부분이 있고, 전문가가 이야기할 부분이 있다. 그러니까 우리가 (자체적으로) 새로운 모임을 조직하자."라고 의견이 모아져 전 세계 장애인들이 모이게 되었습니다. 그래서 1981년에 장애인단체 전체가 모여 세계장애인연맹(DPI)이 결성되었습니다. 그 당시에 장애인 당사자들이 주장했던 것이 장애인운동의 핵심사상인 '동수분할론'입니다. 장애인 문제에 대해 '동수분할론'을 제시한 장애인 당사자주의는 굉장히 획기적인 것입니다(이익섭, 2003a: 23).

소위 장애인과 비장애인에 의한 '동수분할론'(同數分割論)은 국제사회에 장애인 권력 형성은 물론, 장애인 문제에 대한 결정과정과 권력구조에서 적어도 그 구성 멤버의 반 이상은 장애인에게 할당되어야 한다는 것이었다. 이 동수분할론은 장애인 당사자주의를 역사의 현장으로 끌어들이는 데 중요한 계기를 마련해 주었다(김병하, 2005a: 6). 이러한 계기로 장애인 당사자주의가 탄생되었다고 볼 수 있으며, 장애인 당사자주의를 표방하는 세계적인 장애인단체가 결성되었다.

우리를 제외하고는 우리에 관해 아무것도 말하지 말라

장애인 당사자주의는 장애인을 억압하는 지배사상에 대한 저항을 포함하고 있으며, 이를 위한 정치적 세력화가 중시된다. 즉, "우리를 제외하고는 우리에 관해 아무것도 말하지 말라(Nothing About Us, Without Us)"[4]는

4) 이 슬로건은 남아프리카 장애인운동계에서 사용되었던 것으로 지금은 전 세계적으로 확산되었다(곽정란 · 김병하, 2004: 250). 정확한 근원은 알 수 없지만, 이 슬로건이 장애인을 중심으로 널리 사용되고 있는 것은 그동안 교육 · 장애인복지정책 등 사회 전반적으로 장애인의 목소리가 배제되었기 때문이다. 찰튼(Charlton, 1998)에 의하면, "Nothing About Us

것이 장애인 당사자주의운동의 핵심이며, "우리 자신의 소리(Voice of Our Own)"로 실현된다(한국장애인단체총연합회, 2020; 하경의, 2021: 395-396). 이것은 '당사자 배제 불가론'으로 불리며, 장애인 당사자운동의 범세계적 구호가 되었다. 김병하(2005a: 6)는 이 주제가 장애인 인권운동 혹은 장애인 당사자주의 측면에서 다음 몇 가지의 중요한 함의를 지닌다고 말한다.

첫째, 장애인이나 장애인 인권운동에 대해서 뭔가 제대로 이해하기 위해서 우리는 당사자 개인과 집단적 주장들을 함께 인식하지 않으면 안 된다. 이제 사람들은 다양한 정치·경제적 및 문화적 맥락에서 당사자를 제외하고 '아무런 의미가 없음'(nothing)에 대해 광범위한 시사를 숙고해 보아야 한다.

둘째, 장애인의 수적 증가는 '장애'에 대한 입장과 개념을 의료적 조건에서 정치적 사회적 조건으로 전환해야 한다는 의식을 자극했다. 따라서 '장애인 당사자 배제 불가론'은 장애인들에게 그들의 요구를 조절하고, 그들 자신의 삶을 책임질 수 있게 하며, 나아가 정치·경제적 및 문화적 체제에서의 의사결정과정에 장애인을 참여시킬 뿐만 아니라, 장애인 당사자의 경험적 지식이 의사결정에 있어 필수적임을 인식해야 한다.

셋째, 이런 인식론적 깨우침에 영향받은 장애인의 수가 당장에는 상대적으로 적을지 몰라도, 이제 하나의 새로운 운동은 분명히 꿈틀거리기 시작하고 있다. '장애 당사자 배제 불가' 요구는 자기결정을 위한 요구이자 자유를 위한 필요선행조건이기도 하다.

넷째, 국제장애인 인권운동이 포괄하는 철학과 조직은 자립과 통합, 권력화와 인권, 자조와 자기결정권을 포함한다. '장애인 당사자 배제 불가'

Without Us"는 자신의 삶을 위한 자기통제와 책임이 장애인에 있을 뿐만 아니라, 정치·경제·문화 전반의 정책결정과정에서 장애인들이 조직을 만들어 참여하고, 자신의 경험적 지식이 그들의 삶에 영향을 미치는 결정에 중추적 역할을 수행할 수 있도록 하는 것이다(Charlton, 1998; 곽정란·김병하, 2004: 257에서 재인용).

요구는 이들 원칙의 본질을 확인하는 것이다.

끝으로, 장애인 인권운동은 새로운 태도와 세계관을 창출하는 데 연관된 떠오르는 여러 운동 중 하나이다. 이런 투쟁을 통해 우선권과 자원을 재편하는 하나의 비전을 제시할 수 있다. 따라서 '장애인 당사자 배제 불가' 원칙은 장애 억압에 맞서 저항하는 하나의 새로운 길을 당사자에게 제시해준다.

정신장애인 당사자주의

한편, 정신장애인 당사자운동은 1970년대부터 시작되었는데, 정신장애인에 대한 부당한 처우와 억압이 그 배경에 자리한다. 전문가 중심의 일방적 의사결정과 정신의학 중심의 '의료모델'이 또한 그 배경에 자리한다. 정신장애 당사자운동가들은 자신을 '소비자' 또는 '정신과 생존자'로 부르면서 당사자가 직접 서비스를 선택해야 하며, 이전의 억압된 정신과적 시스템을 직접 나서서 개선해야 한다고 주장했다. 이들은 정신장애인이 자신의 문제에 관한 경험 전문가로 간주되어야 하며, 당사자의 의견이 정신건강서비스에 충분히 반영되어야 함을 강조했다. 비록 자신의 문제를 판단하고 책임지기 어려운 상태라는 의심이 든다 해도 정신장애인 당사자의 선택과 결정은 의심 없이 받아들여야 할 필요가 있다는 것이다(박미옥 외, 2020: 82-84).

한편, 우리나라의 경우 정신장애인들은 역사적으로 강제입원 위주의 사회적 대응과 '잠재적 범죄자'로서의 취급을 받아 왔다. 또한, 2022년까지는 제도적으로 「장애인복지법」이 보장하는 복지서비스를 온전히 보장받지 못했다.[5] 이러한 사회적 및 제도적 배제는 결과적으로 경제활동, 학업, 사

5) 2016년 개정된 「장애인복지법」 제15조는 "장애인 중 「정신건강증진 및 정신질환자 복지서

회활동 등 일상 활동 전반에 걸쳐 제한을 초래함으로써 정신장애인집단의 소외를 강화했다.[6] 이러한 다면적 배제를 동력 삼아 2012년 이후로 몇몇 단체들이 결성되어 정신장애인 활동가를 중심으로 활동해 왔다(강의영, 2024: 2-3).

3. 장애인 당사자주의운동의 역사

DPI의 출현과 당사자주의운동

국제적으로 장애인 당사자주의의 등장은 국제장애인연맹(Disabled peoples' International: 이하 DPI)의 출범과 깊은 연관성을 지니고 있다. 1980년 캐나다 위니펙에서 열린 국제재활협회(Rehabilitation International, RI) 세계대회에 참석했던 세계 각국의 장애인들은 이사회의 과반 이상을 장애인 대표에게 할당할 것을 요구하였다. 그러나 재활 관련 전문가 국제조직인 RI는 이를 거부한다. 이를 계기로 RI와 결별하여 새로운 단체인 DPI의 창설을 발의하게 된다. 이후 DPI는 장애인 당사자조직으로서 1981년 싱가포르에서 제1회 세계대회를 열고 정식으로 출범하였다(김도현, 2012: 173-174).

비스 지원에 관한 법률」과 「국가유공자 등 예우 및 지원에 관한 법률」 등 대통령령으로 정하는 다른 법률을 적용받는 장애인에 대하여는 대통령령으로 정하는 바에 따라 이 법의 적용을 제한할 수 있다."라고 규정하고 있으며, 이로 인해 정신장애인은 「장애인복지법」이 규정하는 복지서비스 적용을 제한받아 왔다. 해당 조항의 폐지 안건은 2021년 12월 2일 1년의 유예기간을 두고 국회 본회의를 통과하였으며, 2022년 12월부터는 법적으로 정신장애인 역시 「장애인복지법」의 복지서비스를 적용받을 수 있게 되었다(강의영, 2024: 2).

6) 단적으로 정신장애인 가구의 평균 월수입은 전체 가구 평균의 49.8%, 전체 장애인가구 평균의 74.5% 수준이며, 정신장애인 중 60%가량이 생계급여를 자신의 주 수입원으로 꼽았다(보건복지부, 2022; 강의영, 2004: 2).

우리나라에서 당사자주의의 개념이 확산된 것은 1990년대부터이다. 1991년 지체장애인협회에 의해 '당사자' 내지는 '당사자주의'가 처음 강조되었고, 1996년 한국장애인단체총연합회(이하 장총련)가 결성되면서 일정 정도 논의가 있었으나, 이 단체가 해산되는 바람에 주춤하게 되었다. 그러다 2002년 장총련이 재결성되면서 단체로서는 처음으로 당사자주의를 전면에 표방했다(서인환, 2003: 40). 또한, 2004년의 「장애인차별금지법」 제정운동, 2001년 이후의 이동권 투쟁이 계속되면서 장애인 스스로가 법안을 제정하고 권익운동을 해야 한다는 인식이 장애운동계에 확산되었다(곽정란 · 김병하, 2004). 이를 바탕으로 한 장애인 자립생활운동이 2000년대 본격화되면서 장애인의 경험을 중심으로 한 요구 파악과 실천이 중시되었으며, 권익운동을 넘어 의료, 재활, 특수교육 등 전문가가 중심적 역할을 수행했던 영역에서도 당사자주의가 부각되기 시작했다(강의영, 2024: 6).

한편, 장애계에서 장애인 당사자주의가 하나의 담론으로 자리 잡아 가기 시작한 것은 2003년 장애우권익문제연구소의 『함께걸음』(2003)지에서 "장애우 당사자주의를 말한다."라는 주제로 특집을 다룬 것에서 시작하여, 이어 그해 가을 한국 DPI의 『VOICE』(우리들 자신의 목소리, 2003)에서도 "장애인 당사자주의를 말한다."라는 주제를 특집으로 다룸으로써 전체 장애계에 '당사자주의'에 대한 학술적 담론의 관심을 확산시켰다(김병하, 2005a: 2). 그 이듬해 장총련이 '2004 한국장애인 리더십 포럼'(2004. 12. 2.)을 개최하여 「장애인운동 과거 · 현재 그리고 미래」라는 주제로 장애인 당사자주의와 장애인운동을 학술담론으로 다시 제기하였다. 이처럼 우리나라에서 장애인 당사자주의가 학술담론으로 혹은 실천적 운동으로 장애계에서 전개되어왔다(김병하, 2005a: 2).

김도현(2012)에 따르면, 우리나라에서 당사자주의 논쟁은 기본적으로 제도권 내 사단법인 단체들의 연합체인 한국장애인단체총연맹(이하 한국장총)과 장총련을 중심으로 진행되어 왔다. 한국 DPI, 한국지체장애인협회(이하 지장협), 한국자립생활센터총연합회(이하 한자연), 한국장애인인권포럼 등이 중심이 된 장총련은 한국장애인재활협회와 장애우권익문제연구소 등이 참여하고 있는 한국장총을 장애인의 단체(organization of the disabled)가 아닌 장애인을 '위한' 단체(organization for the disabled)라며 장애계의 대표성을 자임했다. 그리고 한국장총은 장총련이 이권 다툼을 중심으로 한 이익단체에 머물고 있다고 비판했다. 그러나 장총련의 회원단체였던 한국시각장애인연합회가 한국장총에 가입하면서, 이른바 지 · 농 · 맹 3개 '당사자' 단체 중 농과 맹을 대표하는 조직이 한국장총에 포진하게 되자, 이러한 논쟁의 구도는 다소 흐려지게 된다. 그러다 2001년부터 이동권 투쟁을 시작으로 성장한 현장 대중투쟁 중심의 진보적 장애인운동 세력이 전국장애인차별철폐연대(이하 전장연)로 집결하면서 당사자주의 논쟁이 새롭게 부활하는 양상을 띠게 된다. 즉, 당사자주의를 전면에 내세우는 한국 DPI와 한국 DPI 세력이 주도하는 한자연은 전장연을 비장애인 운동권 세력에 의해 휘둘리고 있는 조직이라고 비판했고, 전장연은 보수화된 장애인단체들이 장애인계의 대표성을 인정받아 정책결정 파트너가 되고, 예산지원을 선점하는 데 있어 생물학적 당사자주의를 방패막이로 삼고 있을 뿐이라고 비판했던 것이다(김도현, 2012: 174-175).

정신장애인 당사자주의운동[7)]

한편, 장애인 당사자주의운동은 정신장애 당사자운동으로 확대되었다. 2000년대에 들어와서 정신장애인 당사자운동 조직이 공식적으로 등장하였다. 최초의 정신장애 당사자조직으로는 한국정신장애인협회(이하 한정협)

7) 정신장애인 당사자주의 운동에 관해서는 김현민(2019)에 전적으로 의존하고 있음을 밝혀둔다.

가 2000년 대한정신보건가족협회(이하 가족협회)의 산하조직으로 출범하였다.[8] 이후 2010년 3월, 한국정신장애인연합(이하 한정연)이 출범하였고,[9] 같은 해 5월, 한국정신장애연대 KAMI(Korean Alliance on Mental Illness, 이하 카미)가 설립되었다.[10] 2012년 12월에는 한정연의 회원들이 중심이 되어 정신장애인을 지원하기 위한 최초의 자립생활센터인 한국정신장애인자립생활센터(이하 한정자)가 설립되었다.[11] 2013년 10월 설립된 '문화예술협동조합 파도손'은 2016년 5월 당사자 권익옹호 활동을 위한 '정신장애와 인권 파도손'(이하 파도손)으로서의 활동을 시작하였다.[12] 이후 2017년 9월 창립총회를 하고, 2018년 2월에 정신장애인 당사자단체 최초로 사단법인 형태를 갖추게 되었다. 파도손은 꾸준하게 강제입원에 대한 문제를 제기하

8) 한정협은 정신장애인 상호 간의 교류, 협력, 지지, 정보교환을 촉진 · 도모하고, 정신장애인에 대한 사회적 차별과 편견을 해소하여 정신장애인의 인권과 복지를 증진하고 삶의 질을 향상시킬 것을 목적으로 출범하였다. 그러나 가족협회 산하조직으로서의 한계를 느끼고, 2015년 가족협회에서 독립하여 새롭게 출범하였다(김현민, 2019: 21).

9) 한정연은 정신보건 영역에서 뜻 있는 종사자들과 기관에서 당사자의 의식을 일깨우고 리더를 발굴하는 작업에서 출발하였다. 2006년 서울에서 처음 시작된 정신장애인 대상 역량 강화 교육, 2008~2010년 전국 정신장애인 대상 역량 강화 교육을 통해 한정연의 주축 세력이 조직화되었다(김현민, 2019: 21-22).

10) 카미는 정신질환에 대한 편견으로 지역사회에서 소외된 정신병환자 · 장애인과 가족의 회복 지원, 삶의 개선, 사회의 차별 제거를 위해 설립된 조직이다. 미국의 National Alliance on Mental Illness(NAMI)를 모델로 삼아 교육 · 훈련, 인권옹호, 지원, 연구사업을 펼치고 있다(김현민, 2019: 22).

11) 2012년도 12월 한정연 활동을 하던 당사자들이 당사자가 직접 동료를 지원하고, 기관을 운영하는 필요성을 느껴 장애인자립생활센터로는 최초로 정신장애인을 지원하기 위해 만든 자립생활센터가 한정자이다. 한정자는 정신장애인을 위한 권익옹호, 동료상담, 정보제공, 당사자조직 등의 자립생활지원 프로그램을 운영하고 있다(김현민, 2019: 22).

12) 2000년대에 활성화되었던 온라인 카페가 2009년 오프라인 모임을 조직하면서 2013년 '문화예술 협동조합 파도손'의 결성으로 이어졌고, 2016년 당사자의 주권회복을 위한 사회운동 결사체로서 '정신장애와 인권 파도손'으로 명칭과 활동내용을 변경하였다(김현민, 2019: 22).

며, 법 개정 운동과 함께 시민들에게 강제입원의 부당성과 피해 상황을 알리는 대중운동을 이어가고 있다(김현민, 2019: 22).

정신장애인 당사자들이 본격적으로 정치적 세력화를 통해 시작한 활동은 2013년 5월에 발표된 「정신보건법」 전부개정안에 대한 반대 투쟁이라 할 수 있다. 「정신보건법」 전부개정안은 정신장애인들의 일상을 옥죄어 오던 「정신보건법」을 처음으로 전면 개정하는 것이었다. 그러나 이 개정안에는 꾸준히 제기되어 왔던 강제입원의 개선은 이루어지지 않았고, 그 밖의 정신질환자의 인권보장 강화, 의료독점 전달체계 개선, 재원조달체계 혁신의 기반 마련 등의 요구가 전반적으로 무시되었다. 그리하여 「정신보건법」 전부개정안에 대한 조직적인 투쟁을 위해 한정연을 중심으로 하여 정신장애인지역사회생존권연대(이하 생존권연대)가 결성되었다.[13] 생존권연대는 전부개정안에 대한 반대성명서 발표, 기자회견, 국회의원들과의 접촉, 토론회개최 등의 활동 등을 통해 「정신보건법」 폐지 운동을 이어갔다. 이 과정에서 생존권연대는 관련 전문가들과 함께 '정신보건법바로잡기 공동대책위원회'(이하 정신보건법 공대위)를 조직하여 반대 투쟁을 이어갔다. 정신보건법 공대위는 '정신장애인복지지원법 추진공동행동'(이하 공동행동)으로 명칭을 변경하여 「정신장애인 권리보장과 복지지원에 관한 법률」 추진 운동을 이어갔다. 그런데 공동행동의 핵심적인 활동 목표였던 「정신장애인 권리보장과 복지지원에 관한 법률」과 법안 개정과 관련해서 두 개의 입장이 부딪쳤다. 「정신보건법」과 별개로 권리·복지 관련 법안을 별로도 만들자는 입장과 「정신보건법」 보완을 통해 복지서비스를 강화하는 형태로 입법을 추진하자는 입장이었다. 결국, 후자의 입장이 담긴 법안이 통과

13) 생존권연대는 6개 단체로 구성되었는데, 대한정신보건가족협회, 한국정신장애인연합, 한국정신장애연대(KAMI), 한국장애인단체총연맹, 한국장애인단체총연합회, 한국장애인복지학회가 그것이다(김현민, 2019: 24).

되면서 2016년 5월, 「정신보건법」이 「정신건강증진 및 정신질환자 복지서비스 지원에 관한 법률」(이하 정신건강복지지원법)로 20년 만에 전부개정되었다(김현민, 2019: 23-25).

한편, 생존권연대는 「정신보건법」 제24조(정신질환자의 보호의무자에 의해 정신질환자를 정신의료기관에 입원할 수 있도록 한 조항)에 대한 위헌법률심판 과정에 청구인이 되어 주도적인 역할을 하였다. 카미, 한정자, 파도손 등 다양한 당사자조직들이 참여하여 공익소송의 형태로 이루어진 2014년의 헌법소원 역시 각하되었으나, 당사자들은 포기하지 않고 위헌법률심판의 청구인이 되어 끊임없이 강제입원의 위헌성을 지적하는 활동을 이어 나갔다. 그리고 결국, 2016년 8월 헌법불합치 판결[14]을 얻어냈다.

이 두 가지 중요한 이슈, 즉 「정신보건법」 전면 개정안 반대와 「정신보건법」 제24조 위헌법률심판 과정에서는 전문가집단이 연대하여 조력자 역할을 하였다.[15] 생존권연대가 법조인, 사회복지학계, 기관 종사자들과 함께 '정신보건법바로잡기 공동대책위원회'를 조직하여 반대 투쟁을 함께 하게 되면서 소송이나 기자회견 등 다양한 운동 전략을 구사할 수 있게 되었던 것이다. 그 결과, 사회적으로 정신장애 당사자운동 조직의 활동을 알리는 계기가 되기도 하였다. 그러나 이 과정은 당사자운동 간 연대의 시기이면서 동시에 갈등의 시기이기도 하였다(김현민, 2019: 24-25).

14) 헌법재판소는 단순위헌결정을 통해 정신보건법의 효력을 즉시 상실시킨다면 정신질환자에 대한 보호입원이 필요한 경우에도 보호입원을 시킬 수 없는 법적 공백 상태가 발생하므로 입법자가 정신보건법 제24조의 위헌성을 제거하고 합헌적인 내용으로 법률을 개정할 때까지 계속 적용될 필요성을 인정하여 헌법불합치 판결을 내렸다(헌재 2016.09.29. 2014헌가9).

15) 공대위는 생존권연대 소속단체 외에 공익인권법재단, 전국장애인부모연대, 전국장애인차별철폐연대, 한국정신장애인자립생활센터 등이 추가적으로 함께 하였다(김현민, 2019).

장애인 당사자주의의 의의

고춘완(2005: 93)은 장애운동에서 당사자주의가 탄생하게 된 배경과 당사자주의의 내용을 기초로 장애인 당사자주의가 갖는 의미를 다음과 같이 정리하고 있다.

첫째, 장애인 당사자주의는 세계장애운동에서 나타난 보편적인 성격이며, 장애인 억압에 대한 지배 사상 및 정치, 경제, 문화적 억압에 대한 저항운동의 한 표현이다.

둘째, 장애인 당사자주의는 그들의 정치세력화를 촉진하는 운동이라는 점에서 중요한 의의가 있다. 장애인에 대한 편견과 차별이 심하고 온정주의적 이데올로기가 만연하며, 역사가 짧은 한국장애운동의 조건에서 당사자주의의 확산은 장애인 당사자들을 운동주체로 조직하고 성장할 수 있도록 촉진한다는 점에서 진보적인 의미가 있다.

그러나 장애인 당사자주의가 지니는 한국장애운동에서의 진보적 성격이 있음에도 불구하고 당사자주의가 가지는 한계를 살펴보는 것은 매우 중요하다.

4. 정체성의 정치와 그 한계

장애인 당사자주의는 '정체성의 정치'[16]에 그 기반을 두고 있다. 즉, 비

16) 정체성의 정치(politics of identity)란 "특정 정체성을 지닌 개인이나 집단이 다른 사람들과 구별되는 정체성을 중심으로 그것에서 파생되는 여러 가지 문제점과 사회구조의 모순을 드러내고 해결하려는 흐름의 하나"라고 할 수 있다. 역사적으로 볼 때, 이러한 운동은 사람들 사이의 차별이 존재했던 인류 역사의 초기부터 존재해 왔으며, 이후 고대의 노예해방투쟁 등으로 연결되는 맥락을 가지고 있다(장미경, 1999: 85; 유동철, 2003: 281-282).

장애인과는 다른 장애인이라는 같은 정체성을 지닌 이들만이 장애문제를 가장 올바르게 이해할 수 있으며, 장애문제의 주체라는 것이다(김도현, 2012: 183). 그런데 당사자주의가 지닌 이러한 정체성의 정치라는 측면에서 문제점이 지적되고 있다. 일본 학자 도요타 마사히로(豊田正弘, 1998)는 장애인만을 당사자로 한정하는 것은 장애인 문제의 논의를 장애인의, 장애인에 의한, 장애인을 위한 논의로 제한하게 만들고, 장애인 문제를 사회 전체의 것이 아니라 자기완결적인 것으로 만들어 버린다며 일본의 당사자주의를 비판한 바 있다. 그는 1970년대에 해방운동으로 발전을 이룩했던 일본 장애인운동이 오늘날 '당사자운동'으로 인해 폐쇄적으로 조직되고 있다며, 일본 당사자주의를 비판했다(문상민, 2006: 13에서 재인용). 도요타 마사히로(2005)는 또한, 동일한 정체성을 지닌 선험적 당사자집단으로서 장애인을 상정하게 되면, 이중적인 모순 내지는 위험에 빠지고 만다고 지적한다(김도현, 2012: 182-183에서 재인용). 어떤 문제의 당사자를 표면적으로 관계된 일부 주체들로 한정하는 논리가 적극적으로 인정된다면, 그러한 논리는 계속해서 하위 당사자집단을 생산해낼 수 있다는 것이다. 즉, 장애인들이 겪는 구체적인 경험과 위치의 공통성에 기초하여 '장애인 당사자'라는 집단적 주체를 상정하지만, 장애인 내에서도 장애 유형, 성별, 계급, 학력, 성적 지향, 출신 지역, 연령에 따라 장애인들이 갖는 경험과 위치는 모두 다르다. 개별 사정을 구체적이고 상세하게 파고들어 생각하면, 결국 당사자란 원자화된 개인, 자기 자신밖에 남지 않게 되는 것이다. 그리고 이것은 집단적인 사회적 실천을 불가능하게 할 수도 있다. 바로 이러한 모순을 막아내기 위해 당사자주의는 장애인이라는 집단의 동일성을 강조하게 될 수밖에 없으며, 그러다 보면 각 개인이 지닌 차이와 견해를 무시하거나 배제하는 모습을 보이게 된다는 것이다(김도현, 2012: 182-183).

유동철(2003) 역시 정체성과 관련하여 당사자주의의 한계를 지적하고 있는데, 그에 의하면 당사자주의가 장애라는 공통된 특성으로 인해 공유하고 있는 공통성(commonality)을 중요시하며, 이를 통해 억압적 사회에 대한 집단적 변화행위를 시도하지만, 집합적 정체성이 장애인과 비장애인의 차이(difference between)에 주목함으로써 장애인 내부의 차이(difference within)에 관해서는 설명하지 못하고 있다고 지적한다. 예를 들어, 청각 · 언어장애인과 비장애인은 필담을 통해 의사소통할 수 있고, 시각장애인과 비장애인은 음성언어를 통해 의사소통할 수 있지만, 시각장애인과 청각 · 언어장애인의 의사소통은 훨씬 더 어려운 문제다. 장애인 내부의 차이는 장애 유형뿐만 아니라 연령, 성별 등에 따라 매우 다양하게 나타나는데, 이러한 차이를 고려하지 않은 집합적 정체성에 몰입하는 것은 문제가 있다는 것이다.

유동철(2003)은 또한, 정체성의 정치(politics of identity)를 시도하는 당사자주의는 자본주의의 본질적 모순을 드러내는 데도 한계가 있다고 지적한다. 자본주의 사회로 이행하는 과정에서 장애인이 생산과정에서 더 철저하게 배제되어 온 역사는 분명하다. 1차 산업 중심의 사회에서는 장애인들이 전적으로 생산과정에 기여할 수 없을지라도 부분적 기여를 할 수 있었다. 그러나 자본주의사회가 본격화되면서 장애인들은 점차 생산과정에서 배제되어 갔다. 이 결과, 장애인은 사회의 부담으로 느끼고 문제시되었으며, 노역장이나 수용시설에 감금되어 권리를 저당잡힌 채 국가의 시혜적 조치에 의지해 생명을 유지해야 했다. 정체성의 정치를 근간으로 한 장애인 당사자주의는 이러한 자본주의 양식의 전일화 과정에서 장애인이 배제되어 온 역사를 충분히 반영하지 못하는 한계가 있다는 것이다.

한편, 당사자주의는 당사자의 범주와 운동 주체를 확정지음으로써 집합적 정체성을 강조해 왔다. 여전히 일부 단체들은 비당사자의 배제를 주요한 당사자주의 실천으로 간주한다(강의영, 2024). 유동철(2003: 283)은 이에 대해 비판적이다. 예컨대, 지적장애인의 경우 장애의 특성상 운동의 주된 세력이 되지 못하고 있는 현실에서 그 가족, 특히 부모들이 지적장애인의 권익을 위해 장애운동에 대리자로서 결합하고 있다고 지적하면서, 이런 경우 지적장애인의 부모는 당사자가 아니어서 운동의 주축 세력이 될 수 없다면, 결국 지적장애인의 목소리를 장애운동에서 배제하는 치명적 오류를 낳게 될 것이라고 말하고 있다.

문상민(2006)도 당사자주의는 장애인 문제해결의 주체로 장애인을 주체화시킬 수 있다는 데 의의가 있다는 점을 인정하면서도, 당사자주의는 전문가를 배척함으로써 전문가가 장애인 문제해결의 주체가 될 수 있음을 간과하게 하며, 배타적 당사자주의로 귀결될 수 있다고 지적하였다. 이것은 장애인 문제를 고민하는 비장애인 활동가와 장애인의 관계를 왜곡하는 논리로 작용할 수도 있다는 점을 경계한 것으로 이해된다.

5. 당사자주의의 과제와 전망

앞서 지적한 바와 같이 장애인 당사자주의가 원론적 주장을 지나치게 강조할 경우, 장애인의 구체적인 삶의 현실에 대한 논의가 결여될 수 있다. 이렇게 될 경우 자칫하면 장애인의 관심과 참여가 저조해질 수도 있다. 그뿐만 아니라 당사자 이념을 지나치게 강조하면, 장애인이 직면한 사회 문제에 적극적인 관심을 가져온 비장애인들과 전문가들의 의욕을 떨어뜨릴 우려도 있다. 이러한 이유로 장애인 당사자주의는 당위론적 진술에서 벗어나 장애인의 인권적인 측면을 보다 구체적으로 논의해야 한다는 주장(곽정란 · 김병하, 2004)이 나온다. 당사자 목소리의 강조는 장애인의 실제적인 삶의 경험에 대한 구체적인 논의가 수반될 때 더욱 존중될 수 있기 때문이다.

장애인 당사자에 의한 장애인운동은 장애 유형과 종별에 따라 다양성을 끊임없이 늘려감과 동시에 횡적으로 서로 간의 보편적 기준에 의한 연대성을 넓혀가는 노력이 병행되어야 한다. 장애인 운동에 있어 이러한 개별적 다양성과 보편적 연대성을 어떻게 연관 지어 총체적 조화를 일구어 가느냐가 중요한 현안 과제로 지적된다(김병하, 2005a).

하경의(2021)도 연대를 강조하고 있는데, 앞으로는 보편적 토대와 차이의 존중을 통해 갈등을 넘어 내부적 연대를 강화해 나가며, 다양한 운동단체 및 대중과의 연대를 확장해 나가는 것이 중요하다는 것이다. 당사자단체가 빠르게 확대되고 있는 만큼 다양한 방식의 연대를 통해 힘을 결집해 나갈 필요가 있다. 이를 위해 앞서 언급한 철학적 토대와 정체성에 대한 논의, 그리고 당사자의 입장을 우선하며, 의사결정과 실행이 당사자에 의해 이루어지는 당사자성이 공유되어야 한다. 나아가 소수자 운동, 인권단체, 사회운동단체, 전문가 그룹, 문화예술이나 미디어 등 다양한 영역으로 연대를 확장하며, 대중과의 소통도 적극적으로 확대해 나가야 한다. 결국, 사회적 공감대와 설득을 이루어나가기 위해서는 폭넓은 연대가 중요하다.

아울러 당사자운동의 이념적 토대가 구축되어야 한다. 어떤 운동이든지 고유한 자기논리가 있어야 지속 가능하며, 발전할 수 있다(윤삼호, 2012). 당사자운동이 자칫 이익집단으로서의 이해와 요구에 머물지 않기 위해서는 사회 · 경제 · 정치 · 문화적 맥락에서의 철학적 토대, 이데올로기적 관점, 정책적 근거, 대중적인 설득 논리 등을 갖추어야 한다. 장애인운동에서도 자립생활 이념을 통해 대폭적인 의식화가 이루어지고, 이것이 운동의 강한 동기를 형성할 수 있었다(김봉선, 2010)는 점은 상기할 만하다. 그러나 더욱 중요한 것은 당사자주의의 이념을 넘어서 장애운동의 지도 이념이 될 수 있는 이념 개발이 시급해 보인다는 것이다.

제8장 사회통합

1. 사회통합의 개념
2. 사회통합의 필요성
3. 사회통합의 목표, 조건, 수단, 토대
4. 장애인의 사회통합
5. 사회통합의 측정
6. 사회통합에 대한 이견(異見)

제8장 사회통합

1. 사회통합의 개념

통합의 어원적 의미

영어에서 통합하다를 의미하는 integrate의 라틴어 어원인 integer는 '정수(定數)', '완전체', '완전한 것' 등을 의미하며, 동사형인 integrare는 '전체로 만들다', '완전하게 만들다'라는 뜻이다. 한편, 한자어에서 통(統)의 어원은 실타래(사, 糸)와 뭉치(충, 充)가 합하여 이루어진 '실뭉치'를 의미한다. 실뭉치에서 실이 계속 뽑혀 나오면 사물의 이음과 계속이 있고, 실뭉치에서 실마리를 찾으면 질서 있게 풀어낼 수 있기 때문에 통(統)은 '사물의 통일과 질서'를 의미한다. 합(合)은 '쪽문 합(閤)'의 간자체로서 ① '그릇의 몸통과 뚜껑을 맞추다'(盒), ② '사람들이 소리를 모아 대답하다'(答), ③ '물건을 모으다' 등의 의미로 쓰였다. 따라서 동서양을 막론하고 통합은 '둘 이상의 것을 하나의 큰 줄거리로 모으다' 혹은 '다양한 입장을 아울러 조화롭고 질서 있게 만든다'라는 의미를 가진다(이재열 외, 2014: 116-117).

사회통합의 일반적 정의

사회통합의 사전적 의미[1]는 단순하지만, 학문적 · 사회적으로 합의된 정의가 없어 그 표현과 의미는 논자의 관점에 따라 다양하게 혼재되어 사용되고 있다.[2]

울펜스버거는 "진정한 통합(real integration)이란 개인적인 사회통합이자, 가치 부여된 사회적 참여"라고 정의하였다. 그것은 "가치 박탈된 사람이 문화적으로 정상적인 교류, 활동, 관계, 역할 등에 일반 시민들과 함께 가치 부여된 물리적 · 사회적 환경에서 가치 부여된 방식으로 참여하는 것"으로 정의된다(이성규, 2001: 371에서 재인용).

파우워스(powers, 1981)는 사회통합을 "사회의 다양한 단위들이 안정된 사회적 관계를 형성하게 되는 역동적인 과정과 어떤 통합적 과정의 산출이나 결과적 상황"으로 정의하였다(박수경, 2008: 58에서 재인용).

김용득(2007a: 58-59)과 유동철(2013: 26)은 "사회통합이란 가치 있는 물리적 · 사회적 환경 속에서 정상적이고, 가치 있는 시민들과의 활동과 접촉을 의미하며, 이들 관계에 사람들이 개인적으로 참여하는 것"이라고 정의하였다.

한편, 노대명 외(2009)는 '사회통합'을 다음의 세 가지 의미를 지니는 것

---

1) 사회통합의 사전적 의미는 사회를 구성하고 있는 사람들이나 집단들을 하나로 합치는 일, 또는 그런 과정을 뜻한다(한국어사전). 사회사업사전(the social work dictionary)에서는 "통합은 구성원들이 하나의 통합된 전체로 결합해 가는 과정으로 사회학적인 의미의 통합은 다양한 사회집단이나 인종집단들을 결합하여 조화로운 관계를 형성해 가는 과정"(Barker, 1995; 박수경, 2008: 58에서 재인용)으로 정의되고 있다.

2) 예컨대, social cohesion, social integration, social inclusion 등이 그것이다. 일부 국내 학자들은 social cohesion을 사회통합으로, social integration을 사회적 통합으로, social inclusion을 사회적 포용으로 번역하여 해석하기도 한다(노대명, 2009; 7-8; 여유진 외, 2014: 58-73). 그러나 이 책에서는 사회통합과 사회적 통합을 분리해서 번역 및 정의하지 않고, social integration을 사회통합으로 사용하고자 한다.

으로 정의하고 있다.

첫째, 기존의 사회(보장)제도의 보호를 받지 못하는 사람들에 대한 배려, 또는 보완적 제도를 통해 사회의 일원으로 정상적으로 생활하도록 하는 것을 의미한다.

둘째, 사회적 위험에 처한 취약계층에 대해 보호를 뜻하며, 첫째 의미와 달리 기존 제도의 보호를 받는 계층도 대상이 되며, 전통적 사회적 위험(빈곤, 실업, 질병, 사고, 사망 등)에서 국민을 보호함으로써 잠재적 갈등 요인을 해소하는 것을 의미한다. 이때 사회통합은 사회정책의 궁극적 목표로서의 의미를 지닌다고 할 수 있다.

셋째, 사회구성원 간의 갈등을 예방하고, 발생한 갈등에 대해 조정 및 관리함으로써 사회의 균열과 분화를 방지하는 것을 의미한다.

노대명 외(2010)에서는 이를 다시 정리하여 사회통합의 개념을 "가치공유 및 사회적 신뢰가 형성되어 있으며, 사회갈등에 대한 민주적이고 합리적인 관리를 통해 경제사회적 격차와 불평등을 최소화하는 사회적 상태"로 정의하였다. 이태진 외(2010)에서도 노대명 외(2009, 2010)의 연구를 참고하여 사회통합의 개념을 사회갈등과 대치되는 개념으로 정의하고 있다.

이재열 외(2014: 130)에서는 사회통합을 소극적 의미에서는 "개인이나 집단 간 균열과 갈등, 배제의 원인이 효과적으로 해소되어 조화를 이루는 것"이라고 정의하였다. 그러나 이러한 조화는 개인과 사회의 삶의 질이 모두 높은 사회에서 가장 잘 구현될 수 있다는 의미에서 적극적 의미의 사회통합은 높은 수준의 사회의 질을 유지하는 사회를 뜻한다고 하였다.

한편, 대부분의 현대 이론가들은 '사회통합(social integration)'과 '체계통합(system integration)'을 구분하여 설명하는 경향이 있다. 처음 이러한 구분을 제안한 록우드(Lockwood, 1964)는 사회통합을 '개인이나 집단이 서로 관계를 맺는 원칙'으로, 체계통합을 '사회체계나 부문 간의 관계 양상'으로 정의하였다(이재열 외, 2014: 118에서 재인용).

하버마스(Harbermas, 1987)는 생활세계 수준에서 사회규범, 개인의 정체성, 문화적 의미 등에 대하여 원활하게 의사소통이 이루어지는 상태를 사회통합으로, 상징적으로 일반화된 교환의 매체(화폐, 권력, 진리, 애정 등)가 광범하게 받아들여진 상태를 체계통합으로 구분한다(이재열 외, 2014: 118에서 재인용).

한편, 무젤리스(Mouzelis, 1992; 1997)는 집단갈등에 대한 대비라는 의미로 사회통합 개념을 사용하고 있는데, 새로운 소수민족이나 인종집단이 유입되어 집단 간 갈등이 생겨날 경우 다음과 같은 네 가지 사회통합모델이 가능하다고 본다(이재열 외, 2014: 119에서 재인용).

첫째, 구분 통합(compartmentalized mode of integration)이다. 이것은 다른 문화를 지닌 집단들이 자율적으로 병존하되, 집단 간에는 최소한의 소통과 교환만 유지하는 것을 의미한다.

둘째, 독점적 통합(monological type of integration)이다. 이것은 주도적인 문화가 여타의 문화전통이 가진 정체성과 역동성을 없애고 적극적으로 지배하는 것을 의미한다.

셋째, 혼합주의적 통합(syncretic integration)이다. 이것은 매우 선택적으로 각각의 문화전통의 요소들을 혼합하되, 각 문화의 내부논리나 문화의 역사에 대해서는 간섭하지 않는 방법을 의미한다.

넷째, 소통적 통합(communicative integration)이다. 이것은 각각의 문화전통의 자율성과 내적 논리를 존중하되, 활발하게 양방향 소통을 활성화하는 것을 의미한다.

이 중에 독점적 통합은 일제의 황민화 정책과 같이 강제와 강요를 의미하며, 정치적으로 매우 부정적인 함의를 가진다. 이 중 가장 바람직하고 긍정적인 것은 소통적 통합이라고 본다.

이상과 같이 '사회통합'은 많은 학자들에 의해 다양한 방식으로 사용되어 온 개념임을 알 수 있다. 이상의 논의들을 종합해 보면, 사회통합이란 한 개인이나 다양한 집단이 정상적인 지역사회 안에서 가치 있는 방법과 조정을 통해 조화롭고 안정된 사회적 관계를 형성해 가는 과정을 의미한다. 즉, 사회통합의 핵심은 '평등한 인간으로서의 완전한 참여'임을 알 수 있다.

2. 사회통합의 필요성

그렇다면 왜 사회통합을 말해야 하는가? 버거-슈미트(Berger-Schmitt)는 사회통합이 정치적으로 관심을 받는 이유를 세 가지로 제시하고 있다. 첫째, 사회통합이 정치적 안정의 조건으로 인식되고 있다. 한 사회 내에서 불평등이 증가하고, 사회집단이 다양한 집단으로 분할되는 경향이 심해지면 정치적 분열의 위험성이 증가하고, 정치체계의 작동이 중단될 수 있다는 것이다. 둘째, 경제적 부와 성공의 근원으로 고려되고 있으며, 결국은 국력을 증가시킨다. 사회통합과 경제성장과의 관계에 대해서는 이미 많은 실증 자료들이 제시되고 있다. 셋째, 낮은 사회통합이 공공지출을 증가시키게 된다는 것이었다. 노동시장에서의 사회적 배제가 증가하고, 사적 네트워크 사이에서의 유대감과 연대의식이 약화되고, 자원봉사 등에 참여하는 공공참여의 수준이 낮아지는 것은 사회통합이 약화된 현상이다(김미곤 외, 2014: 34에서 재인용).

한편, 이태진 외(2010)는 사회통합의 개념은 복수의 요소로 구성되는데, 그러한 요소 중에서 핵심적인 것은 경제사회적 격차와 불평등이라고 지적하였다. 경제사회적 격차와 불평등의 확대가 우리 사회의 통합을 저해하는 핵심적인 요소라는 것이다. 경제사회적 격차와 불평등의 확대로 나타나는 사회통합의 훼손이 사회성원들 사이에서 과도한 재분배의 다툼을 초래하며, 그러한 과도한 재분배의 다툼이 파국적인 결과를 초래할 수 있다는 것이다. 여기서 말하는 파국적인 결과란 이익 갈등과 가치 갈등을 다루는 제도적 장치로 우리 사회의 구성원이 합의한 민주주의가 훼손되고, 자본주의가 약화됨을 의미한다. 결국, 과도한 재분배의 다툼을 미연에 방지함으로써 민주주의의 원활한 작동과 자본주의의 재생산을 보장하기 위해서 복지정책이 필요하다는 것이다.

그 밖에도 사회통합이 필요한 이유는 사회통합이 우리의 행복과도 밀접한 관계를 지니기 때문이다. 정해식 외(2016)의 연구결과에 따르면, 우리 사회에서 사회통합 상태에 대한 긍정적인 인식은 행복과 삶의 만족도를 증진하고, 우울을 감소시키는 것으로 나타났다. 그 외에도 소득격차가 크다고 느낄수록 행복 수준은 모든 차원에서 유의하게 감소하고 있었다. 이를 통해서 높은 사회통합 수준이 국민 개개인의 높은 행복을 담보하는 것은 아니지만, 통합된 사회기반은 국민 개개인의 행복을 높일 수 있는 조건이 될 수 있음을 확인하였다. 다시 말해, 통합된 사회는 행복한 국민의 필요조건이라기보다 충분조건이라 할 수 있다. 긍정적인 사회통합 인식은 개인의 행복을 유의하게 증가시키며, 사회통합 인식의 하위 구성요소 또한 개인의 행복을 유의하게 증진시킨다. 결국, 사회정책의 궁극적 목적으로서 사회구성원의 행복 수준을 높이기 위해서 다양한 방식의 사회통합 정책을 도입, 강화할 필요가 있다.

3. 사회통합의 목표, 조건, 수단, 토대

이재열 외(2014: 130-133)는 통합을 '가치로서의 통합'과 '기능으로서의 통합'으로 구분하여 설명하고 있다. 이 구분 설명을 통해 사회통합의 목표와 조건, 수단, 토대 등을 확인할 수 있다.

가치로서의 통합은 '기계적 균형'이나 '결과의 평등' 혹은 '평준화'가 아니라, 다양한 개인이나 지역들이 고유한 개성과 능력, 그리고 특성을 유지하면서 서로 어울려 '역동적인 조화와 상생'을 이루는 것이다. 잘 통합된 사회는 달리 표현하면 '공정한 사회'이다. 공정한 사회는 정당성을 가지고 지속할 수 있는 성숙한 사회를 뜻한다. 여기서 공정하다는 의미는 출발과 과정에서 공평한 기회를 주되 결과에 대해서는 스스로 책임진다는 것을 뜻한다. 이는 개인의 자유와 개성, 근면과 창의가 촉진된다는 점에서, 그리고 패자에게도 새로운 기회가 주어진다는 점에서 승자독식이 아닌 상생과 공존이 가능한 사회를 의미한다.

기능으로서의 통합은 가치로서의 통합을 달성하기 위한 토대, 수단과 조건 등에 해당하며, 이는 다시 사회통합을 위한 정부 역할이라는 측면에서 규범적 통합(토대), 소통적 통합(수단), 체계적 통합(조건)으로 구분된다.

첫째, 규범적 통합이란 통합의 토대를 마련하는 일이다. 이는 이질적이고 각기 다른 선호를 가진 행위자들이 공통의 규칙에 대한 기대를 공유하게 하여 결과에 대한 예측 가능성을 높이는 것을 의미한다. 규칙의 투명성과 법치주의, 제도에 대한 신뢰 등은 이런 의미에서 사회통합을 형성하는 핵심 토대의 역할을 한다.

둘째, 통합의 중요한 수단으로서 소통의 중요성이다. 여기서 소통이란 정부가 국민의 고충과 어려움에 대해 경청하는 것뿐 아니라, 다른 이해관계나 문화, 정체성을 가진 개인이나 집단 사이의 원활한 소통도 포함한다. 구체적으로는 언론의 자유와 국민의 눈높이에 예민하게 반응하는 정책적 민감성, 그리고 합리적이고 장기적인 국가 목표에 대해서는 적극적으로 국민을 설득하는 정부의 노력 등이 모두 포함된다.

셋째, 체계적 통합이다. 이는 사회통합과 정책효과 제고의 조건으로서 정책 체계 간 선순환의 고리를 만들고, 정책과 외부환경 변화와의 괴리를 해소하는 것을 의미한다. 가령 성장이냐 분배냐의 이분법 대신 성장을 토대로 두 가지 이질적 요소를 통합하는 정책이 가능한데, 고용유발형 복지정책(compulsory activation system)이 체계통합의 대표적인 사례가 될 수 있다. 말하자면, '혜택을 받기 위해서는 최소한의 일을 해야 하는 복지시스템'과 '가능한 최대의 인원이 일자리를 찾아야 한다는 시장경제의 성장시스템' 간에 상호 호환성을 만들어 냄으로써 성장과 복지의 선순환구조를 촉진한다는 점에서 그렇다. 이러한 복지정책은 성장을 이루되, 배제되는 층이 없이 모두 성장의 과실을 나누어 두꺼운 중산층을 형성하고자 한다는 점에서 분배적 정의를 정책적으로 구체화하여 실현하는 일이다.

4. 장애인의 사회통합

1) 장애인의 사회통합에 대한 개념

장애인의 사회통합에 대한 개념은 학자들의 보는 관점에 따라 다양하게 나타난다. 이에 대해 박수경(2008)은 미시적 접근, 거시적 접근, 다차원적 접근으로 구분하여 설명하고 있다.

사회통합에 대한 미시적 접근

장애인의 사회통합 개념을 미시적으로 보면 '개인의 기능적인 역할 수행 정도'를 의미한다. 즉, 사회통합은 질병이나 외상으로 인해 장애를 입게 된 후 기능을 회복하여 장애 이전의 생활로 복귀하는 정도이다. 말하자면, 사회통합은 병이나 외상 후 장애인이 가정 내에서의 자신의 역할기능을 회복함으로써 성취할 수 있다는 것이다. 이러한 미시적 관점에서는 장애인의 사회통합이 전적으로 장애인 자신의 노력으로 이루어질 수 있다고 본다. 하지만 이러한 접근은 사회통합의 주체를 개인에게만 제한시킴으로써 장애인이 속한 사회환경에서 비롯될 수 있는 여러 요인을 간과하고 있다.

사회통합에 대한 거시적 접근

장애인의 사회통합에 대한 거시적 관점은 사회통합을 사회구조의 산물일 뿐 지역사회에서 개인이 투입한 노력의 결과로 볼 수 없다고 본다. 통합의 문제는 한 사회의 문화적 편견을 통해 한 집단의 사회구조와 그 사회의 문화가 결합되고 조절되므로 문화적인 관점에서 고려되어야 한다고 본다. 괴르트(Goerdt, 1986)는 장애인의 사회통합은 그가 속한 사회에서 정해 놓은 규범적인 사회적 역할의 수행 정도에 의해 판단될 수 있다고 보았다(박수경, 2008: 61에서 재인용). 한 사회의 낮은 사회통합 정도는 장애와 관련된 그 사회의 문화적 인식 수준이 장애인의 규범적 역할의 참여를 제한하는 데서 비롯된다고 본다. 결국, 장애인의 사회통합은 장애인이 속한 사회에서 사회통합에 대한 신념을 갖고, 이를 수용할 때 이루어질 수 있다.

이처럼 거시적 접근은 사회통합의 차원을 장애인이 속한 사회구조나 그 사회의 신념으로 설명했는데, 이는 개인의 역할 수행에 초점을 둔 미시적 접근과는 대조를 이룬다. 그러나 사회통합을 사회제도나 구조적인 측면에 한정함으로써 동일한 사회구조 내에서 나타나는 개인의 다양한 차이를 설명하지 못하는 한계가 있다.

사회통합에 대한 다차원적 접근

1960년대 이후 탈시설화 경향에 따라 장애인의 지역사회통합화에 관심을 갖게 되면서 사회통합을 개인의 지역사회 연관 활동의 수행 정도로 측정하게 되었다. 사회통합에 대한 다차원적 접근에서는 사회통합을 개인의 역할 수행을 넘어 지역사회 내에서의 연관 활동으로까지 확장하고 있으며, 장애인과 주변 환경 간의 상호작용을 중요한 측면으로 강조하고 있다. 다차원적 접근에서는 사회통합을 ① 장애인 자신의 역할 수행 정도, ② 장애인과 비장애인의 사회적 관계, ③ 지역사회 활동의 참여 정도, ④ 지역사회 자원에로의 접근성 등을 공통적으로 구체화하고 있다.

2) 장애인복지의 기본 이념으로서 사회통합

장애인 사회통합의 의미

위에서 살펴본 것처럼 장애인의 사회통합에 대한 개념은 학자들의 보는 관점에 따라 다양하게 나타난다. 그럼에도 불구하고 선행연구에서 볼 수 있는 사회통합의 공통된 특징은 비장애인과의 평등을 전제로 주체성과 참여성을 강조하고 있다는 점이다. 일반적으로 장애인의 사회통합은 장애인이 평등의 기초 위에서 사회의 부분이 되어 장애인이 속한 사회 · 문화적 활동에 참여하는 것을 의미하는 것(이익섭, 1993)으로, 비장애인이 영위하는 수준과 동등하게 장애인들이 지역사회 내에 존재하고 참여하는 정도를 의미한다(Mank & Buckley, 1989; 박수경, 2008: 58에서 재인용). 장애인이 비장애인보다 열등하다거나 일탈된 계층으로 취급되지 않고, 장애는 가졌으나 지역사회의 한 구성원으로 책임과 의무를 실천할 능력이 있는 평범한 인간으로 인식될 때 비로소 장애인이 사회에 완전히 통합되었다고 말할 수 있다(손광훈, 2004: 87-90).

장애인의 사회통합은 더불어 사는 사회이며, 장애를 가진 사람이 차별 없이 모든 사회활동에 참여할 수 있는 사회의 구현을 의미한다. 장애인의 사회통합은 우리가 추구해야 할 사회가치로서 정당성을 갖는다. 그 이유는 장애가 있는 사람은 누구나 인간이라는 기본적 이해와 누구도 장애로부터 자유롭지 않다는 철학에 근거하고 있기 때문이다.

사회통합은 조건이 아니라 기본적인 인간 권리의 범위 내에서 주어진 최소한의 자격이다. 권리의 측면에서 통합은 시설이나 사회의 준거나 표준을 충족시키기 위하여 장애인에게 개선을 요구하지 않고, 오히려 장애인의 다양한 요구를 수용하기 위하여 시설이나 사회에 조정을 요구한다. 이러한 요구는 사회통합이 특권이 아니라 기본적인 권리이기 때문에 반드시 반영되어야 한다(정동영, 2010: 152).

이상을 종합하면, 장애인복지의 기본 이념은 완전한 사회참여와 평등한 기회를 통한 장애인의 사회통합이라 할 수 있으며, 장애인복지의 궁극 목표는 장애인이 완전한 사회통합을 이루는 데 있다고 할 수 있다.

노멀라이제이션과 사회통합

노멀라이제이션은 장애인이 가능한 한 다양한 영역과 가장 높은 수준에서 사회적으로 가치를 인정받는 생활에 통합될 기회를 가질 것을 요구한다. 이는 장애인이 지역사회의 평범한 가정에서 생활할 수 있어야 하며, 비장애인과 단순히 근접해서 사는 것이 아니라 같이 살 수 있어야 하며, 비장애인과 동등한 교육을 받는 것은 물론 같은 시설 내에서 일할 수 있어야 하며, 종교, 여가, 쇼핑 등의 모든 활동에 적극적으로 참여할 수 있어야 한다는 것을 의미한다.

노멀라이제이션이 함의하는 사회통합 유형은 매우 구체적이다. 이는 개인의 사회통합과 가치를 인정받는 사회통합이다. 물리적 측면에서의 사회통합은 단순히 지역사회에 가치절하를 경험하고 있는 사람들이 살고 있는 상황을 의미하는 것이며, 이는 단지 개인이 가치 있는 사회참여를 하기 위한 전제 조건일 뿐이다. 이런 점에서 김용득(2007a: 61)은 노멀라이제이션은 주류화나 탈시설화와 혼동해서는 안 된다고 말한다. 주류화와 탈시설화는 가치절하를 받은 사람들에 대하여 통합적인 방식이 아닌 형태로 사회에 존재하게 하는 것을 목적으로 하고 있기 때문에 이러한 방향은 가치절하를 받은 사람들에 대하여 더 큰 상처를 주게 될 가능성이 크다는 것이다. 그는 "주류화와 탈시설화는 가치절하를 받은 사람들에 대한 부정적인 태도와 기부의 또 다른 표현이다."라고 말한다.

삶의 질과 사회통합

장애인의 지역사회통합은 삶의 다양성과 선택의 권리를 보장해줄 수 있으며, 궁극적인 목적은 장애인들의 삶의 질[3] 향상에 있다. 장애인의 지역사회통합은 장애인이 지역사회에서 통합되어 살아가는 것이 한 인간으로서 가지는 다양한 욕구들을 충족시킬 기회가 더 많아지기 때문에 사회통

3) 여기서 삶의 질이란 객관적이고 물리적인 차원이라기보다는 개인을 둘러싼 다양한 영역에 대해 개인이 주관적으로 인식한 삶의 만족 수준인 주관적 삶의 질(subjective quality of life)을 의미한다(백은령, 2002: 112). 즉, 장애인 당사자가 실제 생활에서 경험하는 생활상태에 대한 주관적 느낌인 주관적 삶의 질은 개인이 자신의 삶에 대해 얼마나 만족하고 있는가를 주관적으로 평가 내리는 삶의 만족도와 같은 개념이라 할 수 있으며, 삶의 만족도란 신체적, 정신적, 경제적, 사회환경적 인간생활의 모든 측면을 포함하는 종합적이고 복합적인 개념이라 할 수 있다(백은령, 2002: 118).

합이 되면 삶의 질 수준도 함께 높아질 것을 전제로 하고 있다(백은령, 2002: 112). 그러나 지역사회에 통합되어 살아가는 정도가 높아졌다고 해서 장애인의 삶의 질이 향상되었다고 볼 수만은 없다. 주관적인 삶의 질은 사회통합의 영향을 받지만, 장애인의 개인요인과 환경요인의 영향에 따라 정도에 차이가 있을 수 있다. 즉, 사회통합의 정도가 높고 삶의 만족도가 높은 상태란 궁극적인 장애인복지가 실현된 상태라 볼 수 있으나, 장애인의 사회통합 정도와 삶의 질이 항상 정적인 상관관계에 있는 것만은 아니다.[4] 따라서 장애인들도 비장애인들이 살아가는 삶의 주기와 방식대로 지역사회에 통합된 삶을 살 수 있어야 하며, 장애인들이 만족감을 느낄 수 있는 지역사회통합이 되기 위해서는 개인적 요인뿐만 아니라 장애인을 둘러싼 사회환경적 요인의 영향이 중요하다(백은령, 2002: 113, 119).

여러 선행연구 결과를 종합해 보면, 삶의 질에 영향을 미치는 요인은 크게 개인요인과 환경요인으로 구분해 볼 수 있다. 개인요인으로는 성별, 연령, 교육 정도, 직업, 수입, 결혼상태, 종교, 인종, 건강상태, 자아 존중감, 사교 · 레저 활동 등이 포함되며, 환경요인으로는 가족과의 관계, 친구 및 직장 동료와의 관계와 지지적 태도, 이웃과의 관계와 지지적 태도, 장애인이 느끼는 비장애인의 인식(사회적 시각), 사회적 지원(공식적 · 비공식적 지원), 지지 모임 등이 포함된다(백은령, 2002: 121).

자립생활 패러다임과 사회통합

최근 들어 장애를 정의하면서 개인보다는 장애를 유발하는 사회환경에 초점을 두게 되었고, 그 결과 사회통합 개념 역시 개인의 기능 향상과 역할 수행 및 참여를 넘어 차별적인 환경의 철폐로 인한 기회의 확보, 참여

4) 이러한 사실은 장애인의 삶의 질에 대한 많은 연구결과를 통해 확인할 수 있다.

의 확대, 권리와 선택권의 확보 등의 개념까지도 포괄하게 되었다. 이러한 경향은 장애문제가 더 이상 전통적인 재활패러다임에 근거한 장애정책이나 프로그램으로 해결되기 어려우며 새로운 패러다임에 따른 장애나 사회통합의 개념 규정이 필요함을 보여준다(박수경, 2006: 237-238).

자립생활 패러다임은 장애문제의 해결책을 장애인의 선택과 통제권을 제한하는 환경에서 찾으려고 했다는 점에서 사회통합 개념의 필요성에 타당성을 제공했다. 자립생활 패러다임에서는 장애인을 무능력한 존재로 보지 않고, 자신의 생활을 스스로 통제할 수 있는 여건이 갖추어지면 비장애인과 마찬가지로 충분히 자신의 역할과 책임을 수행할 수 있는 주체가 될 수 있다고 본다. 자립생활 패러다임은 중증장애인의 서비스체계 참여와 자원 선택의 권한이 사회통합의 중요한 구성요소로 포함시키고 있는데, 이 점은 기존 재활 패러다임에서는 찾아볼 수 없었던 핵심적인 내용이라 할 수 있다(박수경, 2006: 241; 2008: 76).

3) 장애인 사회통합의 분류

(1) 울펜스버거의 사회통합 구분

그렇다면 사회통합은 어떻게 구체화될 수 있는가? 울펜스버거는 이에 대해 사회통합을 물리적 통합과 사회적 통합의 두 가지 측면으로 제시하였는데, 궁극적으로 통합은 사회적 통합일 때만, 즉 단지 물리적 통합이 아닌 사회적 상호작용과 수용을 포함할 때 의미가 있다고 보았다. 물리적 통합은 사회적 통합의 필요조건이긴 하되, 근본적으로 사회적 통합이 물리적 통합보다 더 중요하다고 보았던 것이다. 그에 의한 사회적 통합은 개인적 수준에서 발생하면서 일탈인 개인들과 일탈로 인식되지 않은 사람과의 밀접한 상호작용을 포함한다. 반면 물리적 통합에는 일반적으로 사회적 상호작용을 가능하게 하거나 촉진시키는 건물이나 배치가 포함된다. 그는 이러한 관점을 바탕으로 다음과 같이 물리적 통합과 사회적 통합을 설명하였다(이성규, 2001: 366-367; 2011: 31-33).

물리적 통합

① **위치**: 일반적으로 서비스를 받는 사람들이 지역사회에 있어야 한다. 그리고 일탈된 사람들은 일반적인 사회, 경제, 교육 등과 같은 체계틀 안에 있거나 병합되어야 한다.

② **물리적 배경**: 제공되는 서비스의 유형과 프로그램이 위치하는 지역의 유형이 일치되어야 한다. 우체국, 상점, 식당, 도서관, 교회, 운동장, 극장 등과 같은 자원이 늘어서 있거나, 중산층 이웃들이 사는 곳에 소규모 주거시설을 배치하면 통합이 용이하다.

③ **접근성**: 장애인이 접근할 수 있는 거리에 있어야 한다. 교통수단의 활용과 편이성은 물론 장애 영역별로 특성화된 물리적 환경이 포함된다.

④ **규모와 분포**: 서비스는 인구분포의 유형들과 일치하면서 지역을 따라 분산되어야 하고, 모든 클라이언트가 다른 지역사회 자원들도 충분히 이용할 수 있는 곳에 있어야 한다. 그리고 대규모시설은 해체되어야 한다.

사회적 통합

서비스에서 물리적으로 적절하게 통합되었다 하더라도 포괄적으로 사회적 통합은 여전히 어려움을 겪을 수 있다. 예를 들면, 적절한 배치에도 불구하고 서비스 기관의 정책이나 서비스 구조, 사회적 환경과 같은 요소들은 장애인을 문화 중심으로부터 오히려 격리시키고, 일상적으로 사회와 지역주민들과 교감할 기회를 차단할 수 있다. 따라서 물리적 통합을 전제로 사회적 통합이 동시에 이루어져야 하는데, 사회적 통합은 프로그램 형태, 낙인, 건물인식의 세 가지로 구분된다.

① **프로그램 형태**: 장애아동은 가능한 한 일반적인 보호와 일반학급으로 통합되어야 한다. 직업훈련은 특별한 보호작업장에서 벗어나 때론 일반 프로그램들로 시행되어야 한다. 레크리에이션은 정기적으로 일반 시민들의 여가활동에 참여해서 상호작용할 수 있도록 노력을 기울여야 한다. 그리고 특별한 지원과 훈련에서는 일반적인 지역사회 교통수단을 이용할 수 있도록 해야 한다.

② **낙인**: 사회통합은 장애인과 가족, 그리고 서비스 위치 관련 시설들이 명명되고 지칭되는 방식에 영향을 받는다. 따라서 장소에 대한 지칭과 시설 이름 등은 장애인에 대한 올바른 인식을 향상시키기 위해 신중히 고려되어야 한다.

③ **건물인식**: 건물이 대중에게 인식되는 방식도 고려해야 한다. 예를 들면, 교도소처럼 보이는 건물은 통합을 저해하기 쉽다.

이러한 통합에 대한 개념들은 통합교육, 통합된 작업장, 주거통합, 그 밖에 복합적인 영역에서 활용되고 있다.

(2) 뉴리에의 사회통합 구분

한편, 뉴리에는 노멀라이제이션 관련 논문에 「통합에 관하여」라는 부록을 첨부하여 통합의 여섯 가지 분류를 제시하였다(Nirje, 1980: 47-49; ニィ

リエ, 1998: 103-104; 이성규, 2001: 372-374).

첫째, 물리적 통합(physical integration)이다. 물리적 통합은 장애인에게 물리적 환경에서부터 일상생활의 정상적인 리듬의 경험에 이르기까지 기본적인 안정에 관계된 요구사항을 공유할 수 있게 하는 것이다. 예컨대, 장애인들이 지역사회의 주택가에서 생활하고, 산업영역에서 일할 수 있어야 하며, 다른 모든 시민과 같은 리듬을 경험하는 생활을 의미한다.

둘째, 기능적 통합(functional integration)이다. 기능적 통합은 물리적 통합이 확대된 것을 말한다. 예를 들면, 식당, 수영장, 교통수단 등을 보통시민과 똑같이 이용할 수 있다는 것을 의미한다.

셋째, 사회적 통합(social integration)이다. 사회적 통합은 지역사회의 이웃, 학교, 직장 등에서의 사회적 관계를 의미한다. 이 부분에서는 예절, 태도, 존경, 존중 등이 상호 연관된다.

넷째, 개인적 통합(personal integration)이다. 개인적 통합은 생활상의 다양한 욕구가 가장 영향력이 있는 다른 사람과의 상호관계 속에서 발전되고 변화되는 것을 말한다. 예컨대, 어린아이의 경우는 부모, 형제자매, 친척, 친구와의 관계, 그리고 성인의 경우는 친척, 친구, 배우자 등과의 관계를 맺으면서 변화 발전하는 것이다.

다섯째, 사회체계적 통합(societal integration)이다. 이것은 시민으로서의 법적 권리, 성장과 성숙에의 기회, 자기결정을 통한 자기실현 등을 성취할 수 있는 것을 말한다. 이 개념은 장애인도 사회권의 주체가 됨을 의미한다.

여섯째, 조직적 통합(organizational integration)이다. 조직적 통합은 위에서 열거한 장애인 사회통합의 다섯 가지 측면들의 촉진을 지원하는 행정기구나 서비스의 형태에 관여할 수 있는 것을 의미한다.

4) 학교 교육의 측면에서 본 사회통합

사회통합은 본질적으로 모든 학생을 위하여 가장 효율적이고 효과적인 환경을 제공하는 방법에 관심을 둔다. 통합은 장애인의 지원에 대하여 전체 학교와 지역사회의 참여를 요구한다. 이러한 요구는 노멀라이제이션의 유산이다. 노멀라이제이션은 장애인들이 가능한 다양한 영역과 가장 높은 수준에서 사회가 인정하는 생활에 통합될 기회를 제공할 것을 요구한다.

통합은 학습의 과정에서 발생하는 학생의 곤란을 학생의 결함이 아니라 학생에 대한 학교의 부적절한 반응으로 간주한다. 따라서 통합은 행정가들의 장애학생들에 관한 책임 확립, 학교에 대한 재정 지원의 방향 수정, 학교와 부모들의 더 많은 신뢰 창조, 효과성과 효율성을 지닌 다른 인간 서비스 기관들과 학교 프로그램의 연계 등을 요구한다. 이러한 욕구는 장애학생이 발달과정에서 정상적인 발달 경험, 선택과 자유, 지역사회에 통합된 삶을 살 수 있도록 하는 노멀라이제이션의 유산이다(정동영, 2010: 153-154).

통합교육과 분리교육

장애인교육이 궁극적으로 추구하는 가치는 통합교육이다. 장애인교육은 크게 통합교육(inclusive education)과 분리교육(segregated education)으로 구분된다. 통합교육은 장애아동들이 비장애아동과 함께 일반학급에서 교육받는 것이라 할 수 있으며, 분리교육은 일반교육 체제와 분리하여 특수교육기관, 즉 특수학급, 특수학교, 기숙학교, 병원학교 등과 같이 한정된 장소에서 특수교육을 필요로 하는 아동에 대해 교육하는 것이라고 할 수 있다. 통합교육과 분리교육의 차이점을 정리하면, 다음 〈표 8-1〉과 같다.

〈표 8-1〉 통학교육과 분리교육의 차이점

구분	통합교육	분리교육
서비스 개시	주로 출생부터 시작	주로 초등학교부터 시작
특수 프로그램 접근	통합된 프로그램에 접근	분리된 프로그램에 접근
프로그램의 제공	일반교육 프로그램 제공	특수 제작된 프로그램 제공
직업교육	지역사회 실제 직업교육 프로그램 적용과 직업 경험	장애 직업교육과정의 적용과 직업 경험
서비스 제공	지역사회 내의 일반 기관으로부터 서비스 제공	분리된 기관으로부터 사회, 가정, 건강서비스 제공
시설활용	기존의 다양한 시설들을 통합적으로 활용	대규모시설과 기관을 별도로 활용
사회교육 참여	고등교육기관이나 직업훈련 프로그램의 일반훈련	장애학생들을 위한 별도의 교육, 직업훈련

출처: 서동명 외(2022), p.282.

장애인 통합교육

통합교육은 일반적으로 '장애학생들을 비장애학생들의 교육과정에 포함'시키는 것을 의미한다. 우리나라 「장애인 등에 대한 특수교육법」 제2조(정의)에 의하면, 통합교육은 '특수교육대상자가 일반학교에서 장애 유형 · 장애 정도에 따라 차별을 받지 아니하고, 또래와 함께 개개인의 교육적 요구에 적합한 교육을 받는 것을 말한다.'라고 규정되어 있다. 한편, 카우프만 외(Kauffman et al., 1975)의 정의에 따르면, 통합은 일정 시간 동안 장애가 없는 또래와 동일한 교육환경에 배치하는 시간적 통합(temporal integration) 외에도 일반학급의 학업활동에 의미 있게 참여하는 교수활동적 통합(instructional integration), 그리고 통합되는 학급의 교사와 또래로부터 학급의 구성원으로 수용되는 사회적 통합(social integration)을 모두 포함한다. 진정한 의미에서의 통합은 마지막 사회적 통합까지 이루어지는 것을 의미한다(최윤영 · 이경준, 2010; 서동명 외, 2022: 282-283에서 재인용).

통합교육의 효과성에 대해서 장애학생과 비장애학생 각 측면에서 살펴보면 다음과 같다(최윤영 · 이경준, 2012; 서동명 외, 2022: 283-284).

먼저, 장애학생의 측면에서 보면, 통합교육의 효과는 장애학생의 사회성을 키울 수 있다는 점이다. 즉, 장애학생들이 비장애학생들과의 상호작용을 통해 사회적으로 수용되는 다양한 행동을 배우고, 바람직하지 못한 행동을 감소시키는 등 자신들의 행동을 변화시킬 수 있다. 또 언어와 관련해서 다양한 어휘와 바른 언어표현 방식을 배울 수 있다. 그리고 또래와 함께 공부한다는 자긍심을 가짐으로써 자아 존중감 발달에 긍정적인 영향을 끼치게 된다.

한편, 비장애학생의 측면에서 보면, 장애에 대한 편견과 선입견을 줄일 수 있으며, 장애에 대해서 일찍 알게 됨으로써 좀 더 성숙해질 수 있다. 다른 사람을 배려하는 태도를 배울 수 있으며, 또한, 다른 사람을 도울 기회를 얻고, 함께 하는 방법을 배울 수 있다. 결국, 장애학생을 이해하고 함께 어울리는 것 자체가 비장애학생에게 효과적인 인성교육이 될 수 있다.

한편, 통합교육의 단점에 대해서 생각해 보면, 다음과 같다(최윤영 · 이경준, 2012; 서동명 외, 2022: 284-285).

먼저, 장애학생의 관점에서 살펴보면, 통합교육을 하는데 교사와 비장애학생, 그리고 학부모의 생각과 태도가 개선되지 않으면 장애학생들이 오히려 상처를 받을 수 있다. 또 학교에 장애인을 위한 편의시설과 교재 지원 등이 이루어지지 않으면 학교시설 이용 등에서 장애학생들이 제한을 받을 수 있으며, 이는 오히려 장애학생들의 교육권 침해로 이어질 수 있다.

다음으로 비장애학생의 통합교육과 관련한 문제점을 살펴보면, 먼저 장애학생에게 관심이 쏠리거나 장애학생의 문제행동으로 인해 비장애학생의 교육권이 침해당할 수 있다. 또 교육활동을 하는 데 장애학생으로 인해 비장애학생들의 선택과 자유가 일정 정도 제한될 수 있다.

이와 같은 통합교육이 성공적으로 이루어지기 위해서는 갖추어야 할 몇 가지 전제 조건들이 존재한다(최윤영 · 이경준, 2012: 140-141; 서동명 외, 2022: 285).

첫째, 실제적으로 통합교육을 위해서는 장애학생의 준비 차원에서 조기 통합교육을 통해 사회적 접촉의 가능성을 미리 수용할 것이 강조된다.

둘째, 비장애학생의 태도 차원에서는 비장애학생을 대상으로 장애에 대한 적절한 오리엔테이션이 강조된다.

셋째, 일반교사의 태도와 관련해서는 개방적 사고와 책임, 특수교사와의 협력적 문제 해결, 장애학생의 학교와 학급에 대한 소속감 고취 등이 강조된다.

마지막으로 부모의 태도와 관련해서는 부모의 통합교육에 대한 인식 제고와 장애와 비장애 부모 모임 등을 통한 상호 이해 도모가 필요하다.

5) 정신장애인의 지역사회통합

정신장애인의 지역사회통합의 의미

최근 선진국뿐만 아니라 개발도상국에서도 정신보건체계(Mental Health System)에 대한 관심이 높아지고 있다(OECD, 2013). 정신장애를 가진 사람들의 수가 건강체계의 질환 중에서 전 세계적으로 가장 빠르게 증가하고 있으며, 우리나라도 예외는 아니다. 등록 정신장애인의 출현율(prevalence)은 장애인 유형 중 지적장애 다음으로 빠르게 증가하고 있어,[5] 정부와 지역사회

---

5) 우리나라의 등록 정신장애인의 수는 2012년 12월 말 94,638명으로 2002년 39,494명에 비해 2.4배가 증가하였으며(보건복지부, 2013), 정신장애를 가진 사람의 출현율은 약 11만 명으로, 2000년 인구 1천 명당 1.4명, 2005년 1.8명, 2011년 2.3명으로 2000년에 비하여 약 2배 이상 증가하였는데, 이는 지적장애 출현율 다음으로 높은 수준이다(김성희 외, 2011).

차원에서 정신장애인에 대한 관심이 높아지고 있다(조윤화 외, 2015: 170).

정신장애인이 증상을 완화하고 자기보호 및 관리 기능과 대인 및 사회 기능을 향상시켜 독립된 자아로서 지역사회 주민들과 상호작용하면서 생활해 나가기 위해 사회통합을 지향하고 있다. 정신장애인의 사회통합을 지향한다는 것은 정신장애라는 의료적 질환으로 인한 병리와 결함이 영구 지속되는 것이 아니라 치료할 수 있고, 의료 및 정신보건 그리고 사회적 서비스를 병행하여 이용하면서 사회적 장애를 보완하며, 지역사회 활동을 해나갈 수 있다는 사고로의 전환을 필요로 한다. 그러나 정신장애인의 경우 그간 우리 사회에서 활발하던 사회통합 담론에서 배제되어 왔다(박선영, 2010: 79-84).

최근에 와서 정신장애인의 지역사회통합과 관련된 연구가 진행되면서 필연적으로 지역사회통합의 개념을 조작적으로 정의하려는 움직임들이 나타나기 시작하였다. 초기의 연구에서는 지역사회통합을 좁은 의미로 해석하여 시설 밖에서의 주거보장으로 이해하였으나, 최근에는 광범위한 다차원 구조로서 접근하고 있다. 대표적으로 왕과 솔로몬(Wong & Solomon, 2002)의 연구를 들 수 있다. 그들은 물리적 통합에 대해서는 비교적 많은 연구자들이 관심을 가진 반면, 지역사회통합의 사회적 측면의 측정에 관한 연구나 심리적 측면의 측정에 관한 연구에는 물리적 통합에 비해서 크게 관심을 가지지 않았다고 지적하면서, 지역사회통합을 물리적 통합, 사회적 통합, 심리적 통합 등의 세 가지 차원으로 정의하였다(최윤정, 2010: 259-260; 박선영, 2010: 88; 조윤화 외, 2015: 184).

물리적 통합은 정신장애인이 집이나 거주시설 밖에서 자발적으로 활동에 참여하는 정도와 시간, 활동하는 정도를 의미한다(예: 쇼핑센터, 백화점, 시장, 공원, 도서관, 영화보기, 대중교통 이용하기 등의 활동 정도 등).

사회적 통합은 지역사회의 비장애인과 동료정신장애인과의 사회적 접촉이나 상호작용 정도를 의미한다(예: 이름을 알고 있는 이웃의 숫자, 개인적인 문제를 편하게 말할 수 있는 이웃의 숫자, 차가 고장 났을 때 요청할 수 있는 이웃의 숫자, 집을 부탁할 수 있는 이웃의 숫자 등).

심리적 통합은 지역사회와의 관계 속에서 느끼는 소속감과 정서적 유대감을 의미한다(예: 이웃과의 소속 정도, 이웃과의 구성원이라고 느끼는 정도, 이웃과 연결되어 있다고 느끼는 정도 등).

이상을 종합하면, 정신장애인의 지역사회통합이란 정신장애인이 지역사회의 일상적인 활동에 참여할 수 있고(물리적 통합), 지역사회의 비장애인과 동료 정신장애인과 상호작용하며(사회적 통합), 지역사회 소속감과 이웃과의 정서적 유대감을 느끼면서(심리적 통합) 지역사회에 적응해 가는 과정이라고 정의할 수 있다.

정신장애인의 사회통합 이슈

정신장애인의 사회통합을 위해서는 정신장애인 개인의 질환 관리뿐만 아니라 사회환경적인 여건이 마련되어야 한다. 따라서 정신장애인 입장에서는 사회활동에의 참여 그리고 사회적인 측면에서는 주거와 고용의 기회 제공과 창출이 중요한 이슈로 대두된다(Carling, 1995; Leff and Warner, 2006; 박선영, 2010: 89-91).

주거는 지역사회에서 삶의 중요한 공간이다. 정신장애인이 그간 병원이나 장기요양시설에 갇혀 공간적으로 소외되는 현상을 겪었다면, 이제 공간적인 통합으로부터 시작하여 사회적 통합을 달성해야 한다.

한편, 정신장애인에게 고용의 기회가 주어지면, 일반인들도 정신장애인이 회복했다는 것을 쉽게 알 수 있게 된다. 개인적인 차원에서 효과적인 직업재활 프로그램과 일에 참여한 정신장애인들은 증상이 완화되고 정신과 입원율이 감소하며, 사회적 관계망이 확산되고 삶의 만족이 높아지는 경험을 한다. 사회적 차원에서도 정신장애인이 지역사회 활동과 일에 참여하면 재발과 입원율이 줄어 개인의 의료비 부담뿐만 아니라 국민의료비를 절감할 수 있다. 이처럼 정신장애인의 일을 통한 재활과 사회참여는 다차원적 혜택을 가져올 수 있다(김성희 · 이요행, 2006; 손명자, 2006; 이금진, 2005; 박선영, 2010: 90).

5. 사회통합의 측정

그렇다면 장애인의 사회통합을 어떻게 측정할 것인가? 사회통합을 측정하기 위해 개념을 구체화할 경우 장애 개념을 어떻게 정의하느냐에 따라 그 범위나 내용이 매우 다양하다. 예컨대, 장애를 의학적 관점에서 바라보면, 사회통합의 개념은 질병이나 외상으로 인해 장애를 입게 된 후 기능을 회복하여 장애 이전의 생활로 돌아가는 것을 의미한다. 이러한 입장을 취하는 대표적인 연구자로 우드더피니(Wood-Dauphine, 1988)와 휘트넥(Whiteneck, 1992)을 들 수 있다(이익섭, 1999; 박수경, 2006, 2008).

우드더피니(Wood-Dauphinee)는 사회통합을 무능력하게 만든 병이나 외상 이후 환자들이 성취할 수 있는 정상생활로의 재통합 정도를 측정하였는데, 이때 활용된 지표는 환자 자신의 능력에 대한 인식의 주관적 지표와 신체적 · 사회적 · 심리적인 수행의 객관적인 지표로 구분되며, 측정도구는 장애(이동성, 신변관리), 역할 수행(낮 동안의 생산적인 활동, 레크리에이션 활동, 가족역할), 대인관계, 자신감과 자신에 대한 편안함 등이다.

휘트넥(Whiteneck)은 WHO 모델에 따라 지역사회 세팅 내에서의 핸디캡(handicap) 수준을 측정하는 도구를 활용하였다. 핸디캡은 특히, 서비스의 차이, 건축의 장벽, 태도의 장벽, 사회적 억압, 지역사회로의 재통합의 실패, 고용의 실패, 정상적인 사회의 사고로부터의 원하지 않는 비자발적인 일탈로 규정했고, 서비스의 접근, 생산성, 삶의 질, 개인의 인식 수준이 핸디캡을 결정한다. 핸디캡의 측정은 신체적 독립성, 이동성, 경제적 자립, 직업, 사회관계성 등이며, 이 중 독립성, 이동성, 경제적 자립 등은 지역사회 통합개념과 간접적인 관계가 있고, 직업, 사회관계는 지역사회통합과 직접적인 관련성을 갖는다(이익섭, 1999: 210).

한편, 1960년대 이후 탈시설화 경향에 따라 장애인의 지역사회통합화에 관심을 갖게 되면서, 사회통합을 개인의 지역사회 연관활동의 수행 정도로 측정하기도 하였다. 시걸과 아비럼(Segal & Aviram, 1978)은 지역사회 개념을 바탕으로 하여, 사회통합을 현재성(presence), 접근성(access), 참여성(participation), 생산성(productivity), 소비성(consumption)의 다섯 가지 차원으로 구분하고, 개인이 이 같은 지역사회 연관기능을 수행하는 것을 사회통합에 필요충분조건으로 보았다. 현재성은 공동체에서 보내는 시간이 얼마나 되는지를 의미한다. 접근성은 특정 개인이 접근 가능한 장소, 서비스, 사회적 접촉이 어느 정도인지에 따라 구성된다. 참여성은 타인과 함께 활동에 참여하는 범위를 말한다. 생산성은 특정 개인이 수입을 얻는 고용상태에 참여하는지를 의미한다. 마지막으로 소비성은 특정 개인이 개인 재정을 운영하고 상품이나 서비스를 구매하는 정도를 말한다. 특정 개인의 전반적인 사회통합 수준은 이 다섯 가지 관여 수준의 총계로 정의된다(이익섭, 1993: 209; 이성규, 2001: 407).

윌러(Willer, 1993)는 사회통합을 가정의 통합, 사회적 통합, 생산적인 활동 등의 하위차원으로 구성하여 측정했다. 가정의 통합은 주로 가정의 운영에 있어서 개인의 적극적인 참여(식사준비, 가사일, 양육 등)를 측정하며, 사회적 통합은 가정 밖에서의 다양한 활동(쇼핑, 레저 활동, 친구방문 등)의 참여 정도를, 생산적인 활동에서는 개인의 취업, 교육, 자원봉사 활동 등의 참여 정도로 측정된다.

〈표 8-2〉 선행 사회통합지수의 내용과 지표

연구	연구대상	영향요인	측정지표
Wood-Dauphinee (1998)	질환이나 심한 외상으로 인해 무능력화된 환자	• 환자의 임상상태 • 업무수행상태 • 질병상태	• 객관적 지표: 이동성, 일, 사회활동, 레크리에이션 활동 • 주관적 지표: 관계나 대처기술에 대해 편안하게 느끼는 정도
Whiteneck (1992)	척수손상자	• 재활훈련수준	• 신체적 독립성, 이동성, 경제적 자립 • 사회통합(관계성), 직업
Segal & Aviram (1978)	정신질환자 (시설거주)	• 거주자 특성 • 보호시설 특성 • 지역사회 특성	• 연관성 수준: 현재성, 접근성, 참여성, 생산성, 소비성
Willer (1993, 1994)	뇌손상자	• 환자의 임상상태	• 가정의 통합: 필수품 구입, 식사준비, 가사일, 자녀양육, 가족이나 친구와의 친목모임 계획 • 사회적 통합: 재정책임, 쇼핑, 레저활동, 친구나 친지방문, 사회화, 절친한 친구 • 생산적 활동: 직장, 학교, 자원봉사 활동

출처: 박수경(2008), p.70 〈표 2-1〉의 내용을 재구성.

이러한 사회통합 측정도구들은 장애인복지의 수준 평가, 특히 결과의 측정에 기여한 바가 크다. 그러나 이익섭(1999)은 이 도구들이 지금까지 장애인복지가 달성한 수준을 통합이라는 결과를 통해 측정한다는 의미를 갖는다고 평가하면서도 기존 장애인 사회통합 측정도구들의 한계점을 다음과 같이 지적하고 있다.

첫째, 이들의 도구는 사회가 아닌 개인을 통합수준 측정에 의존하고 있다. 즉, 분석단위가 개인에 있기 때문에 통합의 측정이 미시적 관점에 있으며, 그 결과 거시적 평가를 제한시키고 있다는 것이다.

둘째, 모든 분석이 일정 수의 개인을 표본으로 하는 설문조사에 의존하고 있어 국가 간의 장애인 사회통합수준을 비교 · 평가할 수 없다는 것이다.

그리하여 이익섭(1999)은 장애인의 사회통합을 측정하는 하위지표로 사회적 태도, 물리적 환경, 사회적 참여, 제도적 통합 등의 네 가지 차원을 제시하였다.

첫째, 사회적 태도는 장애인의 일상생활에서 직면하게 되는 사회적 제약을 예측할 수 있는 지표로서 몰이해와 편견이 차별적 행동과의 상관관계를 갖고, 그 결과 통합의 저해요인이 되고 있음은 바로 태도의 측정을 통한 통합의 산출을 뒷받침하는 타당성의 근거라고 보았다.

둘째, 물리적 환경은 개인생활과 사회생활에서 주된 영역을 차지하는 의료시설, 상업시설, 문화시설, 공공시설 등을 의미하는 것으로 장애인의 접근성을 제약할 수 있는 직접적인 요인이라 할 수 있다.

셋째, 사회적 참여는 고용과 교육으로 구성된다. 그는 장애인 고용률 그 자체가 장애인복지는 아니지만, 고용률을 통해 그 사회의 장애인복지 기반과 아울러 제도 및 사회의 인식에 이르기까지 다양한 여건을 상정할 수 있다고 보았다. 또한, 장애인의 교육수준은 실질적인 삶의 현장에서 나타나는 사회통합의 결과이기도 하지만, 동시에 여타의 여러 가지 여건을 대변해 주는 지표라고 보았다.

마지막으로 제도적 통합은 장애인복지정책에 나타난 사회통합을 예시하는 또 다른 차원이다. 예컨대, 장애인복지 예산이 사회통합적 방향에 어느 정도 비중을 두는지를 봄으로써 당해 시점을 평가할 수 있다는 것이다.

그는 이 네 가지 하위지표가 개인적 차원과 사회 · 제도적 차원에서의 장애인 통합의 수준을 제시하면서도 한 국가의 사회적 여건과 국가 간을 비교할 수 있게 하는 바람직한 대안이라고 보았다.

6. 사회통합에 대한 이견(異見)

이와 같은 사회통합의 이념은 장애인복지의 최종적 결과물로 인식되어 왔다. 그러나 이에 대한 이견이 없는 것도 아니다. 세인즈버리(Sainsbury, 1993)의 주장이 대표적인데, 그녀는 생활의 중심에 있어야만 'normal life'가 보장된다는 논리를 정면으로 반박한 바 있다. 실증적 연구에 따르면, 많은 장애인들은 집에 있는 것보다 오히려 가족들의 짐이 되는 상황을 벗어나면서 오히려 편안함을 느낀다고 주장했다. 따라서 무조건 사회통합을 해야 한다는 단순논리에 동의할 수 없다고 주장하면서 병렬적 사회(parallel society)를 제안했다. 병렬적 사회란 각 단위가 서로의 문화와 특징을 인정하며 자기들이 속한 사회의 가치를 추구하며 즐기는 사회를 말한다. 노멀라이제이션은 오히려 비장애인들이 그들의 힘을 유지하기 위하여 모든 사회의 메커니즘을 그들에게 유리한 방향으로 구성하며, 장애인들이 이러한 흐름에 편입될 수밖에 없음을 정당화시킬 수 있다는 것이다. 또한, 그녀는 노멀라이제이션과 커뮤니티케어는 시설에 대한 막대한 예산을 두려워한 보수당 정권의 노력에 발맞춰 나온 현상일 뿐이라고 반박했다. 그리고 시설을 유지하면서도 소형화되고, 다양화된 사회화 프로그램을 통해 시설 밖의 생활과 맥을 유지할 수 있는 방법은 얼마든지 있는데, 무조건 탈시설화를 주장하는 것도 자연스럽지 못하다고 비판했다(이성규, 2000: 71-72; 유동철, 2013: 27).

이러한 논의를 발전시키면, 사회통합이란 결국 주류사회에 소수집단이 적응하는 것으로 해석될 수 있다는 것이다. 오늘날과 같은 다문화, 다가치 사회에서 다수집단의 생활양식에 소수집단의 생활양식을 맞춘다는 것은 너무나 획일적이라는 것이다. 각각의 문화와 가치를 인정하고, 이들 문화와 가치가 상호 교류되는 사회가 무엇보다도 필요하다는 관점에서 볼 때 노멀라이제이션 논의에 입각한 사회통합은 결국, 일방적이며, 따라서 오늘날 사회에는 적합하지 않을 수 있다는 지적인 것이다(유동철, 2013: 27).

제9장
인클루전: 사회통합을 넘어서

1. 인클루전의 등장 배경
2. 사회적 배제에 대한 이해
3. 인클루전에 대한 이해
4. 인클루전의 한계

제9장 인클루전: 사회통합을 넘어서

1. 인클루전의 등장 배경

인클루전(social inclusion)[1)]은 20세기 후반 주류를 이룬 이념으로서 장애정책의 설정에 큰 영향을 미쳤다. 인클루전이란 용어는 유럽에서 1980년대 후반 이후 신자유주의적인 세계화로 인해 발생한 빈곤과 사회적 배제(social exclusion)에 대항하는 주장으로 사회정책의 목적개념으로써 사용되었고, 장애인복지 · 교육의 영역에서도 빈번히 사용되었다. 또한, 구미(歐美)에서는 장애아동의 '탈시설화'가 추진되었고, 노멀라이제이션의 제1요소인 '생활의 정상화'가 일정 정도 달성된 것으로부터 제2의 요소인 '사회의 정상화'를 강조하는 의미에서 인클루전이 사용되었고, 이것이 UN에도 반영되었다고 할 수 있다(鈴木勉 · 田中智子, 2019: 37).

UN의 「장애인권리협약」에는 노멀라이제이션이라는 용어는 사용되지 않고, 인클루전이라는 용어가 사용되고 있다.[2)] 인클루전이라는 용어 자체의 의미는 배제의 반대말이다. 장애인 등 소수자를 배제하는 것이 아니라

1) social inclusion은 사회적 포함, 사회적 포용 등으로 번역되는데, 여기에서는 인클루전으로 표기하기로 한다.

2) 제3조 「일반원칙」(c), 제19조 「자립생활 및 지역사회로의 인클루전」, 제24조 「교육」, 제27조 「노동 및 고용」 등.

수용 포섭하는 사회상을 나타내는 개념이다.

인클루전 개념의 등장에는 노멀라이제이션, 탈시설화 운동, 사회적 역할의 가치화 등의 장애 이념과 운동이 지대한 영향을 미쳤다. 이의 영향으로 장애인 영역에서도 새로운 장애운동이 일어났으며, 그 가운데 사회서비스 이용자의 권리와 참여, 선택, 자기결정권, 통제권 등의 이슈를 강조하는 흐름이 전개되었다. 특히, 장애인복지 영역에서 인클루전이라는 정책 아젠다는 서비스 이용자의 권리와 자율성 보장을 정책과제로 제기되었다(신유리 외, 2016: 128).

지금까지 장애인복지 영역에서 적용되어 온 차별과 배제 개념의 접근법은 사회적 장벽들을 해소하는 데 기여해 왔지만, 장애라는 차이를 차별로 양산해 내는 배제적인 사회환경만을 더욱 강화시켜 왔다는 비판도 있었다(신유리 외, 2013). 이를 극복하기 위해 등장한 개념이 인클루전이라고 할 수 있다. 인클루전은 개인적, 사회적, 재정적, 정치적 기회가 부족한 불이익집단에 일반적으로 적용하고 있는 사회적 배제의 반대개념으로 등장한 것이다. 따라서 인클루전에 대해 살펴보기 전에 사회적 배제에 대해 살펴볼 필요가 있다.

2. 사회적 배제에 대한 이해

1) 사회적 배제 논의의 등장 배경

사회적 배제 논의의 시초는 사회적 폐쇄(social closure)의 한 형태로 사회적 배제를 이해한 막스 베버(Max Weber)에 의해 이루어진 것으로 알려져 있다. 즉, 사회적 배제는 한 집단이 자신의 우월한 지위와 특권을 유지할 목적으로 다른 집단을 희생시키려는 시도로 이해되었다(문진영, 2004; 김안나 외, 2008: 37)는 것이다.

막스 베버의 언급 이후 자취를 감추었던 사회적 배제의 개념은 1960년대 프랑스의 당시 경제기획성의 책임자였던 피에르 마세(Peirre Masse)에 의해서 공식적으로 언급되기 시작하였다. 프랑스에서 국가의 행정 대상에서 제외된 사람들을 '사회적으로 배제된 자(the socially excluded)'로 지칭하면서 최초로 공론화되었다(김안나 외, 2008: 37).

사회적 배제는 1970년대에 와서 프랑스의 사회부장관이었던 르네 르느와르(Rene Lenoir)에 의해 더욱 구체화된다. 당시에는 장애인, 학대받는 아동, 약물중독자, 문제가정의 구성원 등 사회보험제도의 사각지대에 머무르고 있는 사람들을 지칭하는 개념으로 사용되었다.[3)]

1970년대 프랑스 좌파들은 객관적 배제와 주관적 배제를 구분하면서 특히 주관적 배제에 주목하였는데, 주관적 배제란 자본주의하에서 소외와 개인적 자율성의 상실을 의미한다. 주관적 배제를 강조하면서 담론은 계급투쟁에서 도시 대중의 운동이나 사회운동으로 이동하기 시작했다. 오일쇼크 이후 경제성장으로부터 배제된 사람이 존재한다는 것이 주목받기 시작하였고, 경제성장이 빈곤의 해결책이 아니라는 인식이 대두되었다. 사회적 배제는 경제발전의 과정에 뒤쳐져서 경제성장의 성과를 분배받지 못한 사람들을 지칭하는 의미로 사용되었던 것이다(강신욱 외, 2005: 49).

1980년대 중반 이후에 와서는 근로빈곤층과 장기실업층의 존재를 놓고

3) 강신욱 외(2005: 49)에 따르면, 1974년 시라크 정부의 사회부장관이었던 르네 르느와르(Rene Lenoir)의 저작 『Les Exlus, un Francais sur Dix』에서 정신적, 육체적 장애인, 자포자기한 사람들, 장애노인, 학대받는 아동, 약물중독자, 문제가정 등을 지칭하여 사회적 배제라는 용어를 사용하였으며, 이러한 배제집단은 프랑스 인구의 약 10%라고 주장하였다.

신빈곤 논쟁이 대두되자, 사회당 정부가 이를 사회적 배제라는 개념으로 표현하였는데, 이에 따라 장기실업과 청년실업, 인종문제, 이민문제 등도 사회적 배제의 범주에 포함되었다(강신욱 외, 2005: 15).

유럽연합의 사회적 배제 개념 수용

1970년대부터 사회적 배제에 대한 관심을 가지기 시작한 유럽연합은 1980년대 유럽 국가들에서 근로빈곤층, 노숙자 문제 등 새로운 유형의 사회문제가 등장하자 빈곤에 대한 새로운 정의를 시도하기 시작하였다(박병현 · 최선미, 2001: 191-192).

유럽연합은 회원국 간 빈곤과 불평등 문제가 유럽통합의 가장 큰 장애라고 인식하면서 사회적 협약을 통해 사회적 배제를 철폐하기 위한 공동의 노력을 기울이기로 하였다. 1997년 암스테르담 조약에서 유럽연합이 추구해야 할 목표의 하나로 사회적 배제 극복이 명시되었고, 2000년 니스이사회에서는 모든 회원국이 '빈곤타파와 사회적 배제 극복을 위한 국가실전계획'(National Action Plan)을 세우고 집행할 것을 결정하였다. 2000년 유럽이사회는 인클루전(social inclusion)을 향후 10년간 유럽이 지향해야 할 전략의 핵심정책 중의 하나로 선언하고, 유럽연합 차원의 공동 목표설정과 이에 따른 국가행동계획(NA)의 수립을 구체적 방안으로 제시하였다(김성환, 2005). 유럽연합 공동보고서의 네 가지 공동목표로는 ① 고용에의 참여와 자원, 권리, 재화 및 서비스에 대한 모든 사람의 접근 촉진, ② 배제의 위험 방지, ③ 가장 취약한 사람들 지원, ④ 모든 관련 기관들의 동원 등이 제시되었다(김안나 외, 2008: 39).

유럽연합의 수용과정에서 나타난 사회적 배제 개념의 변화

강신욱 외(2005: 56)는 사회적 배제의 철폐를 위한 노력이 회원국 공통의 의제로 채택될 수 있었던 이유를 다음과 같이 설명하고 있다. 첫째, 유럽 국가들이 직면해 있던 상황의 공통점을 들 수 있다. 실업률의 증가, 실업의 장기화, 이민의 증가, 복지국가의 재편 등 동일한 현실적 과제에 직면하였다. 둘째, 사회적 배제 개념은 좌파와 우파의 가치와 일맥상통하였다. 사회적 배제는 박탈이나 권리의 부재에 대한 투쟁과 평등을 추구하는 좌파적 가치와도 조화를 이룰 수 있었고, 국가체계 아래서 통합된 사회를 건설하려는 우파적 가치와도 조화를 이루었다. 셋째, 유럽통합의 실질적 내용은 경제적 통합이었고, 사회적 통합은 경제적 통합을 위한 전제 조건이라는 인식이 공유되고 있었다는 점이다.

그런데 기존에 사회적 배제를 다른 방식으로 이해하고 있던 각 나라들에 공통의 정책목표로서 사회적 배제 개념이 제시, 수용되기 위해서는 모든 나라가 수용할 수 있는 사회적 배제에 대한 새로운 정의가 필요했다. 사회적 배제에 대한 각 나라들의 인식 가운데 모두 동의할 수 있는 공통된 분모만을 포괄할 수밖에 없었는데, 그것이 바로 빈곤과 실업이었다. 말하자면, 사회적 배제가 빈곤에 영향을 미치거나, 빈곤에 의해 발생하는 다양한 사회적 현상을 지칭하는 개념으로 이해되기 시작한 것이다. 기존의 전통적 문제로는 설명하지 못하는 사회적 문제, 기존의 제도적 틀로는 보호하지 못하는 사회적 약자에 대해 사회적 책임을 강조하는 데서 출발했던 사회적 배제의 개념이 빈곤과 실업이라는 전통적 문제로 다시 회귀하게 된 것이다(강신욱 외, 2005: 57). 그러나 최근에 와서는 다시 빈곤과 실업의 차원을 넘어서 다양한 차원의 영역으로 확대해 가고 있다.

2) 사회적 배제의 개념과 특징

사회적 배제의 정의

사회적 배제 개념은 국가와 사회, 맥락 등에 따라 서로 다르게 정의된다. 따라서 명확한 개념 규정은 어렵지만, 사회적 배제라는 개념적 접근법은 오늘날의 빈곤과 불이익 문제의 원인을 다차원적으로 접근하고 재구조화할 수 있는 유용한 분석 틀로 활용되고 있다(신유리 외, 2013: 8). 〈표 9-1〉은 학자별 사회적 배제의 정의를 정리한 것이다.

〈표 9-1〉 학자별 사회적 배제의 정의

학자	정의 내용
Truner (1986)	• 사회 내 특정 집단이나 개인이 사회, 경제, 정치활동 및 그 참여과정에서 사회의 희소자원에 접근할 수 없거나 그 분배가 공정하게 이루어지지 않는 현상
Silver (1994)	• 사람들이 자신이 속해 있는 사회에 충분히 포함되지 못한 상태로서 사회적 자원에 대하여 특정 개인이나 집단의 접근 및 이용 기회 박탈
Pierson (2002)	• 개인, 가족, 집단, 이웃으로부터 사회에 대한 사회·경제·정치적 참여에 필요한 자원을 박탈하는 과정
Atkinson & Davoudi (2000)	• 개인과 집단의 시민권적 권리, 사회적, 경제적 자원에 대한 접근을 제한하는 제도적, 문화적 과정 • 노동, 주거, 사회보장, 교육, 건강, 교통수단, 사회서비스 등 전반적인 사회체계 접근을 억압하는 사회적 기제
유럽연합(EU)	• 인간이 현대 사회의 정상적인 교환, 관행, 권리로부터 배제되는 결과를 초래하는 복합적이고 변화하는 요인들 • 빈곤, 주거, 교육, 건강 및 서비스에 대한 접근 등의 권리가 부적절하게 주어져 있는 상태
영국 사회적 배제기획단(social exclusion unit)	• 실업, 저숙련, 저소득, 열악한 주거, 나쁜 건강상태, 범죄율이 높은 환경, 가족의 붕괴 등의 문제가 결합되어 고통받는 개인이나 지역에 나타나는 문제
심창학 (2001)	• 구성원이 사회에서 정상적인 삶을 영위하는 데 필요한 제반 권리(정치적, 경제적, 사회적, 문화적 권리 등)가 박탈당하면서 사회의 주류질서로부터 유리되는 역동적 과정

문진영 (2004)	• 한 개인이 지리적으로 거주하고 있는 한 사회에서 시민으로서 누려야 할 경제적, 문화적, 정치적 활동에 지속적으로 참여하지 못하는 상황
신명호 외 (2004)	• 사회구조적으로 다양한 영역에서의 박탈과 결핍, 불이익을 당해 사회 · 경제 · 정치활동에 제대로 참여할 수 없게 됨으로써 인간으로서의 최소한의 기본권마저 침해당하는 상황
강신욱 외 (2005)	• 경제적 결핍을 의미하는 빈곤과 달리, 주거, 교육, 건강 등의 영역과 더 나아가 사회적, 정치적 활동에서의 사회적 참여를 제약당하는 상태
김안나 외 (2008)	• 사회구조적으로 다양한 영역에서의 박탈과 결핍, 불이익을 당해 사회 · 경제 · 정치활동에 제대로 참여하지 못하고 공동체에 대한 사회적 연계의 결핍으로 인간의 기본적인 권리를 제약당하고 있는 상태

출처: 강신욱 외(2005), pp.47-48; 신유리 외(2013), pp.8-9의 내용을 참조하여 표로 재구성.

이상에서 논의된 사회적 배제의 정의를 보면, 최근의 학자들은 사회적 배제의 개념이 포괄하는 범위를 빈곤과 불평등의 차원을 넘어서 다양한 차원의 영역으로 확대하고 있음을 확인할 수 있다.

사회적 배제에 대한 다양한 해석

사회적 배제의 유형 구분을 통해서 배제의 개념을 좀 더 이해해 보기로 하자. 먼저, 실버(Silver, 1994)는 사회적 전통에 따라 연대, 분화, 독점의 세 가지 패러다임으로 구분하고 있다(강신욱 외, 2005: 53-54; 김안나 외, 2008: 42에서 재인용).

먼저, 연대(solidarity)의 패러다임에서 사회적 배제는 사회적 연대, 즉 개인과 사회 간의 연계(bond)가 끊어질 때 발생하는 현상으로 이해된다. 여기서 연계는 일반적으로 국민적 공감대, 집단의식, 사회에 대한 소속감 등에 의해서 이루어진다. 사회적 배제의 방지를 위해서 제도적 틀에 의해 사회적으로 보호받지 못하는 구성원들도 사회의 관심 범위 안에 놓여야 한다.

둘째, 분화(specialization)의 패러다임에서 사회적 배제는 사회적 차별화, 경제적 분업, 공간적 분리 등 사회분화의 결과로 발생한다. 분절된 사회구조로 인해 사회 내에는 서로 분리되고 경쟁하는 영역과 불가피하게 불균등한 영역이 발생하고, 이들이 상호 독립성을 지니고 교환을 발생시킨다. 이 과정에서 영역 간의 부적절한 구분, 각 영역에 대한 부적절한 규칙의 적용, 영역 간 자유로운 이동의 장애 등으로 인해 배제가 발생한다. 사회적 배제를 해소하는 방법으로서 집단 간 차별대우의 폐지, 영역 간 자유로운 진입과 이탈의 보장이 거론된다.

마지막으로 독점(monopoly)의 패러다임에서 보면, 사회질서는 위계적 권력 관계를 통해서 이루어지는 것으로 보는데, 사회적 배제는 바로 이 권력 관계로 인해 발생한다. 즉, 권력 관계는 사회 각 영역에서 집단적 독점을 형성시키게 되는데, 그 결과로 발생하는 것이 사회적 배제라는 것이다. 이 패러다임에서 배제 극복책으로서 시민권, 평등한 구성원의 권리 확대, 아웃사이더 공동체 참여 등이 강조된다.

한편, 레비타스(Levitas, 1999)는 사회적 배제를 이해하는 방식을 다음의 세 가지로 구분하였다(강신욱 외, 2005: 54-55; 김안나 외, 2008: 43-44).

첫째, 재분배주의적 담론(redistributionist discourse)이다. 이것은 빈곤에 초점을 맞추어 사회적 배제를 이해하려는 사고방식이다. 사회적 배제는 빈곤의 결과로 발생하며, 이러한 빈곤을 감소시키는 것이 사회적 배제에서 벗어나는 방법이 된다. 부의 재분배를 통한 탈빈곤을 주장하는 유럽의 전통적인 좌파가 여기에 해당된다.

둘째, 사회통합적 담론(social integrationist discourse)이다. 영국 노동당의 사회정책 이념으로 사회적으로 배제된 집단은 직업이 없는 사람 혹은 그렇게 될 위험에 처해 있는 사람을 의미한다. 사회통합은 소득을 얻을 수 있는 노동을 통해 이루어진다고 보면서, 실업자에 대한 급여보다는 유급노동과 노동시장으로 진입에 초점을 맞추고 있다. 고용과 교육정책을 통해 문제를 해결하려고 한다.

셋째, 도덕적 하위계층 담론(moral underclass discourse)이다. 배제된 집단 개인의 태도, 도덕성에 초점을 맞추어 사회적 배제를 이해하려는 보수적 사고방식이다. 특히, 잠재적 비행 청소년, 미혼모, 실업자, 편부모 등의 계층에 주목하여 사회적 배제가 사회질서에 미치는 영향에 주목하였다. 사회참여와 성실한 활동에 대한 개인의 유인과 책임성을 제고시키는 정책을 사회적 배제의 해결책으로 제시하였다.

사회적 배제의 특징

한편, 사회적 배제의 개념 정의와 더불어 그 특징에 관해 살펴보면 다음과 같다. 일반적으로 사회적 배제 개념 접근의 방법론적 특징으로 동태적 성격, 다차원성, 관계 중심적 접근 등이 거론된다(강신욱 외, 2005; 김안나 외, 2008).

첫째, 동태적 성격은 빈곤을 결과적 상태로 보지 않고 일련의 과정으로 보는 것을 의미한다. 즉, 빈곤을 초래하는 원인과 빈곤의 결과를 모두 분석에 포함시키는 것을 의미한다. 예컨대, 빈곤이 소득의 부족이나 자원의 결핍으로 초래된 상태를 의미하는 정적인 접근이라면, 사회적 배제는 그러한 상태에 이르는 동적인 접근을 허용한다. 따라서 결과 자체보다는 배제가 발생하는 기제 혹은 과정에 집중함으로써 빈곤현상에 대한 보다 적극적인 대처방안들을 고려한다. 이러한 방식은 기회에 대한 균등한 접근을 보장하기 위한 인적자원의 개발, 적극적 노동시장정책 등 예방적 차원의 정책을 강조한다.

둘째, 다차원성은 사회적 배제를 경제, 정치, 사회, 문화 등 여러 영역에 걸친 현상으로 이해하는 것을 의미한다. 예컨대, 사회적 배제는 빈곤과 개인의 기본적 욕구충족에 대한 물질적 박탈, 즉 재화 및 서비스에의 접근 부족뿐만이 아니라 개인의 사회적 권리, 사회보장, 사회구성원으로서의 대표성, 정치참여 등 다양한 사회영역으로부터의 배제를 포함하는 개념이다. 또한, 국가, 지역, 사회집단, 개인, 세계 등 다양한 수준에 배제 개념을 적용할 수 있어 다차원적 문제 인식의 결과, 빈곤에 대한 정책 간 연계와 범정부적 개입의 틀을 마련할 수 있다.

셋째, 관계 중심적 접근은 사회적 배제의 주체와 객체를 구분하려는 인식을 의미한다. 사회적 배제는 인간과 인간, 인간과 사회, 인간과 정치권력 등 관계적 이슈에 집중하여 불충분한 사회참여, 사회통합의 부족, 권력의 부족 등 관계의 문제에 집중한다. 따라서 사회적 배제의 관계적 접근방식은 개인들을 사회와 집단, 국가로 통합시키고 재배치시키기 위한 경험적 접근을 가능하게 한다.

3) 장애인의 사회적 배제

역사적으로 장애인에 대한 배제는 주류사회 내에서 다양한 형태로 이루어져 왔으며, 현재도 이루어지고 있다. 즉, 장애인은 말살이나 유기라고 하는 극단적인 형태의 배제나 격리, 주변화, 차별 등에 이르기까지 다양한 형태의 배제를 경험해 왔다. 장애아 낙태, 안락사, 자살에 대한 방임, 장애영유아 유기 등의 형태로 이루어졌던 사회로부터의 배제는 장애에 부여된 부정적인 사회적 표상을 반영하는 것이다. 또한, 장애인은 노동 능력이 없는, 따라서 사회에 쓸모없는(useless to society) 이들로 간주되어 사회로부터 격리되어 수용 · 보호되었다(이익섭 · 최정아, 2005: 6-7). 또한, 공적 교육과정에서의 배제 등의 형태로 삶의 가장 기본적 권리를 보장받지 못했으며, 노동시장에서의 노골적인 차별과 사회 곳곳의 접근성 미확보로 인해 투표 등의 사회권을 보장받지 못해 사회활동에의 참여를 차단당해 왔다(김안나

외, 2008: 219). 장애인은 거의 대부분 영역에서 배제되어 왔다고 해도 과언이 아니다.[4)]

기존 장애에 대한 관점은 주로 장애인집단의 빈곤을 초래하는 주요 원인을 장애인 개인이 가지고 있는 신체적 결함이라고 보았다. 이러한 관점의 이해방식에는 장애문제를 유발하는 사회적 억압이나 장벽 자체가 장애인 개인과 집단을 빈곤화시키고, 결과적으로 하층 계급화시킨다는 이해는 전혀 포함되어 있지 않다. 그러나 사회적 배제의 관점은 장애인의 차별이 빈곤과 같은 단순한 형태로만 나타나는 것이 아니며 다양한 사회적 요인이 복합적으로 작용한 결과라는 사실을 인정하게 한다. 이처럼 사회적 배제의 개념은 장애인 문제를 정확하게 파악하고, 그 해결점을 도출하는 데 중요한 역할을 할 수 있다(김안나 외, 2008: 218). 따라서 장애인의 배제와 차별은 빈곤문제뿐만 아니라 사회, 경제, 문화 활동을 포함하는 다양한 관점에서 접근해야 한다. 즉, 장애인의 사회적 배제는 장애인의 빈곤에 중점을 둔 기존의 관점과는 달리 장애인이 경험하는 정치 · 경제 · 사회 · 문화 등의 다양한 영역에의 사회현상에 중점을 두어야 하는 개념이다(강신욱 외, 2005; 문진영, 2004; 김안나 외, 2008).

4) 김안나 외(2008)의 연구에 따르면, 장애인 대상에서의 사회적 배제는 4개의 핵심영역(노동, 소득, 주거, 의료)에서 장애인의 배제가 뚜렷이 나타나며, 여성, 고령, 교육수준이 낮고 가구주가 경제활동에 참가하지 않을수록 그 정도가 높게 나타났다. 장애인의 사회적 배제는 사회 각 주요 영역에서 이루어지며 또한 성별과 연령, 그리고 장애의 중증도 등 다른 사회적 특성들에 의해 심화된다. 장애인구의 경험 자체는 성과 나이 그리고 장애의 종류와 정도에 따라 차별화되어 동일그룹으로 인식되는 장애인구의 분절화를 야기한다.

4) 사회적 배제의 이론적 한계

사회적 배제의 개념이 빈곤하고 사회적으로 주변화된 개인이나 집단의 문제를 파악하는 새로운 접근법으로 제기되면서 사회현상이나 문제분석, 예컨대, 문제의 발생원인과 결과, 특성 등을 규명하는 유용한 분석 틀로 활용되었다. 반면, 그에 대한 한계점도 보고되고 있다(Sibley, 1998; Browring, 2000; Colley & Hodkinson, 2001; Hall, 2010). 신유리 외(2013: 10-11)는 지금까지 여러 학자들에 의해 지적된 사회적 배제 개념의 한계점들을 정리하면 다음과 같이 정리하고 있다.

첫째, 사회적 배제의 개념은 배제 현상을 유발하는 그 원칙과 기준이 불분명한 이분법적 개념이라는 지적이다. 이러한 개념은 장애인, 노숙자, 빈민, 여성, 만성질환자 등이 주류사회로부터 소외되고 배제된 집단임을 사회적으로 더욱 가시화시킨다. 이로 인해 오히려 그들에 대한 사회적 배제 혹은 분리현상을 더욱 심화시킨다고 주장한다. 즉, 이분법적 접근으로 사회적으로 포함된 집단과 배제된 집단 간의 사회적 거리감만 더욱 가중시켜, 사회적 약자들에 대한 사회적 낙인이나 고정관념을 해체하는 데는 사회적 역할을 제대로 수행하지 못했다는 점을 비판한다.

둘째, 사회적 배제의 개념은 도덕적 통합이나 사회적 응집을 지나치게 강조하며, 이를 위해 고용시장의 임금노동 등 경제적인 측면만을 주요 획득수단으로 강조하고 있다는 비판이다. 임금노동에 대한 지나친 강조로 무급 돌봄노동과 비노동시장 참여의 가치와 그에 대한 사회적 기여를 간과해 왔다는 것이다.

셋째, 사회적 배제 관점은 하층계층을 도덕적, 문화적, 행동적으로 결핍된 구성원으로 보며, 그들의 성향이나 생활방식을 게으름이 내포된 하위문화로 규정함으로써 이로부터 사회문화적으로 그들을 복지 의존대상으로 규정지었다는 지적이다. 이에 배제 개념은 그들에게 획일적인 사회윤리를 재주입하고, 보다 제한적인 급여 기준을 적용하는 근거로써 활용되었다는 것이다.

넷째, 사회적 배제의 개념은 빈곤과 불평등을 경험하는 하층계급을 비정상으로 규정짓는 관념을 지속적으로 재생산하는 역할을 한다는 지적이다. 즉, 주류사회가 사회적 취약계층을 무능력하고 의존적인 대상으로 취급한다는 것이다. 이 같은 접근은 당사자들의 능력이나 자율성, 가치 등을 평가절하하며, 당사자들의 목소리를 주류사회에서 비가시화하는 한편, 주류사회의 유지에 필요한 문화와 지배적인 규범에 순응할 것을 요구한다고 비판한다.

마지막으로 사회적 배제의 개념에서의 관계는 재화, 노동, 서비스 등 생산적 가치와의 교환적 관계에서만 전제되므로 인간의 활동과 가치, 역할 등은 도외시되며, 이러한 교환관계에서 벗어난 관계는 모두 일탈로 간주된다는 것이다. 따라서 임금노동의 가치 이외 인간의 존재감, 사회연대의 가치, 스스로의 동기부여, 대안적 가치 등과 같은 상호 호혜적인 가치로 인한 개인과 개인, 개인과 집단, 개인과 사회, 국가 간에 형성되는 다층적인 관계성을 배제해 왔다는 것이다.

이상 살펴본 사회적 배제의 개념이나 개념적 접근법의 제한점들을 극복하기 위해 등장한 개념이 바로 포괄적이고 적극적 개념인 인클루전이라고 할 수 있다.

3. 인클루전에 대한 이해

1) 인클루전의 개념

인클루전의 정의

인클루전은 노멀라이제이션 이념에 기초하여 장애인의 자립, 자유, 행복추구, 보통의 생활과 사회적 역할을 실현하는 데 전제가 되는 이념이다. '인간다운 삶'이라는 인권 원리에 기초하여 장애인이 자립과 공생을 실현하는 중요한 이념이기도 하다(竹原健二編, 2004: 2).

그러나 인클루전은 복합적이고 포괄적인 의미를 지닌 개념으로 각 국가는 물론 학자들에 따라 다소 달리 정의된다. 이러한 개념적 정의들을 정리하면 다음 〈표 9-2〉와 같다.

〈표 9-2〉 학자별 인클루전의 정의

학자	정의 내용
Australian social Inclusion Board(2010)	• 배우고(learn), 일하고(work), 참여하고(engage), 정치적 발언권을 갖는(have a voice) 등 이에 필요한 자원(resource), 기회(opportunities), 가능성(capabilities)을 획득하는 총체적인 과정
European Commission's Directorate-General for Employment and Social Affairs(2004)	• 빈곤하고 사회적으로 배제된 개인 혹은 집단이 경제적, 사회적, 문화적인 생활에 완전히 참여하기 위해, 그리고 사회적으로 정상이라고 규정된 삶의 수준 및 안녕을 누리는 데 필요한 기회와 자원을 획득하는 과정
Simpson & Price(2009)	• 사회적 권리 혹은 시민권, 완전 참여 등을 확보하는 과정 • 당사자들의 사회적 권리와 참여, 기회평등의 보장, 경제적 사회적 표현, 선택과 통제, 임파워먼트 등을 강조
Rimmerman(2013)	• 관계성과 시민권을 점진적으로 확대시키고 수행해 나가는 과정 • 소속감 강화와 관계성, 시민권 확대에 기여하는 한편 의사소통의 원활함과 지지적인 환경, 동등한 기회는 그 수준을 증대시킴

신유리 외(2013: 13)	• 사회의 한 구성원으로 사회 전반적인 제도에 동등하게 접근할 수 있는 권리뿐만 아니라 소득과 자산, 기회, 사회 기반시설, 연대감, 자기존중감 등의 확보, 더 나아가 이들의 공평한 재분배를 통한 포괄적인 자원 확보로 사회, 경제, 경제, 문화 등 다양한 영역에 완전히 참여해 나가는 과정

출처: 신유리 외(2013), pp.12-13의 내용을 참조하여 표로 구성.

이와 같이 인클루전은 다각적인 요소로 구성되며, 이들 간의 상호작용으로 도출되는 복합적인 개념이라고 할 수 있다. 하지만 인클루전의 개념은 여전히 추상적이고 모호하다.

인클루전의 구성요소

신유리 외(2013)는 인클루전[5] 개념에 대한 체계적인 이해를 도모하기 위해 사회구조적 차원의 요소와 심리사회적 차원의 요소 모두를 고려해야 한다고 보고 있다. 즉, 장애인의 인클루전 개념은 사회구조적 차원과 심리사회적 차원으로 구분된다는 것이다.

우선, 사회구조적 차원의 개념은 당사자들의 시민권적 기본권의 보장과 교육기회의 보장, 고용확대, 자원분배 등으로 그들의 권리와 기회, 자원 등에 대한 동등한 접근 권리를 제도적으로 확보함을 의미한다. 인클루전은 권력과 자원의 공평한 재분배를 전제하며, 이를 통해 이루어지는 것으로 본다.

다음으로 심리사회적 차원의 요소는 장애인들의 사회적 상호작용에 의해 산출되고 획득되는 것으로 그들의 태도와 관계, 가치 등이다. 즉, 이는 장애인 당사자들이 느끼는 심리사회적인 일치감이나 결속력, 공동체 의식

5) 신유리 외(2013)는 social inclusion을 사회적 포함으로 번역하여 사용하고 있으나, 여기에서는 전체적인 맥락상 인클루전으로 표기하고자 한다.

등이며, 또한 자기존중감이나 가치감 등 개인의 비가시적인 내적 요소들도 포괄한다. 즉, 인클루전의 심리사회적 차원의 개념은 장애인 당사자들이 지역사회 구성원으로 소속감을 갖거나, 한 사회의 시민으로서 인식하는 것과 관련된다.

이처럼 인클루전 개념은 장애인들의 경제활동을 비롯한 일상생활, 정치적, 문화적인 다양한 활동, 그리고 당사자들의 가치, 태도, 인식 등을 포괄한 개념이다. 이들 구조적 심리사회적 차원의 접근개념은 서로 배타적이고 분리된 개념이 아니라 상호 보완적이고 연계된 특성을 지닌다. 그러므로 이들 간의 상호작용으로 장애인의 인클루전의 수준이나 범위는 확대되거나 축소되어 나타난다.

2) 사회적 배제와 인클루전

그렇다면 사회적 배제와 인클루전은 어떻게 다른가? 신유리 외(2013: 14-15)는 여러 학자들에 의해 보고된 사회적 배제와 인클루전의 두 개념 간의 차별적인 특성을 다음과 같이 설명하고 있다.

첫째, 사회적 배제의 개념은 사회문제나 사회현상의 원인을 분석하고 이를 재구조화하는 데 목적을 두며, 그 관점은 문제 중심적이다. 그에 반해 인클루전은 사회정의를 이론적 기초로 하며, 주변화된 개인이나 집단의 삶의 질 향상, 한 구성원으로서의 동등한 권리 확보, 주류사회에의 완전한 참여를 목적으로 하고 있다. 이와 더불어 시민적 권리에 상응하는 개인의 의무와 책임 등을 함께 강조한다. 이러한 인클루전 개념은 권리, 독립, 선택과 통제, 기회평등, 책임, 임파워먼트 등을 원칙으로 삼는다.

둘째, 사회적 배제의 개념은 그 실행 원칙과 전략이 불분명하며, 구조적 문화적 차원에서의 거시적이고, 광범위한 방안만을 모색한다. 반면, 인클루전의 전략으로는 사회보장이나 서비스체계, 임금노동, 독립생활, 자기옹호, 내적 잠재력, 민주적 운동, 지역사회 참여 등이 제시된다.

셋째, 두 개념의 행위 주체, 즉 에이전시에도 차이가 있다. 사회적 배제의 개념은 경제적 문화적 자본주의 유지에 요구되는 구조 혹은 문화 등을 전제한다. 반면, 인클루전 개념은 개인을 비롯한 집단, 공동체, 지역사회 등 다양한 행위 주체를 인정하고, 그들 간의 상호작용과정 및 맥락 등을 중시한다.

넷째, 사회적 배제의 개념은 빈곤 혹은 주변화의 원인 및 결과에 초점을 둠으로써 결국, 배제 현상의 상업적 생산과 취약집단의 의존성 재생산 담론을 생성케 한다. 반면, 인클루전은 개인의 자율성과 주체성을 인정하는 담론, 그리고 노동시장의 경제활동을 비롯한 사회연계, 활동 참여 등 다양하고, 능동적인 담론을 생산하는 데 집중한다.

다섯째, 배제 개념은 비장애 남성 중심의 임금노동을 기반으로 한 제한된 사회권을 포함하는 반면, 인클루전은 능동적인 시민권이라는 새로운 개념적 요소를 포괄한다. 능동적인 시민권(active citizenship)이란 인종과 민족, 젠더, 장애, 계층, 지역 등 다양성을 고려한 차별화되고 보편적인 권리로 개인의 권리와 책임을 함께 강조하는 시민권이다.

여섯째, 관계 측면에서는 배제 개념이 경제적 생산 가치나 물질적 교환가치를 바탕으로 한 사회적 관계를 중시하는 반면, 인클루전은 상호 신뢰, 협조, 동기부여, 호혜적 가치 등을 기반으로 한 관계성을 추구한다. 더욱이 이는 물질적 비물질적 교환관계를 모두 포괄한다.

마지막으로, 배제 개념은 사회, 정치, 경제, 문화적 차원에서의 불이익과 불평등 요소로 구성되는데, 인클루전 개념은 권리, 기회, 참여, 소득 등의 구조적 차원의 요소와 사회적 수용, 소속감, 네트워크, 자원 등의 심리사회적 차원의 요소로 구성된다.

이상의 내용을 표로 정리하면, 〈표 9-3〉과 같다.

〈표 9-3〉 사회적 배제와 사회적 인클루전 개념의 특성 비교

구분 \ 개념	사회적 배제	인클루전
패러다임	• 문제 중심적	• 사회정의
목적	• 사회문제의 구조, 제도적, 경제적, 사회문화적 원인분석 및 규명	• 주변화된 개인과 집단의 사회체계, 영역에 대한 완전참여
원칙/기준	없음	• 권리, 독립성, 선택 및 통제, 기회평등, 책임, 역량강화
전략	없음	• 임금노동 및 고용수준 증대, 독립생활과 지역사회 참여 • 자기옹호, 자기 생산능력, 민주적 운동 및 행동, 참여
에이전시	• (경제적 문화적 자본주의 유지에 요구되는) 구조 혹은 사회적 역할, 문화적 규범	• 주체적인 개인, 공동체, 집단, 지역사회 등, 이들 간의 상호연계
담론	• 빈곤과 주변화 원인에 초점→사회적 배제의 상업적 생산, 의존성의 재생산	• 개인의 자율성과 주체성, 사회적 연계, 참여, 유용성 등에 초점
시민권	• 근대적 시민권	• 능동적 시민권(active citizenship): 권리와 책임이 함께 강조됨
관계성	• 물질적 교환관계	• 상호 호혜적 교환관계
구성요소	• 사회, 경제, 정치, 문화적 차원에서의 불이익과 불평등 요소	• 권리, 완전참여, 사회적 수용, 네트워크, 자원, 책임, 역량

출처: 신유리 외(2013), p.16 〈표 1〉을 수정가필.

3) 사회통합과 인클루전

그렇다면 사회통합과 인클루전은 어떠한 차이가 있는가? 일반적으로 사회통합을 장애인과 관련된 사회정책 분야에 적용한다면, 인클루전은 노인,

흑인, 소수민족을 포함한 많은 집단에 포괄하여 적용되고 있다. 인클루전은 사회통합보다 근본적인 사회구조의 변화를 요구한다(박수경, 2008: 291-292). 이런 점에서 인클루전이 사회통합보다는 더 포괄적이다.[6)]

이 개념들을 교육부문에 적용시켜 보면, 인클루전의 개념은 초점이 생산의 결과보다는 생산과정에 있다고 볼 수 있다. 즉, 통합의 초점이 통합교육을 받는 젊은 장애인 수에 있다면, 인클루전의 초점은 교과과정과 교수법, 조직, 관리, 물리적 환경, 풍토와 문화 등 체계와 이와 관련된 권리 획득에 있다는 것이다(박수경, 2008: 292).

〈표 9-4〉는 통합과 인클루전의 개념을 비교해 놓은 것이다.

〈표 9-4〉 통합과 인클루전 개념 비교

통합(integration)	인클루전(inclusion)
상태: 문제는 젊은 사람들이 어디에서 교육을 받는가에 있다.	과정: 문제는 변하는 주류 학교들의 과정-교과과정, 조직, 태도 등-학생들이 경험하는 학습과 참여의 어려움을 감소시키는 것
문제가 없는: 통합의 이슈는 문제가 없으며 의문시되지 않는다.	문제가 있는: 인클루전의 개념은 불평등한 사회에서 교육의 제공에 대해, 그리고 교육이 어떻게 이루어질 것인가에 대한 기본적인 의문을 갖는다.
교육 전문가들은 특수한 기술을 획득한다: 통합은 광범위한 실천을 통해 단지 전문가들이 기술을 확대해 나가는 것뿐이다.	교육 전문가들은 약속을 획득한다: 인클루전은 완전히 접근 가능한 서비스의 개발에 대한 약속에서부터 시작된다.
젊은 장애인에 대한 수용과 관용: 통합은 개인적 비극과 비정상성으로서 장애의 수용과 관용을 토대로 이루어진다.	젊은 장애인에 대한 가치화와 찬사: 인클루전은 다름에 대한 긍정적인 가치화와 찬사를 토대로 이루어진다.

6) 올리버(Oliver, 1996)는 인클루전이 장애인 당사자에 의해 개발된 용어이고, 통합(integration)은 정치가, 정책결정자, 전문가들에 의해 개발된 용어이므로 통합 대신 인클루전이라는 용어를 사용하는 것이 바람직하다고 주장하였다. 인클루전이 통합을 대체해야 한다는 것이다(박수경, 2008: 292에서 재인용).

접근의 정상성과 평등성: 통합은 지배적인 가치에 따라 사람과 서비스에 관해 정상적으로 이루어진다.	다름에 대한 인정: 서비스에 있어 인클루전은 인종, 성별, 장애를 포함하여 욕구의 다양성을 인정한다.
통합은 전달될 수 있다: 통합은 전문적으로 유도될 수 있다.	인클루전은 투쟁을 포함한다: 인클루전은 협상을 통해 파트너십이 유도된다.

출처: 박수경(2008), p.293의 〈표 8-1〉에서 발췌.

살라망카 성명[7)]

인클루전은 구미에서의 교육 실천이 기초가 되었으며, 유엔의 '특별한 요구(needs) 교육에 관한 살라망카 성명과 행동 대강'(1994)에 의해서 결실을 보았다. 이 '살라망카 성명'에는 다음의 사항이 제시되었다(小沢温編, 2016: 9).

첫째, 모든 어린이가 독자적인 성격과 관심, 능력 및 학습 욕구가 있으므로, 이러한 폭넓은 성격이나 욕구를 고려하여 교육시스템이 만들어지고, 교육프로그램이 시행되어야 한다.

둘째, 특별한 교육 욕구를 가진 사람들은 그 욕구에 맞는 교육을 할 수 있는 어린이 중심의 일반학교에 접근해야 한다.

셋째, 인클루시브(inclusive)[8)]한 방향성을 가지는 일반학교야말로 차별적인 태도와 싸우고, 기꺼이 받아들일 수 있는 지역을 창출하고, 인클루시브한 사회를 건설하여 만인을 위한 교육을 달성하기 위한 가장 효과적인 수단이다.

7) 스페인 살라망카에서 열린 '특별 요구 교육 세계회의'에서 채택된 선언으로 이 회의에 92개 정부와 25개의 정부 간 조직의 대표가 참석했다.

8) 인클루시브(inclusive)한 교육이란 개개의 차이나 어려움과는 관계없이 모든 어린이를 보통학급에 재적시켜 교육하는 것을 의미한다.

일본의 사례[9]

일본의 통합교육 실태를 분석하면, 크게 세 가지 유형이 있다. 첫째, 행사 등을 할 때 특별지원학교[10]와 교류하는 유형, 둘째, 일반학교 안에 특별지원학급이 있고, 수업을 따로 하며 그 외 시간을 함께 보내는 유형, 셋째, 일반학급 안에서 하루를 보내는 유형이 그것이다.

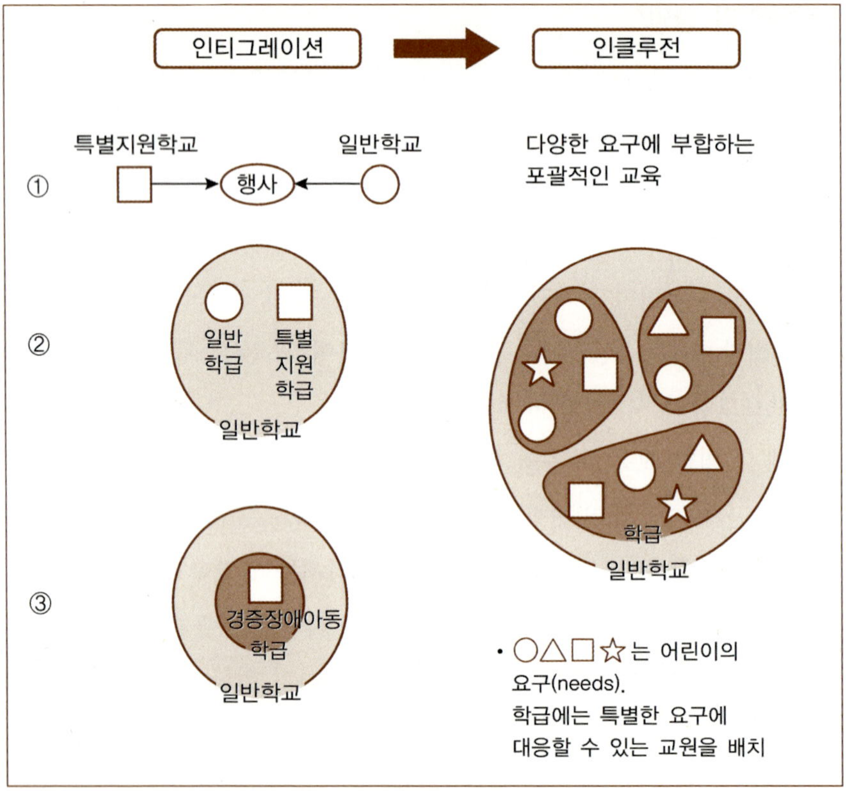

〈그림 9-1〉 통합의 3가지 유형과 인클루전

출처: 小沢温編(2016), p.8.

9) 일본의 사례는 小沢温編(2016)을 참조하였다.

10) 일본에서는 2006년에 「학교교육법 등 일부 개정에 관한 법률」이 개정됨에 따라 맹학교, 농학교, 양호학교가 특별지원학교로, 장애아학급의 명칭이 특별지원학급으로 변경되었다.

이 세 가지 모두 서로의 좋은 점이나 차이의 이해, 인간관계의 형성이 충분하지 않고, 세 번째 유형의 경우에는 가족 등의 도움이 요구되기도 한다. 또한, 중증장애나 청각장애, 시각장애의 경우 배우는 장소는 특별지원학교(양호학교나 맹학교, 농학교)에 한정되는 등 교육시스템에 문제가 있었다.

그러나 최근 일본에서도 인클루전의 구체화를 시도하는 학교가 늘어났다. 그곳에서는 여러 가지 장애가 있어도 지역의 초등학교나 중학교의 같은 교실(반) 안에서 수업이나 반 활동을 실시해 함께 배우고 성장할 수 있도록 하고 있다. 수업은 통상의 수업을 실시하는 교원과 특별한 요구에 대응하는 교원이 힘을 합쳐 진행하여 모든 학생의 학습보장을 목표로 하고 있다. 통합과 크게 다른 것은 교실 안에 침대를 두고, 장시간 앉아 있기 어려운 학생도 똑같이 수업을 받을 수 있도록 한다는 것이다.

또한, 체육도 같은 시간과 장소에서 그 학생의 개성(장애의 특성)에 맞춘 내용으로 이루어지며, 함께 뛰며 몸을 움직인다. 학교의 설비는 배리어 프리로 하고, 엘리베이터의 설치나 복도를 휠체어로 놀 수 있도록 넓히는 등의 배려가 이루어지고 있다. 이러한 환경 속에서 학생들은 자연스럽게 친해지고, 교실 이동과 급식 준비 등도 함께하고 있다.

그러나 이러한 실천을 하는 학교는 아직 많지는 않다. 그 원인의 하나는 현재 교육시스템이 분리교육을 전제로 하고 있어 취학지도라는 형태로 초등학교나 중학교에 입학할 때 특별한 요구가 있는 학생들은 특별지원학교 선택을 강요받기 때문이다.

최근에 와서 인클루전으로 발전시키기 위해 교육시스템의 개혁이나 인클루전을 진행하기 위한 재정지원, 교육환경이나 지원시스템의 정비 등 인클루시브 교육시스템의 구축이 이루어지고 있다. 특별한 교육 요구를 가진 학생의 교육에 관련되는 교원양성 등의 대처도 진행되고 있다.

장애인복지에서 인클루전 개념에 주목하는 이유

그렇다면, 장애인복지 영역에서 인클루전 개념에 주목하는 이유는 무엇일까? 신유리 외(2013: 19-20)는 그 이유를 다음과 같이 설명하고 있다.

첫째, 인클루전은 복합적이고 포괄적인 시각을 지니기 때문에 장애인 당사자들의 삶의 질 향상과 완전한 사회참여를 위해 다양한 활동 참여와 인권, 관계, 소속감, 태도, 물리적 공간 등 다각적인 차원에서 개입할 수 있다.

둘째, 인클루전은 당사자들의 자립과 선택권, 책임, 자율성, 임파워먼트 등과 같은 원칙을 제시하는데, 이들 원칙은 당사자의 주체적인 삶을 영위하는 데 관여되며, 장애정책 마련이나 서비스 계획 및 실행 등에 당사자의 직접 참여 권한과 자율성, 선택권 등을 지지한다.

셋째, 인클루전 접근에는 능동적인 시민권(active citizenship)이란 새로운 개념이 제시된다. 이것은 비장애인 남성 중심의 획일적인 근대의 권리 개념과 달리 장애인, 빈민, 노인, 이주자, 여성 등을 고려하는 차별화되고 보편적인 권리로 개인의 권리와 동시에 책임과 자립을 함께 강조하고 있다. 그러므로 인클루전 접근은 보편적인 복지제도의 확립에 대한 방향성을 제시해 준다.

넷째, 인클루전 접근은 집단 간의 차이뿐만 아니라 장애인들 내 성별과 장애 유형, 연령, 계층에 어떠한 차이가 있는지, 어떻게, 왜 다른 대우를 해야 하는지 등에 초점을 두기 때문에 장애인 전체 집단에만 초점을 둠으로써 장애인 개인이 처해 있는 역사적 경험이나 맥락, 상황 등을 도외시했던 기존 패러다임의 한계점을 보완할 수 있다.

마지막으로 인클루전 개념은 다층적인 접근이 가능하기 때문에 장애인들 내 다양한 집단의 권리와 인권, 욕구, 서비스 등 여러 이슈들에 대한 다각적인 논의가 가능하다.

이상에서 살펴본 바와 같이, 인클루전은 장애를 바라보는 근대적인 시각과 제도, 관계 등에 적극적으로 도전하는 대안적 개념 혹은 접근법이라 할 수 있다. 이로부터 오늘날 다원화된 사회에 부응하는 장애정책과 실천전략, 서비스 방안 마련, 장애실천 연구 등에 유용하게 고려될 수 있을 것이다.

4. 인클루전의 한계

장애분야의 사회통합 개념은 다시 인클루전으로의 패러다임 전환을 통해 장애문제 해결과정의 도전영역으로 남겨지게 되었다. 이런 개념은 장애인의 권리 신장을 통한 주류사회에의 참여와 영향력 행사라는 구체적인 모습으로 나타날 가능성이 있으며, 장애인과 비장애인의 거리를 좁히는 데 기여할 수 있을 것이다. 그러나 여전히 비주류에 많은 비중을 차지하고 있는 장애의 문제는 사회의 성숙한 합의를 전제하지 않고 있어 인클루전을 통해 나아가기가 쉽지 않은 것이 사실이다(박수경, 2008: 292-293).

김원섭(2012)은 현대사회가 다수의 자기준거적인 부분 체계들로 분화를 이루고 있고, 독립적이고 폐쇄적인 다수의 기능 체계로 구성된 다중맥락적 특징을 보이고 있다는 점에서 각기 다른 체계로의 인클루전은 가능할지라도 전체적인 사회통합은 가능하지 않다고 보고 있다. 왜냐하면, 각각의 체계가 요구하는 인클루전의 조건들이 다르며, 하나의 조건만으로는, 포함될 수 있는 체계 이외의 체계에서는 왜곡을 불러오기 때문이라는 것이다. 예컨대, 정치체계 속에서 장애인의 사회적 권리와 참여를 강조하는 정당이 집권할지라도 경제체계와 법체계, 문화체계 등이 함께 변화하지 않는다면 정치체계의 효과가 미미해지는 이치와 같다.

그에 의하면, 사회적 배제와 인클루전이 동시에 발생하는 이유도 각각의 체계마다 변화의 조건이 다르고, 나타나는 결과물이 다르기 때문이다. 장애인이 임금노동자로서 경제체계에 포함될지라도 직장 내부의 조직문화가 차별적 요소를 지니고 있다면, 장애인은 문화적 체계로부터 배제를 동시에 경험하고 있는 것이다. 즉, 인클루전은 사회 내 개별 기능 체계에 편입되는 것을 말하며, 분화를 무시한 완전한 참여는 오히려 다중맥락적 제약 요소를 무시하는 주장이 된다는 것이다.

제10장
장애인의 인권

1. 인권이란 무엇인가
2. 인권의 역사: 세계인권선언을 중심으로
3. 장애인복지와 인권과의 관계
4. 「장애인복지법」과 인권
5. 장애인복지실천과 인권: 실천현장의 인권기반 접근

제10장 장애인의 인권[1)]

1. 인권이란 무엇인가

1) 인권의 개념과 특성

인권의 정의

인권이라는 용어는 페인(Paine, 1953)의 저서 『인간의 권리(Rights of Man)』에서 처음 유래되었다. 이 책은 프랑스혁명(1789) 이후 프랑스의회가 1789년 8월 26일 헌법 서문으로 채택한 '인간과 시민의 권리에 대한 선언'을 영어로 번역 소개한 것이다(이봉철, 2001: 105-106; 유동철, 2013: 18).

그러나 오늘날 인권의 개념을 한마디로 정의하는 것은 상당히 어렵다. 인권의 영어표현인 Human rights가 단수가 아닌 복수 형태로 제시되고 있는 것처럼 인간이 지니는 권리는 다양하기 때문이다. 따라서 인권은 다양한 의미와 차원에서 논의될 수밖에 없는데, 일반적으로 다음의 네 가지 관점이 많이 제시되고 있다(손병돈 외, 2008: 14-16).

첫째, 자연권적 관점이다. 이 관점은 인권의 천부성, 보편성과 양도 불가능성을 핵심으로 하고 있다. 인간이라면 누구나 어떠한 사회적 조건에 있

1) 이 장은 졸저(2023) 제10장의 내용을 수정 · 보완하여 작성한 것임을 밝힌다.

든 상관없이 인간이라는 이유만으로 누려야 할 평등하고 양도 불가능한 천부적 권리를 가지는데, 그러한 권리가 인권이라는 관점이다. 미국의 독립선언문(1776), 프랑스의 인권선언문(1789), 유엔 인권선언문(1948) 등에서 이러한 관점이 잘 나타나 있다. 그러나 자연권적 관점은 인권의 내용이 시간에 따라 변화하고 확대되는 과정을 설명하지 못한다.

둘째, 제도론적 관점이다. 이 관점에서 보는 인권은 유엔의 인권규약에서 제시된 자유권, 평등권, 사회권 등 국가의 제도 차원에서의 권리보장을 의미한다. 제도론적 관점은 인권을 구체적인 법, 제도 차원과 연결시킴으로써 인권의 실질적 보장 여부를 평가하고 판단할 수 있게 해준다. 그러나 제도론적 관점은 인권이 법과 규칙, 제도와 같은 범위 내에서만 제기될 수 있는가, 다시 말하면, 법이나 제도, 규칙으로 뒷받침되지 않는 인간의 권리는 인권이 아니냐는 비판으로부터 자유로울 수 없다.

셋째, 인간의 존엄성 관점이다. 이 관점은 인권을 도덕적 · 가치론적 차원에서 정의한다. 사람들은 각자가 원래 인간으로서 갖는 가치나 존엄성을 가지며, 스스로가 목적 그 자체이고, 인권은 이러한 인간이 갖는 도덕적 권리라는 것이다. 이 관점은 인간에게 있어서 가장 기본적인 가치라고 볼 수 있지만, 인권의 준수와 침해를 판가름할 수 있는 공통의 기준이 무엇인가라는 문제가 제기될 수 있다.

넷째, 구성주의적 관점이다. 이 관점은 '인권은 인간들에 의해서 생산되고 합의되고 규정되는 것'이라고 보는 관점이다. 이 경우 인권은 시간적 · 사회적으로 고정된 것이 아니라 변화하고 발전하는 동태적인 것으로 이해된다. 인간들의 합의의 폭을 얼마만큼 확장시켜 나가느냐에 따라 인권의 구체적인 모습들은 달라질 것이며, 인간의 합의 폭을 넓혀나갈 수 있는 주체도 인간밖에 없으므로 결국, '인간에 의한, 인간을 위한, 인간의 인권'인 셈이다(유동철, 2013: 23).

인권의 특성

인권의 개념을 좀 더 구체적으로 이해하기 위해서는 인권의 특성을 살펴보면 도움이 될 것이다. 인권의 주요한 특성은 보편성, 도덕성, 법 또는 제도와의 관계, 권리성 등에서 찾을 수 있다(손병돈 외, 2008: 17-23).

첫째, 보편성이다. 인권은 국적이나 인종, 문화, 연령, 성별 또는 그 밖의 어떤 것과도 무관하게 모든 사람에게 적용되는 것으로서 주장되는 권리를 의미한다. 어느 한 사회에서 어떤 사회경제적 지위에 있는가와 상관없이 인권을 향유할 수 있다는 것이 보편성의 핵심이다.

둘째, 도덕성이다. 인권을 구속력이라는 측면에서 볼 때, 인권의 특성은 그 구속력이 근본적으로 도덕적이라는 데 있다. 인권의 도덕적 특성은 인권의 근거가 인간의 존엄성에서 찾아진다는 점에서 기인한다. 즉, 사람들은 각자가 원래 인간으로서 갖는 가치나 존엄성을 가지며, 스스로가 목적 그 자체이고, 인권은 이러한 인간이 갖는 도덕적 권리라는 것이다.

셋째, 인권의 개념과 인권 관련 국제규약과의 관계와 인권과 시민권과의 관계를 살펴보면, 그 관계가 명확해질 수 있다. 먼저, 인권의 개념과 인권 관련 국제규약 및 선언과의 관계를 살펴보면, 인권은 도덕적 · 가치론적 차원에서 법, 제도, 규범과 같은 구체적 차원까지를 아우르는 포괄적이고, 다차원적인 개념인 데 반해, 인권 관련 국제규약은 도덕적 · 가치론적 차원의 인권 개념을 구체적으로 실현하고, 실질적으로 구속할 수 있는 국제적 규범으로 구체화한 것이다. 그리고 인권과 시민권과의 관계를 살펴보면, 인권은 국가나 사회집단, 인종, 성, 종교, 재산, 출생지에 상관없이 누구나 인간이면 누려야 하는 권리를 의미한다. 반면에 시민권은 특정 인간이 소속된 자기 국가나 사회집단 안에서 주장하거나 누릴 수 있는 권리를 말하며, 이는 곧 국가의 법률적 체계 안에서 규정되며, 효력을 가질 수 있는 국민의 권리이다(이삼열, 2001; 이봉철, 2001: 20).

마지막 특성은 권리성이다. 인권 역시 권리의 하나이다. 그렇다고 해서 모든 권리가 인권으로 간주되는 것은 아니다. 인권은 보편적이기 때문에 어느 지역 누구에게나 적용되는 것이어야 한다. 따라서 어떤 환경 속에 있는 일부 사람들에게만 적용되는 특정의 제한된 권리는 인권으로 간주되지 않는다. 만일 인권과 특정 집단의 권리 주장 간 갈등이 있을 경우에는 다른 어떤 권리의 요구보다도 우선권을 가진다.

2) 인권의 유형과 범주

짐 아이프(Jim Ife)는 역사적 발전단계를 기준으로 인권을 제1세대 인권, 제2세대 인권, 제3세대 인권으로 구분하고 있다(Jim Ife 지음, 김형식 · 여지영 역, 2001; 손병돈 외, 2008: 28-29).

제1세대 인권은 인권의 내용에서 자유권을 의미하며, 소극적 권리로 지칭된다. 제1세대 인권은 개인주의에 기반을 두고 있으며, 민주주의와 시민사회를 효과적이고 공정하게 조직화하는 데 필수적인 것으로 간주되는 기본적 자유에 관심을 집중한다. 예를 들면, 거주이전의 자유, 언론출판의 자유, 종교 · 집회 · 결사의 자유 및 사생활의 자유 등의 자유권과 성별, 종교, 장애, 나이, 출신 지역, 인종, 피부색 등에 의해 교통, 통신, 교육시설, 주거시설 등에서 차별받지 않을 권리 등이 여기에 속한다. 또한, 선거권, 피선거권, 공무담임권, 국민투표권 등의 정치적 기본권도 제1세대에 속한다. 국가는 이러한 권리들이 위협받거나 침해되지 않도록 보장할 것을 요구받는다.

제2세대 인권은 인권의 내용에서 사회권을 의미하며, 적극적 권리로 지칭된다. 제2세대 인권은 국가가 적극적으로 서비스의 권리를 추구하는 방향으로 발전하여 사회권보장으로 발전하게 된다. 제2세대 인권에는 적절한 의료서비스를 받을 권리, 사회보장에 대한 권리 등 복지권, 일할 권리, 적정임금을 받을 권리와 같은 노동권, 적절한 교육을 받을 권리 및 여가에 대한 권리 등 일반 사회권, 자유로이 문화생활에 참여할 권리인 문화권 등이 포함된다. 국가는 다양한 사회적 급여를 통하여 이러한 권리들을 실질적으로 보장하는 역할을 요구받는다.

제3세대 인권은 인권보장의 개념을 개인에 국한시키지 않고 집단적 차원으로 발전시킨 개념이다. 예를 들면, 경제개발에 대한 권리, 안정적이고 공동체적 사회에서 살 권리, 깨끗하고 오염되지 않은 공기, 물, 식량에 대한 권리, 인간의 완전한 잠재성이 획득되도록 하는 물리적 환경에 대한 권리 등이 제3세대 인권에 해당한다.

3) 인권과 기본권

기본권의 개념

인간이기 때문에 당연히 갖고 누려야 하는 보편적 권리를 인권이라고 본다면, 기본권은 국민이 향유하는 기본적 권리로서 헌법에 의해 보장되는 권리를 말한다. 대한민국 헌법에도 "모든 국민은 인간으로서의 존엄과 가치를 가지며, 행복을 추구할 권리를 가진다. 국가는 개인이 가지는 불가침의 기본적 인권을 확인하고 이를 보장할 의무를 진다."(제10조)라고 규정하고 있다. 그 밖에도 기본권이 규정된 헌법 조항을 보면 다음 〈표 10-1〉과 같다.

〈표 10-1〉 기본권이 규정된 헌법 조항 및 의의

조항	내용	의의
헌법 제10조	• 모든 국민은 인간으로서의 존엄과 가치를 가지며, 행복을 추구할 권리를 가진다. 국가는 개인이 가지는 불가침의 기본적 인권을 확인하고 이를 보장할 의무를 진다.	기본권 보장의 대원칙 규정
헌법 제34조 1항	① 모든 국민은 인간다운 생활을 할 권리를 가진다.	생존권 보장의 기본원칙
헌법 제34조 2항 이하	② 국가는 사회보장, 사회복지의 증진에 노력할 의무를 진다. ③ 국가는 여자의 복지와 권익의 향상을 위하여 노력하여야 한다. ④ 국가는 노인과 청소년의 복지 향상을 위한 정책을 실시할 의무를 진다. ⑤ 신체장애자 및 질병, 노령, 기타의 사유로 생활능력이 없는 국민은 법률이 정하는 바에 의하여 국가의 보호를 받는다. ⑥ 국가는 재해를 예방하고 그 위험으로부터 국민을 보호하기 위하여 노력하여야 한다.	복지권을 구체적으로 규정
헌법 제32조	① 모든 국민은 근로의 권리를 가진다. 국가는 사회적 · 경제적 방법으로 근로자의 고용 증진과 적정임금의 보장에 노력하여야 하며, 법률이 정하는 바에 의하여 최저임금제를 시행하여야 한다. ③ 근로조건의 기준은 인간의 존엄성을 보장하도록 법률로 정한다. ④ 여자의 근로는 특별한 보호를 받으며, 고용 · 임금 및 근로조건에 있어서 부당한 차별을 받지 아니한다. ⑤ 연소자의 근로는 특별한 보호를 받는다. ⑥ 국가유공자, 상이군경 및 전몰군경의 유가족은 법률이 정하는 바에 의하여 우선적으로 근로의 기회를 부여받는다.	근로자의 생존권 보장

기본권의 유형

기본권의 유형은 크게 세 가지, 즉 포괄적 기본권, 자유권적 기본권, 사회권적 기본권으로 구분된다.

포괄적 기본권은 인간의 존엄과 가치, 행복추구권, 평등권 등을 내용으로 하고 있으며, 헌법 제10조에서 이러한 권리를 포괄적으로 규정하고 있다. 포괄적 기본권은 궁극적으로 국가에 의해 보장되어야 한다. 이를 위해 국가는 헌법에 규정하지 아니한 기본권도 행복 실현을 위해 필요한 경우에는 기본권으로 인정하고 있다(헌법 제37조 제1항).

자유권적 기본권(이하 자유권)은 개인의 신체 및 재산 등에 대하여 국가 공권력으로부터 침해나 간섭을 받지 않을 권리를 말한다. 이는 앞서 말한 1세대 인권에 해당한다.

사회권적 기본권(이하 사회권)은 국민이 국가기관에 대하여 인간다운 생활과 최저한의 생활보장을 적극적으로 요구할 수 있는 권리를 말한다. 생활권적 기본권, 생존권적 기본권이라고도 일컫는다. 2세대 인권이 이에 해당한다. 사회권 중에서 사회복지와 관련해서 파악해야 하는 것은 특히 인간다운 생활을 할 권리이다. 인간다운 생활을 할 권리 중에서도 사회보장수급권과 사회복지수급권이 대표적이다.

사회보장수급권이란 질병 · 노령 · 실직 등으로 말미암아 보호를 필요로 하는 개인이 인간의 존엄에 상응하는 인간다운 생활을 하기 위하여 국가에 대해 일정한 내용의 급부와 배려를 적극적으로 요구할 수 있는 권리를 말한다. 사회보장수급권에 관한 법 조항은 사회보장기본법 제9조(사회보장을 받을 권리)에 "모든 국민은 사회보장에 관한 관계 법령이 정하는 바에 의하여 사회보장의 급여를 받을 권리를 가진다."라고 명시되어 있다.

사회복지급여수급권은 공법 주체인 사회급여 관리 · 운영 주체와 수급권자 간의 사회법 관계에서 발생하는 사회복지급여의 지급을 청구할 수 있는 권리를 말한다. 따라서 사회복지급여수급권의 법적 성질은 공법상의 쟁송 방법을 통하여 실현할 수 있는 법적 청구권이라 할 수 있다(이상광, 1988: 491).

2. 인권의 역사: 세계인권선언을 중심으로

현대적 인권 개념이 형성된 것은 1948년 12월 10일 유엔총회에서 채택된 세계인권선언 이후라 할 수 있다. 제2차 세계대전 이후 자유주의와 공산주의라는 첨예한 이념의 양극적 대립을 상징하는 냉전의 시기에 국제연합(United Nations: UN)이 창설되었고, 유엔은 오늘날 수많은 국제인권조약의 근간을 이루는 세계인권선언과 국제인권규약을 제정함으로써 사회권을 역사의 전면에 등장시켰다(문진영, 2013).

1) 세계인권선언의 역사적 과정

제2차 세계대전이 발발하자 프랭클린 루스벨트 대통령은 1941년 성명을 통해 미래세계에 대한 비전을 제시했다. 이것이 바로 그 유명한 '네 가지 자유'다. 즉, 언론과 표현의 자유, 종교의 자유, 결핍으로부터의 자유, 공포로부터의 자유였다. 제2차 세계대전 중 연합국은 '네 가지 자유'를 채택하고, 전쟁 종료 후 세계 평화를 유지하고, 기본적인 인권을 보호해 줄 기본적 장치인 국제기구의 필요성을 절감하고 논의하기 시작했다. 그래서 탄생한 것이 국제연합, 즉 유엔이다(양옥경, 2017: 168).

1945년 6월 26일 샌프란시스코에 모인 대표들은 유엔헌장(Charter of the United Nations)을 승인했다. 동년 10월 24일에 반포됨과 동시에 발효된 유엔헌장은 법적 효력을 갖는 규약이었다. 이를 바탕으로 1946년 6월 유엔경제사회이사회(the UN Economic and Social Council)는 유엔 내부에 인권위원회(the Commission on Human Right)를 창설하였으며, 유엔으로부터 위임

받은 인권 관련 권한을 수행할 수 있는 권한을 부여하였다(유네스코한국위원회, 1995: 38; 양옥경, 2017: 169).

1947년 뉴욕 근교에서 몇 달간의 집중적 준비과정을 거친 후 18개국의 대표들이 참석한 가운데 최초로 인권위원회 전체회의가 소집되었다. 격렬한 논쟁 끝에 세계인권선언문이 다듬어졌다. 1948년 6월 유엔 경제사회이사회는 각국의 의견을 검토한 초안을 9월 총회에 제출하였다. 다시 토론을 거쳐 12월 10일 총회에 다시 제출하였다.

1948년 12월 10일, 파리에서 열린 유엔총회는 인권 향상을 주요 의제로 다루었다. 전체 총회에 앞서 세계인권선언문 전체가 표결에 부쳐졌는데, 그 결과 찬성 48표, 반대표는 없었으며, 기권이 8표였다.[2] 직접적인 반대 없이 대다수의 찬성을 얻어 통과기준을 만족시켰다. 이로써 총회는 매우 중요한 선언을 채택하게 되었다. 놀라운 성취였다.

2) 세계인권선언의 내용과 의의

(1) 세계인권선언의 내용

제2차 세계대전 이후 보편적 인권의 시대가 정착하는데 토대가 된 세계인권선언은 전문과 30개의 간결한 조항으로 이루어져 있다.[3]

2) 이때 회원국은 58개국이었고, 채택에 손을 든 국가들은 48개국이었다. 기권한 8개국은 소비에트유니언, 우쿠라이나공화국, 벨로루시공화국, 유고슬라비아공화국, 폴란드, 남아프리카공화국, 체코슬로바키아, 사우디아라비아였다. 기권한 국가들은 세계인권선언문이 주로 개인주의적인 권리를 담고 있으며, 선언문이 법적으로 구속력이 있는 유엔헌장이 보장한 신성불가침한 국내 관할권에 도전할지도 모른다는 우려 때문이었다(이샤이, 2008: 371). 온두라스와 예멘은 의사표명을 하지 않았다.

3) 세계인권선언의 번역문은 양옥경(2017)의 내용을 참조하였다.

전문

전문은 세계인권선언의 요약과 같은 것으로 선언문의 탄생 및 존재의 이유, 목적, 회원국의 합의 조건과 다짐, 인권수호의 원칙, 그리고 유엔의 역할 등을 포괄적으로 담고 있다. 자유와 정의가 강조되고 있으며, 인류애와 동지애를 강조하고 있다(양옥경, 2017: 177). 총 7개의 강령을 담고 있다.

(1) 인류 가족 모든 구성원의 고유한 존엄성과 평등하고 양도할 수 없는 권리를 인정하는 것이 세계의 자유, 정의, 평화의 기초가 됨을 인정하며

위 조문은 세계의 자유, 정의, 평화의 기초가 되는 것은 바로 인간의 존엄성과 평등임을 강조한 것으로, 이것은 인권의 천부성, 보편성과 양도 불가능성을 의미하고 있다.

(2) 인권에 대한 무시와 경멸은 인류의 양심을 짓밟는 야만적 행위를 결과하였으며, 인류가 언론의 자유, 신념의 자유, 공포와 궁핍으로부터의 자유를 향유하는 세계의 도래가 일반인의 지고한 열망으로 천명되었으며

전쟁은 인권을 무시하고 인류의 양심을 짓밟는 야만적 행위로 규정하고 있다. 인류가 강력히 원하는 열망은 언론, 신념, 공포, 궁핍으로부터의 자유를 향유하는 세계임을 천명하고 있는데, 이 네 가지 자유는 제2차 세계대전 중 프랭클린 루스벨트 대통령이 제시한 미래세계에 대한 비전을 받아들인 것이다.

(3) 사람들이 폭정과 억압에 대항하는 마지막 수단으로서 반란에 호소하도록 강요받지 않으려면, 인권이 법에 의한 지배에 따라 보호되어야 함이 필수적이며

인권을 보호하는 법을 갖추지 않으면 폭정과 억압에 맞서 반란이 일어날 수 있으므로 각국에서는 자국민의 인권을 보호를 위한 법률체계를 갖출 것을 제안하고 있다.

(4) 국가 간의 친선관계의 발전을 촉진시키는 것이 긴요하며

위 조문은 가장 짧지만 중요한 내용을 담고 있다. 국가 간의 친선관계의 발전을 강조하고 있는데, 이것은 곧 세계 평화를 의미하는 것이기 때문이다. 세계의 평화는 곧 인권의 목표임을 명시하고 있다.

(5) 국제연합의 여러 국민들은 그 헌장에서 기본적 인권과 인간의 존엄과 가치, 남녀의 동등한 권리에 대한 신념을 재확인하였으며, 더욱 폭넓은 자유 속에서 사회적 진보와 생활수준의 개선을 촉진할 것을 다짐하였으며

유엔 회원국들의 다짐을 나타내고 있는 조문이다. 기본적 인권과 인간의 존엄과 가치, 남녀의 동등한 권리를 재확인하고 있다. 그리고 사회적 진보와 생활수준의 개선을 촉진할 것을 다짐하고 있는데, 이는 기초생활의 향상을 통한 인간다운 삶의 중요성을 강조하고 있다.

(6) 회원국들은 국제연합과 협력하여 인권과 기본적 자유에 대한 보편적 존중과 준수의 증진을 달성할 것을 서약하였으며

위 문구는 회원국들이 유엔과의 협력하에 인권과 기본적 자유에 대해 서로 존중하고 준수할 것을 자발적으로 서약하였다고 강조하고 있다.

(7) 이들 권리와 자유에 대한 공통의 이해가 이러한 서약의 이행을 위하여 가장 중요하므로, 따라서 이제 국제연합 총회는 모든 개인과 사회의 각 기관은 세계인권선언을 항상 마음속에 간직한 채, 교육과 학업을 통하여 이러한 권리와 자유에 대한 존중을 신장시키기 위하여 노력하고, 점진적인 국내적 및 국제적 조치를 통하여 회원국 국민 및 회원국 관할하의 영토의 국민들 양자 모두에게 권리와 자유의 보편적이고 효과적인 인정과 준수를 보장하기 위하여 힘쓰도록, 모든 국민들과 국가에 대한 공통의 기준으로서 본 세계인권선언을 선포한다.

그러면서 이 서약은 권리와 자유에 대한 공통의 이해가 가장 중요하기 때문에 인권을 마음에 품고, 교육과 학업을 통해 이를 신장시킬 것을 강조하고 있다. 그리고 전문 말미에는 모든 국민들과 국가에 대한 공통의 기준인 세계인권선언을 선포한다고 선언하고 있다.

30개 조항

선언문의 제1조(평등한 존엄과 권리, 형제애)와 제2조(차별금지)에서는 인권의 토대가 되는 보편적인 성격을 규정하고 있다.

제1조 모든 사람은 태어날 때부터 자유롭고, 존엄성과 권리에 있어서 평등하다. 사람은 이성과 양심을 부여받았으며, 서로에게 형제의 정신으로 대하여야 한다.

제2조 모든 사람은 인종, 피부색, 성, 언어, 종교, 정치적 또는 그 밖의 견해, 민족적 또는 사회적 출신, 재산, 출생, 기타의 지위 등에 따른 어떠한 종류의 구별도 없이, 이 선언에 제시된 모든 권리와 자유를 누릴 자격이 있다. 나아가 개인이 속한 나라나 영역이 독립국이든 신탁통치 지역이든, 비자치지역이든 또는 그 밖의 다른 주권상의 제한을 받는 지역이든, 그 나라나 영역의 정치적, 사법적, 국제적 지위를 근거로 차별이 행하여져서는 아니 된다.

이어 제3조에서 제21조까지는 시민 · 정치적 권리를 규정하고 있다. 제3조에서 제11조까지는 시민사회에서의 개인적 권리에 관한 조항들을, 제12조에서 제17조까지는 시민의 권리보장을 규정하고 있다. 제18조에서 제21조까지는 집회 및 결사의 자유, 사상, 양심 및 종교의 자유와 같은 영적인, 공공의, 그리고 정치적인 자유에 관해 다루고 있다.

제3조 모든 사람은 생명권과 신체의 자유와 안전을 누릴 권리가 있다.

제4조 어느 누구도 노예나 예속상태에 놓이지 아니한다. 모든 형태의 노예제도 및 노예매매는 금지된다.

제5조 어느 누구도 고문이나, 잔혹하거나, 비인도적이거나, 모욕적인 취급 또는 형벌을 받지 아니한다.

제6조 모든 사람은 어디에서나 법 앞에서 인간으로서 인정받을 권리를 가진다.

제7조 모든 사람은 법 앞에 평등하고, 어떠한 차별도 없이 법의 평등한 보호를 받을 권리를 가진다. 모든 사람은 이 선언을 위반하는 어떠한 차별에 대하여도, 또한 어떠한 차별의 선동에 대하여도 평등한 보호를 받을 권리를 가진다.

제8조 모든 사람은 헌법 또는 법률이 부여하는 기본권을 침해하는 행위에 대하여 담당 국가법원에 의하여 효과적인 구제를 받을 권리를 가진다.

제9조 어느 누구도 자의적인 체포, 구금 또는 추방을 당하지 아니한다.

제10조 모든 사람은 자신의 권리와 의무, 그리고 자신에 대한 형사상의 혐의를 결정함에 있어서 독립적이고 편견 없는 법정에서 공정하고도 공개적인 심문을 전적으로 평등하게 받을 권리를 가진다.

제11조 1. 형사 범죄로 소추당한 모든 사람은 자신의 변호를 위하여 필요한 모든 장치를 갖춘 공개된 재판에서 법률에 따라 유죄로 입증될 때까지 무죄로 추정받을 권리를 가진다.

2. 어느 누구도 행위 시의 국내법 또는 국제법상으로 범죄를 구성하지 아니하는 작위 또는 부작위를 이유로 유죄되지 아니한다. 또한, 범죄가 행하여진 때에 적용될 수 있는 형벌보다 무거운 형벌이 부과되지 아니한다.

제12조 어느 누구도 자신의 사생활, 가정, 주거 또는 통신에 대하여 자의적인 간섭을 받지 않으며, 자신의 명예와 신용에 대하여 공격을 받지 아니한다. 모든 사람은 그러한 간섭과 공격에 대하여 법률의 보호를 받을 권리를 가진다.

제13조 1. 모든 사람은 각국의 영역 내에서 이전과 거주의 자유에 관한 권리를 가진다.

2. 모든 사람은 자국을 포함한 어떤 나라로부터도 출국할 권리가 있으며, 또한 자국으로 돌아올 권리를 가진다.

제14조 1. 모든 사람은 박해를 피하여 타국에서 피난처를 구하고 비호를 향유할 권리를 가진다.

2. 이 권리는 비정치적인 범죄 또는 국제연합의 목적과 원칙에 반하는 행위만으로 인하여 제기된 소추의 경우에는 활용될 수 없다.

제15조 1. 모든 사람은 국적을 가질 권리를 가진다.

2. 어느 누구도 자의적으로 자신의 국적을 박탈당하거나 그의 국적을 바꿀 권리를 부인당하지 아니한다.

제16조 1. 성년에 이른 남녀는 인종, 국적 또는 종교에 따른 어떠한 제한도 받지 않고 혼인하여 가정을 이룰 권리를 가진다. 이들은 혼인 기간 중 및 그 해소 시 혼인에 관하여 동등한 권리를 가진다.

2. 결혼은 양 당사자의 자유롭고도 완전한 합의에 의하여만 성립된다.

3. 가정은 사회의 자연적이며 기초적인 구성단위이며, 사회와 국가의 보호를 받을 권리를 가진다.

제17조 1. 모든 사람은 단독으로는 물론 타인과 공동으로 자신의 재산을 소유할 권리를 가진다.

2. 어느 누구도 자신의 재산을 자의적으로 박탈당하지 아니한다.

제18조 모든 사람은 사상, 양심 및 종교의 자유에 대한 권리를 가진다. 이러한 권리는 자신의 종교 또는 신념을 바꿀 자유와 선교, 행사, 예배, 의식에 있어서 단독으로 또는 다른 사람과 공동으로, 공적으로 또는 사적으로 자신의 종교나 신념을 표명하는 자유를 포함한다.

제19조 모든 사람은 의견과 표현의 자유에 관한 권리를 가진다. 이 권리는 간섭받지 않고 의견을 가질 자유와 모든 매체를 통하여 국경과 관계없이 정보와 사상을 추구하고, 접수하고, 전달하는 자유를 포함한다.

제20조 1. 모든 사람은 평화적 집회와 결사의 자유에 관한 권리를 가진다.
2. 어느 누구도 어떤 결사에 소속될 것을 강요받지 아니한다.

제21조 1. 모든 사람은 직접 또는 자유롭게 선출된 대표를 통하여 자국의 통치에 참여할 권리를 가진다.
2. 모든 사람은 자국의 공무에 취임할 동등한 권리를 가진다.
3. 국민의 의사는 정부의 권위에 기초가 된다. 이 의사는 보통 및 평등 선거권에 의거하며, 또한 비밀투표 또는 이와 동등한 자유로운 투표절차에 따라 실시되는 정기적이고 진정한 선거를 통하여 표현된다.

제22조에서 제27조까지는 경제 · 사회 · 문화적 권리를 규정하고 있다. 이러한 권리를 실현하기 위해서는 사회보장제도의 확보가 전제된다.

제22조 모든 사람은 사회의 일원으로서 사회보장제도에 관한 권리를 가지며, 국가적 노력과 국제적 협력을 통하여 그리고 각국의 조직과 자원에 따라 자신의 존엄성과 인격의 자유로운 발전을 위하여 불가결한 경제적, 사회적 및 문화적 권리의 실현에 관한 권리를 가진다.

제23조 1. 모든 사람은 근로의 권리, 자유로운 직업 선택권, 공정하고 유리한 근로조건에 관한 권리 및 실업으로부터 보호받을 권리를 가진다.
2. 모든 사람은 어떠한 차별도 받지 않고 동등한 노동에 대하여 동등한 보수를 받을 권리를 가진다.

3. 모든 근로자는 자신과 가족에게 인간적 존엄에 합당한 생활을 보장하여 주며, 필요할 경우 다른 사회적 보호의 수단에 의하여 보완되는, 정당하고 유리한 보수를 받을 권리를 가진다.

4. 모든 사람은 자신의 이익을 보호하기 위하여 노동조합을 결성하고, 가입할 권리를 가진다.

제24조 모든 사람은 근로시간의 합리적 제한과 정기적인 유급휴일을 포함한 휴식과 여가에 관한 권리를 가진다.

제25조 1. 모든 사람은 식량, 의복, 주택, 의료, 필수적인 사회 역무를 포함하여 자신과 가족의 건강과 안녕에 적합한 생활수준을 누릴 권리를 가지며, 실업, 질병, 불구, 배우자와의 사별, 노령, 그 밖의 자신이 통제할 수 없는 상황에서의 다른 생계 결핍의 경우 사회보장을 누릴 권리를 가진다.

2. 모자는 특별한 보살핌과 도움을 받을 권리를 가진다. 모든 어린이는 부모의 혼인 여부와 관계없이 동등한 사회적 보호를 향유한다.

제26조 1. 모든 사람은 교육받을 권리를 가진다. 교육은 최소한 초등기초단계에서는 무상이어야 한다. 초등교육은 의무적이어야 한다. 기술교육과 직업교육은 일반적으로 이용할 수 있어야 하며, 고등교육도 능력에 따라 모든 사람에게 평등하게 개방되어야 한다.

2. 교육은 인격의 완전한 발전과 인권 및 기본적 자유에 대한 존중의 강화를 목표로 하여야 한다. 교육은 모든 국가들과 인종적 또는 종교적 집단 간의 이해, 관용 및 친선을 증진시키고, 평화를 유지하기 위한 국제연합의 활동을 촉진시켜야 한다.

3. 부모는 자녀에게 제공되는 교육의 종류를 선택함에 있어서 우선권을 가진다.

제27조 1. 모든 사람은 공동체의 문화생활에 자유롭게 참여하고, 예술을 감상하며, 과학의 진보와 그 혜택을 향유할 권리를 가진다.

2. 모든 사람은 자신이 창조한 모든 과학적, 문화적, 예술적 창작물에서 생기는 정신적, 물질적 이익을 보호받을 권리를 가진다.

제28조에서는 평화적 권리의 내용을 압축해 놓고 있다. 제29조에서는 공동체에 대한 의무, 공공의 질서, 법률의 제한 등을 규정하고 있으며, 제30조에서는 이 조문의 내용을 어겨서는 안 된다는 점을 강조하고 있다.

제28조 모든 사람은 이 선언에 제시된 권리와 자유가 완전히 실현될 수 있는 사회적 및 국제적 질서에 대한 권리를 가진다.

제29조 1. 모든 사람은 그 안에서만 자신의 인격을 자유롭고 완전하게 발전시킬 수 있는 공동체에 대하여 의무를 부담한다.
2. 모든 사람은 자신의 권리와 자유를 행사함에 있어서, 타인의 권리와 자유에 대한 적절한 인정과 존중을 보장하고, 민주사회에서의 도덕심, 공공질서, 일반의 복지를 위하여 정당한 필요를 충족시키기 위한 목적에서만 법률에 규정된 제한을 받는다.
3. 이러한 권리와 자유는 어떤 경우에도 국제연합의 목적과 원칙에 반하여 행사될 수 없다.

제30조 이 선언의 그 어떠한 조항도 특정 국가, 집단 또는 개인이 이 선언에 규정된 어떠한 권리와 자유를 파괴할 목적의 활동에 종사하거나, 또는 그와 같은 행위를 행할 어떠한 권리도 가지는 것으로 해석되지 아니한다.

(2) 세계인권선언의 의의

수년간 선언의 기초에 헌신해 온 사람들이 고수했던 원칙은 이 선언이 누구에게나 적용될 수 있어야 한다는 것이었다. 이런 정신에서 이 문서는 '국제적인' 선언으로 불려왔다. 세계인권선언의 채택은 '인권의 국제화'(Thomas Buergenthal, 1992)를 의미했다. 이는 자국 내의 인권침해가 국제적 관심의 대상이 된다는 것이다. 회원국들은 인권을 신장하기 위한 구체적 의무를 밝혀야 하는 책임을 지니며, 이는 자국 내의 인권유린 상황을 국제적으로 보호하고, 유엔에서는 침해사례를 조사하는 적절한 제도적 장치를 가진다는 의미까지 포함한다(이익섭, 2004: 8).

세계인권선언은 수년간의 작업을 통해 만들어졌기 때문에 아주 성공적이었다. 세계인권선언의 공표는 제1차 인권혁명인 '인간과 시민의 권리선언'의 공표에 이어 제2차 인권혁명이라고까지 평가받고 있다(조효제, 2007: 90-91). 오늘날 어떤 정부도 세계인권선언이 자기와 무관하다고 말할 수 없을 정도로 매우 강력한 상징적 가치를 지닌다. 세계인권선언은 인류를 위한 위대한 공헌이었다.

3) 인권 패러다임의 전환과 인권의 국제적 동향

인권 패러다임의 전환

유엔에서는 세계인권선언에 일정한 규범적 구속력을 부여하기 위하여 구체적인 인권의 영역을 다루는 다양한 국제조약을 채택하게 된다. 세계인권선언의 정신을 현실 세계에서 구현하기 위한 가장 중요한 국제조약은 냉전 시대인 1966년에 채택한 국제인권규약(International Covenant on Human Rights)이다. 국제인권규약을 제정하는 과정에서 문제가 제기된 것은 '자유권'과 '사회권'을 통합하는 규약을 제정할 것인가 아니면 각각 분리하여 따로 규약을 제정할 것인가 하는 점이었다. 물론 당시 이 논쟁에 참여하였던 대다수 국가와 전문가들이 자유권과 사회권은 결국 인권이라는 틀 안에서 통합되어야 한다는 통합적 사고를 지녔으나, 구체적인 실천방법에서는 의견이 엇갈리고 있었다(문진영, 2013: 89).

구(舊) 소련을 중심으로 한 사회주의국가들과 서구, 특히 미국을 중심으로 한 자본주의 진영의 논쟁은 팽팽하게 진행되었으나, 당시 유엔에서 막

강한 영향력을 행사하였던 미국의 의도대로 인권은 두 개의 조약(시민 · 정치적 권리에 관한 국제규약: 이하 B 규약, 경제 · 사회 · 문화적 권리에 관한 국제규약: 이하 A규약)[4]으로 분리하여 운영하게 되었다(문진영 외, 2008; 문진영, 2013: 90).

이렇듯 인권의 역사는 20세기에 들어서면서 사회권의 등장으로 커다란 패러다임의 변화를 겪었다. 즉, 인간이 스스로 존엄을 유지하면서 살기 위해서는 정신과 육체의 주체적 자유를 보장하는 자유권과 더불어, 사회적 권리(건강권, 교육권, 주거권, 노동권, 그리고 생존권 등)가 필요하고, 따라서 인간의 권리는 자유권과 더불어 사회권이 보장될 때 완성된다는 인식이 공감을 얻게 되었다. 다시 말해서, 인간의 권리는 자유권(1세대 인권)과 더불어 사회권(2세대 인권)이 보장될 때 완성된다는 새로운 인식이 싹트게 되었다(문진영, 2013: 90). 요컨대, 인권 패러다임은 자유권(제1세대 인권)에서 사회권(제2세대 인권)으로, B규약에서 A규약으로, 국가로부터의 자유권 보장에서 국가를 향해 요구할 수 있는 권리보장으로 변화되었다.

인권의 국제적 동향

세계인권선언 이후 국제인권규약을 포함하여 지난 수년간 유엔이 채택한 인권 관련 조약들을 정리해 보면, 다음 〈표 10-2〉와 같다.

4) 우리가 사회복지정책의 영역이라고 할 수 있는 대부분의 주제는 A규약에 망라되어 있는데, 근로권(제6조), 정당한 근로조건을 누릴 수 있는 권리(제7조), 노동조합을 결성하고 가입할 수 있는 권리(제8조), 사회보장권(제9조), 가족의 보호(protection)와 부조(assistance)권(제10조), 적절한 생활수준을 누릴 권리(제11조), 신체적 · 정신적 건강권(제12조), 교육권(제13-14조), 문화권과 기술적 진보의 혜택을 받을 수 있는 권리(제15조)가 포함되어 있다(문진영, 2013: 98).

〈표 10-2〉 인권 관련 국제 문서

조약	채택연도
• 모든 형태의 인종차별 철폐에 관한 국제협약(International Convention on the Elimination of All Forms of Racial Discrimination)	1965
• 인권에 관한 국제규약(International Covenants on Human Rights) – B규약: 시민적 · 정치적 권리에 관한 국제규약(International Covenants on Civil and Political Rights, ICCPR) – 경제적 · 사회적 · 문화적 권리에 관한 국제규약(International Covenants on Economics, Social and Cultural Rights, ICESCR)	1966
• 지적장애인의 권리선언(Declaration on the Rights of Mentally Retarded Persons)	1971
• 응급 및 전장 상황에서의 여성과 아동보호를 위한 선언	1974
• 장애인권리선언(The Declaration on the Rights of the Disabled Persons)	1975
• 모든 형태의 여성차별 철폐에 관한 협약(The Convention on the Elimination of All Forms of Discrimination Against Women)	1979
• 국제적 아동 유괴의 민사적 측면에 관한 협약(헤이그 국제사법회의)	1980
• 모든 형태의 종교차별 철폐에 관한 선언(Declaration on the Elimination of All Forms of Religious Intolerance)	1981
• 의료윤리 원칙(Principles of Medical Ethics)	1982
• 고문 및 그 밖의 잔혹한 · 비인도적인 또는 굴욕적인 대우나 처벌의 방지에 관한 협약(The Convention Relating to the Status of Refugee)	1984
• 소년범 사법행정을 위한 유엔 표준최소규칙(United Nations Standard Minimum Rules for the Administration of Juvenile Justice, 베이징 규칙)	1985
• 발전권에 관한 선언(Declaration on the Rights to Development)	1986
• 아동의 권리협약(The Convention on the Rights of the Child)	1989
• 이주 노동자와 그 가족의 권리보호에 관한 조약(The Convention on the Protection of the Rights of the Rights of all Migrant Workers and Members of their Families)	1990
• 아동을 위한 세계 정상회담에서 채택되었던 세계선언과 행동계획	1990
• 아동보호 및 국가 간 입양 관련 협력에 관한 협약	1993
• 장애인권리협약(Convention on the Rights of Persons with Disabilities)	2006

3. 장애인복지와 인권과의 관계

1) 왜 인권의 관점에서 바라봐야 하는가

장애인복지와 인권과의 관계는 모든 사람은 인간다운 생활을 영위할 권리를 갖고 있다는 전제에서 출발한다. 인간이 인간다움을 유지하며 존재하기 위해서는 기본적으로 인간의 기본적인 욕구가 충족되어야 한다. 이러한 욕구를 충족하기 위한 제도와 실천이 바로 사회복지이며, 이러한 욕구의 충족을 규범적으로 표현하는 것이 곧 인권이다. 즉, 인권이 인간의 욕구를 충족해야 하는 당위성과 규범성을 표현한 것이라면, 사회복지는 이러한 욕구를 충족하기 위한 제도와 실천이라 할 수 있다. 따라서 국가와 사회는 이러한 권리를 보장할 의무가 있고, 국민은 이러한 권리를 보장할 것을 국가와 사회에 요구할 수 있다는 의미가 강조된다. 그렇기 때문에 생존권적 기본권으로서 사회복지는 시혜나 자선이 아닌 인간의 권리로서 당당히 사회적 당위성을 갖게 된 것이다(김상균 외, 2009: 348-352).

그렇다면, 왜 인권의 관점에서 사회복지를 바라봐야 하는가? 이 질문에 답하는 것은 그리 쉬운 일이 아니다. 사회복지의 개념도 인권의 개념도 모두 합의된 개념으로서 존재하는 것이 아니고, 논자에 따라 다양하게 정의되기 때문이다. 다만, 이 질문에 대한 답은 인권기반 사회복지의 특성과 원칙(조효제, 2007: 316-318)을 토대로 설명해 볼 수 있다.

첫째, 인권의 관점에서 사회복지를 보게 되면, 잔여적 사회복지에서 보편적 사회복지로 정책전환을 할 수 있으며, 사회복지를 모든 정치 및 경제 제도의 핵심영역으로 격상시킬 수 있기 때문이다.

둘째, 모든 사람들로 하여금 인간의 존엄성을 유지하고, 확보할 수 있는 방향으로 정책이 개선될 수 있기 때문이다.

셋째, 인권기반 사회복지는 서비스 대상자들을 피동적 존재가 아닌 능동적이고 자신감 있는 존재로 인정하기 때문에 정책 만족도를 향상시킬 수 있다.

넷째, 사회복지 관련 인권 이슈는 정책 아이디어로 자연스럽게 연결될 수 있으며, 새로운 정책개발로 연결될 수도 있다.

다섯째, 사회복지를 인권의 관점에서 접근하면, 사회문제의 의제화가 용이하기 때문에 문제해결에 결정적 역할을 할 수 있다.

여섯째, 사회복지를 인권의 관점에서 바라보게 되면, 보편적인 접근이 가능하기 때문에 인권 보호 테두리에서 벗어나는 소수자들도 사회복지의 대상에 포함시킬 수 있다.[5)]

한편, 사회복지실천에서도 인권의 관점이 필요하다. 그 이유는 인권은 큰 틀에서 사회복지실천의 근본적 방향을 제시하기 때문이다. 인권의 관점에서 사회복지실천을 하게 되면, 욕구를 가진 클라이언트를 문제를 가진 사람으로 보는 것이 아니라 그와 같은 욕구로 표현되는 권리를 가진 사람으로 보게 된다. 욕구를 가진 클라이언트를 보편화하는 것이다. 이 같은 과정은 클라이언트를 낙인찍지 않고, 인간으로서 존엄성을 유지하게 하는 것으로 클라이언트가 서비스를 선택하는 데 있어 자율적 결정의 주체임을 인정하는 장점이 있다(양옥경, 2017: 218).

참된 인권은 자신의 욕구를 스스로 정의할 수 있는 권리이다. 인권의 관

5) 한편, 유동철은 인권을 장애인복지의 기본적 가치로 설정해야 한다고 주장하였는데, 그 이유를 다음과 같이 설명하고 있다. 첫째, 인권을 주장함으로써 장애인이 생활의 전 영역에서 억압받고 있는 현실을 보여줄 수 있다는 점이다. 둘째, 인권이념은 법적 정당성을 확보하는 동시에 법적 구속력을 넘어설 수 있다는 점이다. 셋째, 실천상 다양한 전략 전술이 가능하다는 점이다. 넷째, 인권이념은 사회적 헤게모니를 장악하는 데 유용한 이념이 될 수 있다는 점이다. 이에 대한 자세한 설명은 유동철(2013), pp.32-35를 참조할 것.

점에서 사회복지를 바라보게 되면, 사회복지사로 하여금 그가 지닌 권한을 클라이언트에게 돌려주어 클라이언트들이 스스로 자신의 욕구를 확인하고 정의할 수 있도록 해줄 수 있다(Ife, 2012: 140; 양옥경, 2017: 218). 클라이언트 스스로 자신의 욕구를 인간으로서의 권리 수준에서 정의할 수 있도록 클라이언트에게 힘을 실어주는 것, 그것이 사회복지실천에서의 인권적 실천이기 때문이다.

2) 장애인 문제와 인권

장애인이 안고 있는 문제는 대부분 인권과 관련이 있다. 장애인 인권과 관련한 이슈는 장애인의 생존권, 노동권, 교육권, 접근권, 참정권, 사회참여권, 탈시설화, 장애인 학대, 성폭력 등 너무도 많다. 그만큼 인권에 취약한 계층이 장애인이라는 방증이다. 이러한 장애인 인권 관련 이슈는 모두 차별에서 비롯된다. 따라서 여기에서는 차별에 대해서 언급한다.

차별은 기본적으로 평등한 지위집단을 자의적 기준에 의해 불평등하게 대우함으로써 특정집단을 사회적으로 배제하는 처우를 말한다(손병돈 외, 2008: 186). 차별은 '모든 인간의 평등한 존엄'이라는 대전제에 어긋나는 기초적 인권침해이다(조효제, 2016: 245). 특히, 장애인 차별은 장애인을 주변화시키는 사회적 권력, 문화적 가치, 그리고 개인적 편견 등이 결합되어 부정적으로 장애인을 묘사하고 처우함으로써 장애인을 억압하는 현상으로 나타난다(이선우 · 이수경, 2020: 136).

「장애인차별금지법」(제4조)에 따르면, 차별의 종류는 여섯 가지, 즉 직접차별, 간접차별, 정당한 편의제공 거부, 광고를 통한 차별, 장애인 대리 · 동행자에 대한 차별, 보조견 또는 장애인보조기구에 대한 차별이 있다.

첫째, 직접차별은 장애인을 장애를 이유로 정당한 사유 없이 제한 · 배제 · 분리 · 거부 등에 의하여 불리하게 대하는 경우를 말한다.

둘째, 간접차별은 장애인에 대하여 형식상으로는 제한 · 배제 · 분리 · 거부 등에 의하여 불리하게 대하지는 않지만, 정당한 사유 없이 장애를 고려하지 않는 기준을 적용함으로써 장애인에게 불리한 결과를 초래한 경우를 말한다.

셋째, 정당한 편의제공 거부는 과도한 부담이나 현저히 곤란한 사정과 같은 정당한 이유 없이 장애인에게 편의시설이나 서비스 등의 제공을 거부하는 경우를 말한다.

넷째, 광고에 의한 차별은 정당한 사유 없이 장애인에 대한 제한 · 배제 · 분리 등 불리한 대우를 표시하거나 조장하는 광고를 직접 행하거나 그러한 광고를 허용, 조장하는 경우를 말한다.

다섯째, 장애인을 돕기 위한 목적에서 장애인을 대리, 동행하는 자 등에 대해 차별행위를 하는 경우도 장애인 차별이다.

마지막으로 보조견 또는 장애인보조기구 등의 정당한 사용을 방해하는 경우 차별에 해당하며, 보조견 및 장애인보조기구 등을 대상으로 하는 차별행위 역시도 차별이다.

「장애인차별금지법」에 따른 차별금지영역은 고용(제10조, 제11조), 교육(제13조, 제14조), 재화 및 용역과 금융상품 제공 및 이용(제15조, 제17조), 시설물의 접근 및 이용(제18조), 이동 및 교통수단(제19조), 정보접근 및 의사소통에 대한 차별금지(제20조, 제21조), 문화 · 예술 · 체육활동(제24조, 제25조), 사법 · 행정절차 및 참정권(제26조, 제27조), 모 · 부성권, 성 등(제28조, 제29조), 가족 · 가정 · 복지시설(제30조), 건강권(제31조), 괴롭힘의 금지(제32조), 장애여성, 장애아동(제33조, 제35조), 정신적 장애인(제37조) 등이다.

장애인차별시정기구로서 국가인권위원회가 있다. 국가인권위원회는 모든 개인의 기본적 인권을 보호하고 인간으로서의 존엄과 가치구현을 목적으로 하는 유일한 인권전담 국가기구이다. 국가인권위원회는 진정이 접수되면, 이에 대한 조사를 통해 인권침해나 차별로 인정되는 경우, 합의 및 당사자 간 조정 또는 구제조치를 권고하고 있다. 「장애인차별금지법」은 장애인 차별행위에 대한 조사와 구제업무를 전담하는 장애인차별시정소위원회를 국가인권위원회 내에 두도록 규정하고 있다(제40조).

또한, 「장애인차별금지법」에서 금지하는 차별행위로 인하여 피해를 입은 사람은 국가인권위원회에 진정할 수 있으며, 진정이 없는 경우라도 차별행위의 내용이 중대하다고 인정되는 때에는 국가인권위원회가 직권으로 조사하여 권고할 수 있다(제38조).

이렇듯 장애인의 차별금지와 관련해서는 2007년 3월 6일 「장애인차별금지법」이 국회를 통과하여 2008년 4월 11일부터 시행되고 있다. "차별금지는 하나의 개별권리가 아니라 전체 인권의 토대적 가치다"(조효제, 2016: 245). 장애인이 오랫동안 목숨을 건 투쟁으로 얻어낸 결과였고, 장애인 인권 패러다임의 전환을 가져왔던 「장애인차별금지법」의 실효성 확보 노력이 절실히 요청되는 시점에 와 있다.

4. 「장애인복지법」과 인권

인권은 법으로 구체화되어야 한다. 인권이 추상적이고 자연권적이기 때문이다. 법도 인권을 반영하는 것이어야 한다. 그렇다면 「장애인복지법」에서는 인권을 어떻게 규정하고 있을까?

「장애인복지법」은 기본적으로 장애인의 인권을 지향하고 있다. 「장애인복지법」 제1조에 그 목적을 다음과 같이 규정하고 있다.

> 장애인의 인간다운 삶과 권리보장을 위한 국가와 지방자치단체 등의 책임을 명백히 하고, 장애 발생 예방과 장애인의 의료 · 교육 · 직업재활 · 생활환경 개선 등에 관한 사업을 정하여 장애인복지대책을 종합적으로 추진하며, 장애인의 자립생활 · 보호 및 수당지급 등에 관하여 필요한 사항을 정하여 장애인의 생활 안정에 기여하는 등 장애인의 복지와 사회활동 참여 증진을 통하여 사회통합에 이바지함을 목적으로 한다.

장애인복지의 궁극적 목적은 장애인의 사회참여와 평등을 통한 사회통합임을 알 수 있다. 그 기본이념 역시 마찬가지이다(제3조).

「장애인복지법」에서는 장애인복지의 궁극적 목적을 달성하기 위해 이러한 기본이념을 바탕으로 장애인의 인권과 기본적 권리, 차별금지, 자립생활지원 등의 규정을 두고 있다.

「장애인복지법」 제4조에서는 장애인의 권리를 다음과 같이 규정하고 있다. 첫째, 장애인은 인간으로서 존엄과 가치를 존중받으며, 그에 걸맞은 대우를 받는다. 둘째, 장애인은 국가 · 사회의 구성원으로서 정치 · 경제 · 사회 · 문화, 그 밖의 모든 분야의 활동에 참여할 권리를 가진다. 셋째, 장애인은 장애인 관련 정책결정과정에 우선적으로 참여할 권리가 있다.

「장애인복지법」 제8조에서는 차별금지 등을 다음과 같이 규정하고 있다. 첫째, 누구든지 장애를 이유로 정치 · 경제 · 사회 · 문화생활의 모든 영역에서 차별을 받지 아니하고, 누구든지 장애를 이유로 정치 · 경제 · 사회 · 문화생활의 모든 영역에서 장애인을 차별하여서는 아니 된다. 둘째, 누구든지 장애인을 비하 · 모욕하거나 장애인을 이용하여 부당한 영리 행위를 하여서는 아니 되며, 장애인의 장애를 이해하기 위하여 노력하여야 한다.

장애인의 의사결정에 따른 자립생활지원은 장애인 인권보장을 위한 복지정책과 실천의 방향을 보여준다. 「장애인복지법」 제53조에서는 “국가와 지방자치단체는 장애인의 자기결정에 의한 자립생활을 위하여 활동지원사의 파견 등 활동보조서비스 또는 장애인보조기구의 제공, 그 밖의 각종 편의 및 정보제공 등 필요한 시책을 강구하여야 한다.”라고 규정하고 있다. 장애인의 자립생활을 실현하기 위해 국가와 지방자치단체는 장애인자립생활지원센터를 통하여 필요한 각종 지원서비스를 제공한다(제54조).

또한, 국가와 지방자치단체는 장애인이 일상생활 또는 사회생활을 원활히 할 수 있도록 활동지원급여를 지원할 수 있다. 그리고 임신 등으로 인하여 이동이 불편한 여성장애인에게 임신 및 출산과 관련한 진료 등을 위하여 경제적 부담능력 등을 고려하여 활동지원사의 파견 등 활동보조서비스를 지원할 수 있다.

5. 장애인복지실천과 인권: 실천현장의 인권기반 접근

1) 인권기반 접근의 개념

최근 사회복지실천현장에서 인권을 기반으로 한 서비스의 접근에 대한 목소리가 높아지고 있다. 인권기반 접근(Human Rights-Based Approach: HRBA)이란 “사람들의 욕구(needs)와 문제점, 잠재력(potential)에 집중하여 어떠한 상황에서도 차별받지 않고 존엄성을 보장받을 수 있도록 상황을 개선하는 계획과 과정에 국제 인권의 규범과 원칙, 기준과 목적을 통합시키는 체계(framework)를 말한다(HIHR, 2007: 9; UNHAPITAT, 2017: 28; 김수정 외, 2021: 169에서 재인용).

사회복지조직의 존재 이유는 사회적으로 취약한 상황에 놓인 클라이언트의 욕구에 맞게 필요한 서비스를 가장 적절하게 제공하는 것이라 할 수 있다(오세영, 2022: 16). 그 과정에서 클라이언트를 존엄한 존재로 인식하고, 인권에 기반을 둔 접근을 할 필요가 있다. 덴마크 인권위원회(DIHR)는 인권에 기반을 둔 활동을 하는 조직을 다음과 같이 설명한다(김수정 외, 2021: 179에서 재인용).

> 권리주체자들의 삶에 실질적인 변화를 위해 권리주체자들과 함께 의무이행자들에게 자신의 권리보장을 요구할 수 있도록 지원하고, 의무이행자들이 권리주체자의 인권보장에 관한 자신의 책무를 명확히 알고 제대로 이행함으로써 제도적 · 법적, 환경적, 경제적, 기술적, 사회 · 문화적 변화를 이끌어낼 수 있도록 의무이행자의 역량 강화를 지원하는 일을 하는 조직이다.

인권기반 접근에서는 인간의 욕구를 어떤 관점에서 보느냐가 매우 중요하다. 이 접근에서는 욕구를 사실 그 자체가 아니라 인권보장을 위한 목적을 달성하기 위한 수단, 즉 필요조건으로 본다(Ife, 2001: 133-153). 권리는 욕구가 충족된 상태, 즉 결과로서의 권리보장도 중요하지만, 과정에서도 권리가 보장되어야 한다. 사회복지현장에서 욕구를 정의 내리는 주체는 존엄한 존재로서의 각각 개인이어야 하며, 각 개인의 자기선택권과 결정권을 보장하는 것이 과정으로써 인권을 보장하는 것이다(김수정 외, 2021: 170).

사회복지실천에서 완전한 권리를 실현하기 위해서는 클라이언트의 문제상황을 넘어 그 문제의 구조적인 원인을 파악하고, 사회복지기관 및 사회복지사로 하여금 그에 대한 책임을 다할 수 있도록 하는 것이 인권기반 접근이라 할 수 있다. 아울러 사회복지사는 클라이언트 개인의 문제를 단순한 개인의 문제로 보지 않고, 그 상황이 심각한 사회문제를 초래할 수 있음을 간파할 수 있어야 한다. 즉, 클라이언트의 문제를 공공의 이슈로 전환할 수 있어야 한다는 것이다.

2) 인권기반 접근의 기본원칙

인권기반 접근을 적용할 때, 유엔인권최고대표사무소가 2005년 발간한 『빈곤 감소 전략에 대한 인권적 접근: 원칙과 가이드라인』에서 제시하고 있는 PANEL(패널) 원칙을 주로 사용한다(김수정 외, 2021: 173-178).

P: 참여(Participation)

모든 사람은 자신의 인권에 영향을 미치는 결정에 참여할 권리를 가지고 있다는 원칙이다. 참여는 존엄성의 구체적 표현으로서 인간이 스스로에게 영향을 미치는 논의과정에서 참여해서 선택 및 결정하고, 책임을 질 수 있도록 기회가 주어지는 것이다. 참여는 능동적인 시민권의 근간으로서 비판적으로 생각하고, 자기결정할 수 있도록 촉진시키는 역할을 한다. 따라서 참여는 인권을 위한 수단인 동시에 목표라 할 수 있다.

A: 책무성(Accountability)

책무성은 의무이행자는 권리주체자의 권리를 지켜주어야 할 책임이 있고, 그 책임을 다해야 한다는 원칙이다. 그뿐만 아니라 의무이행자는 권리주체자의 권리를 있는 그대로 존중해 주고 침해받지 않도록 보호해 주어야 하며, 모든 권리가 충족될 수 있도록 해야 한다는 것이다.

N: 비차별(Non-Discrimination)

비차별 원칙은 연령, 성별, 성적 취향 등에 기반한 모든 종류의 차별은 금지되고, 예방되고, 사라져야 한다는 원칙이다. 비차별은 인권의 핵심적 가치이며 일반 원칙이다. 인권기반 접근은 차별과 불평등으로 고통받는 사람들에 집중하며, 권리보장이 이루어질 수 있는 조건을 만들기 위한 노력이 요구된다.

E: 임파워먼트(Empowerment)

권리주체자들이 자신의 권리를 알고, 그 권리를 주장하고 의사결정과정에 참여할 수 있도록 힘(역량)을 키워야 하며, 그 힘을 발휘할 수 있도록 기회를 만들거나, 다양한 기회에 조건 없이 참여할 수 있어야 한다는 원칙이다. 권리의 주체자들에게 권한이 주어지려면, 우선적으로 권리를 알 권리가 보장되어야 하고, 권리를 배울 기회도 열려 있어야 한다. 또한, 임파워먼트는 의무이행자들에게도 적용된다. 즉, 의무이행자들이 자신의 책무를 인식하고 그 책무를 이행할 수 있도록 권한이 강화되어야 한다.

L: 인권 기준과의 연계(Linkages to human rights standards)

인권 기준과의 연계의 원칙은 국내 및 국제적으로 승인 · 실행 중인 인권 기준과 인권기반 접근의 목표를 연계해야 한다는 원칙이다. 인권기반 접근은 국제 인권의 주요 원칙에 기반하고 있으므로 국내 · 외의 인권 체계에 대한 인식이 요구된다. 인권 기준은 인권 규범과 제도를 포함하여 국내적 기준과 국제적 기준으로 구분된다. 국내적 기준은 「헌법」의 기본권 조항과 인권 관련 법률과 규정 그리고 판례와 결정례를 말하며, 국제적 기준은 국가가 비준한 「국제인권법」과 「국제관습법」 및 관련 제도를 말한다.

3) 인권 실천을 위한 이슈들

사회복지실천에서 인권을 실천하기 위한 이슈로 강점관점, 임파워먼트, 문화민감성이 거론된다(양옥경, 2017: 226-227).

첫째, 강점관점(strength perspective)은 클라이언트가 가지고 있는 역량을 향상시켜 문제보다는 강점을 강화시키는 데 초점을 둔다. 강점관점은 사회복지의 기본가치가 클라이언트의 잠재력, 능력, 강점을 인지하고 실현할 수 있도록 하는 사회복지전문직의 가치와 일치한다. 나아가 강점관점은 인간의 존엄성과 사회정의라는 사회복지의 기본가치를 실천하는 데 필수적인 관점이라 할 수 있다. 이러한 특징 때문에 강점관점은 사회복지사가 클라이언트의 인권을 보장해 주기 위한 실천을 할 때 필수적인 요소로 간주된다. 달리 말하면, 강점관점을 인지하고 적용하기 때문에 사회복지사들은 클라이언트에게 인권 원칙을 적용할 수 있다는 것이다.

둘째, 사회복지실천에서 임파워먼트 접근(empowerment approach)은 클라이언트에게 힘을 실어주고, 사회복지사가 가지고 있던 권한을 부여해 주는 권한부여적 접근이다. 클라이언트의 자신에 대한 또는 타인에 대한 통제력이나 권위나 영향력 등 불균형적인 힘을 균형 있게 해주는 작업이다. 이 접근은 클라이언트의 상황을 환경 안에서 이해하며, 자원과 강점을 찾고, 문제를 없애려 하기보다는 해결책을 찾아내는 데 역점을 둔다. 임파워먼트는 클라이언트가 자신의 권리를 정의할 수 있도록 하고, 힘을 실어준다는 점에서 인권적 실천이 필수적인 개념이다.

셋째, 문화민감성(culture sensibility)은 한 국가 내에서나 국제적으로 문화나 전통 또는 관습에 대한 민감한 이해와 수용의 자세를 의미한다. 클라이언트들은 문화적으로 취약한 상태에 놓이는 경우가 많고, 또한 이들이 공유하고 있는 문화나 전통, 관습 등이 주류사회권에 의해 몰이해 되거나,

말살 대상이라고 여겨지기도 하기 때문에 문화민감성은 매우 중요하다. 이 때 사회복지사는 클라이언트 한 개인뿐 아니라 클라이언트가 속한 문화권 자체에 대해 민감하게 이해해야 한다.

4) 인권의 유형에 따른 사회복지실천 방법

인권의 실천방법도 인권의 유형에 따라 다르다. 각 인권 유형별 사회복지실천 방법을 살펴보면 다음과 같다(손병돈 외, 2008: 40-44).

제1세대 인권과 사회복지실천

제1세대 인권보장과 관련하여 사회복지사의 주요한 역할 중 하나가 옹호자의 역할이다. 옹호자로서의 사회복지사는 클라이언트의 인권침해가 빌생될 때, 그러한 권익을 보장하는 활동을 해야 하는데, 이런 옹호자의 역할이 사회적 약자의 제1세대 인권실현 활동과 관련된다. 사회복지실천 활동의 주 대상인 사회적 약자의 자유권이 제약받을 때, 사회복지사는 그러한 제약을 철폐하기 위한 활동을 전개해야 하는데, 이것이 바로 사회복지사의 옹호자 역할이다. 사회복지사가 옹호자의 역할을 잘 수행하기 위해서는 사회복지실천과 관련한 정치적 · 역사적 맥락을 파악하는 것이 중요하다. 사회복지사는 단지 앞에 드러난 문제에 답하기보다는 자신과 클라이언트가 함께 처한 역사적 · 정치적 환경을 이해할 필요가 있다.

제2세대 인권과 사회복지실천

제2세대 인권은 사회권에 관한 것으로 주류 사회복지의 핵심영역과 관련된다. 모든 사회복지활동은 제2세대 인권을 보장하는 활동이라 할 수 있다. 사회복지사는 사회복지실천가이면서 동시에 인권운동가로서의 역할을 수행하고 있다고 해도 과언이 아니다(ex. 사회복지전담공무원→빈곤자의 빈곤문제 해결, 아동학대예방센터 사회복지사→아동의 인권보장).

짐 아이프는 사회복지가 제2세대 인권과 관련된 인권 전문직으로서의 역할을 수행하려면, 사회복지사는 정치적으로 활동할 필요가 있다고 주장한다(김형식 · 여지영 역, 2001: 손병돈 외, 2008: 42). 그러기 위해서는 사회복지의 전통적 거시접근을 인권 실천의 필수요소로 포괄하여야 한다. 즉, 사회복지정책의 분석을 통해 현 사회복지정책이 제2세대 인권보장에서 한계를 지적하고, 적절한 대안 제시 활동이 필요하며, 또한 현 사회복지정책을 축소하려 하거나 폐지하려 할 때, 옹호 활동을 통해서 현 사회복지정책을 유지 또는 지켜내는 활동도 필요한 것이다.

제3세대 인권과 사회복지실천

제3세대 인권은 집단적 권리이다. 제3세대 인권 개념을 사회복지실천과의 관계에서 살펴보면, 지역사회복지와 밀접한 관계가 있다. 지역사회복지는 지역사회 차원에서의 사회복지실천방법으로서 이를 통해 지역사회의 변화와 발전을 도모하고, 그 결과로서의 혜택이 지역주민에게로 돌아가게 하는 것을 목적으로 한다. 따라서 짐 아이프의 제3세대 인권과 관련한 사회복지실천방법이라 할 수 있다.

제3세대 인권실현의 방법으로서 지역사회복지는 상대적으로 경시되어 왔지만, 최근에는 그 중요성에 대한 인식이 확산되고 있다. 시민단체의 활동가들도 사회복지에 대한 지식과 실천기법에 대한 필요성을 인식하고 수용하는 추세이다. 이런 점에서 볼 때, 앞으로 지역사회복지는 사회복지실천의 한 방법으로서 그 중요성이 더욱 커질 것이며, 실천 활동도 더욱 활발해질 것으로 기대된다.

참고문헌

강신욱, 「사회적 배제 개념의 정책적 적용을 위한 이론적 검토」, 『동향과 전망』 66, 2006.

강신욱 · 김안나 · 박능후 · 김은희 · 유진영, 『사회적 배제의 지표개발 및 적용방안 연구』, 한국보건사회연구원, 2005.

강의영, 「한국 정신장애 당사자운동의 난점과 전략적 딜레마」, 『한국사회학』 58(2), 2024.

강희설, 「사회복지사의 지적장애인 자기옹호 지원 과정」, 성공회대학교 박사학위논문, 2010.

고춘완, 「한국장애운동의 성격에 관한 연구: 2000년 이후 전개된 운동을 중심으로」, 순천향대학교 산업정보대학원 석사학위논문, 2005.

공선희, 「영국 캐머런 연립정부의 '큰 사회(Big Society)'정책과 사회서비스의 변화: 노인돌봄을 중심으로」, 『유럽연구』 33(3), 2015a.

______, 「영국의 커뮤니티케어정책의 역사적 변천과 쟁점」, 『한국노년학』 35(1), 2015b.

곽정란 · 김병하, 「장애담론의 정치적 이해: 장애인당사자주의를 중심으로」, 『특수교육저널: 이론과 실천』 5(3), 2004.

권미영, 「커뮤니티케어에 대한 탐색적 연구: 한국에의 함의와 전망」, 『사회적질연구』 3(1), 2019.

김강운, 「자기결정권과 평등」, 『원광법학』 22(1), 2006.

______, 「헌법상 자기결정권의 의의」, 『법학연구』 20, 2005.

김기덕 · 최소연 · 권자영, 『사회복지 윤리와 철학』, 양서원, 2012.

김대명, 「장애인권익옹호기관의 역할 제고 방안」, 『이슈와 논점』 제1357호, 국회입법조사처, 2017, 1~4.

김대성, 「장애인당사자주의운동의 참여와 연대정신」, 『진보평론』 18, 2003.

김도영 · 노수희, 「통합적 고용경험이 장애인의 사회통합에 미치는 의미 탐색」, 『사회적기업연구』 8(2), 2015.

김도현, 「장애인 당사자주의의 비판적 이해를 위하여」, 『진보평론』 52, 2012.

______, 「역사적 흐름을 통해 본 장애인운동과 국가」, 『진보평론』 34, 2007a.

______, 「2007년 상반기, 장애인운동의 성과와 향후과제」, 『진보평론』 32, 2007b.

______, 『당신은 장애를 아는가』, 메이데이, 2007c.

______, 『차별에 저항하라』, 박종철 출판사, 2007d.

______, 「장애인 노동권 · 생활권 쟁취를 위한 장애인운동의 과제」, 『진보평론』 12, 2002a.

______, 「장애인운동의 정체성 정립을 위한 모색」, 『진보평론』 11, 2002b.

김도희, 「탈시설화와 커뮤니티케어」, 『월간 복지동향』 236, 2018.

김동기 · 이웅, 「장애인의 사회적 배제 개념화 연구」, 『한국장애인복지학』 17, 2012.

김동호, 「자립생활패러다임에서 본 한국 장애인복지관 연구」, 연세대학교 행정대학원 석사학위논문, 2000.

김명연, 「장애인의 탈시설권리」, 『민주법학』 45, 2011.

______, 「존엄한 삶과 장애인 탈시설정책」, 『公法研究』 44(3), 2016.

김미곤 · 여유진 · 김태완 · 정해식 · 우선희 · 김성아, 『사회통합 실태진단 및 대응방안 연구: 사회통합과 국민행복을 중심으로』, 한국보건사회연구원, 2014.

김미옥 · 김용득 · 이선우 공저, 『장애와 사회복지』, 학지사, 2004.

김미옥 · 정민아, 「지원생활모델을 적용한 발달장애인의 자립-한국 장애인복지에의 함의」, 『한국사회복지학』 69(1), 2017.

김병하, 「장애인 당사자주의의 특수교육(학)적 함의」, 『특수교육학연구』 40(1), 2005a.

______, 「21세기 사회정의와 장애인 당사자주의」, 한국특수교육학회 추계학술대회 자료집, 2005b.

김보영, 「커뮤니티케어가 아직 되지 못한 지역사회 통합돌봄」, 『월간 복지동향』 270. 2021.

김봉선, 「장애인 자립생활운동에 나타난 임파워먼트 과정 연구」, 『한국사회복지학』 62(2), 2010.

김상균 외, 『사회복지개론』(2판), 나남, 2009.

김상균 · 오정수 · 유채영, 『사회복지 윤리와 철학』, 나남출판, 2002.

김성연, 「학대: 피할 수 없는 장애인, 갈곳 없는 장애인-장애인학대 대응을 위한 권리옹호체계」, 『월간 복지동향』 249, 2019.

김성욱, 「정상화 담론에 대한 비판적 연구: 푸코의 처벌과 배제의 양식을 중심으로」, 중앙대학교 석사학위논문, 2004.

김성희 · 이요행, 「정신장애 근로자의 지각된 고용풍토와 근로만족 간의 관계」, 『직업재활연구』 16(2), 2006.

김수정 · 오선영 · 김은희 · 김대심 공저, 『사회복지와 인권』, 학지사, 2021.

김안나 · 노대명 · 김미숙 · 신호성 · 김태완 · 강민희 · 이소정 · 홍인옥 · 원일 · 윤필경 · 유정예, 『사회통합을 위한 사회적 배제계층 지원방안 연구: 사회적 배제의 역동성 및 다차원성 분석을 중심으로』, 한국보건사회연구원, 2008.

김연아, 「커뮤니티케어와 주체의 역할」, 『생협평론』 42, 2021.

김용득, 「1990년 이후 영국 커뮤니티케어 변화의 궤적 읽기: 이용자 선택과 제도 지속가능의 쟁점을 중심으로」, 『보건사회연구』 39(3), 2019.

______, 「탈시설과 지역사회중심 복지서비스 구축, 어떻게 할 것인가?: 자립과 상호의존을 융합하는 커뮤니티케어」, 『보건사회연구』 38(3), 2018a.

______, 「커뮤니티케어, 무엇을 어떻게 해야 할까?」, 『월간 복지동향』 238. 2018b.

______, 「장애인복지 이념의 동향」, 『한국장애인복지의 이해』, 인간과 복지, 2007a.

______, 「장애인의 복지욕구」, 『한국장애인복지의 이해』, 인간과 복지, 2007b.

______, 「장애인주거시설과 그룹홈」, 『한국장애인복지의 이해』, 인간과 복지, 2007c.

______, 「영국 커뮤니티케어의 이용자 참여 기제와 한국 장애인복지서비스에 대한 함의」, 『한국사회복지학』 57(3), 2005.

______, 「한국 장애인복지 변천과 대안 담론 모색」, 『한국장애인복지학』 1, 2004.

김용득 · 윤재영 · 이동석 · 이호선 · 김재훈, 『지적장애인을 위한 권익옹호의 원리와 실천』, 서울: EM커뮤니티, 2013.

김용득 · 이계연, 「영국 커뮤니티케어와 서비스 공급주체 구성의 변화」, 『사회서비스연구』 4(1), 2013.

김원섭, 「다중맥락사회에서 사회통합과 공공성」, 『한국사회』 13(1), 2012.

김윤태 · 서재욱, 「세계금융위기 이후 영국과 스웨덴 복지정책의 변화: 복지정치의 두 가지 길」, 『유럽연구』 32(4), 2014.

김은하, 「분야 간 협력을 통한 발달장애인 평생교육의 실천 방향에 대한 소고: SRV철학 기반의 실제를 중심으로」, 『장애인평생교육복지연구』 5(2), 2019.

김정우, 「미국의 탈시설화 운동과 장애인복지행정에 비추어본 우리의 과제」, 『사회과학』 34(1), 1995.

김진우, 『장애인복지론』, 공동체, 2019.

______, 「장애에 대한 사회적 모델과 자립생활모델에 대한 이론적 비교연구」, 『사회복지연구』 41(1), 2010.

김채윤, 「임신 · 출산에 관한 여성의 자기결정권」, 숙명여자대학교 박사학위논문, 2017.

김치영 · 최용민, 「영국 지역사회보호정책 과정」, 『노인의료복지연구』 5(2), 2013.

김현민, 「당사자운동에 참여하는 정신장애인의 변화과정 연구」, 가톨릭대학교 박사학위논문, 2019.

김현민 · 유진선, 「정신장애 당사자의 권익옹호 활동 경험에 관한 연구」, 『한국장애인복지학』 41, 2018.

김현철, 「자기결정권에 대한 법철학적 고찰」, 『법학논집』 19(4), 2015.

김형용 · 정세정, 「긴축의 시대, 사회적 돌봄은 어떻게 해체되었는가: 영국 보수-자민연정 이후의 변화를 중심으로」, 『사회복지정책』 47(2), 2020.

나카조노 야스오, 『정상화 원리의 연구: 西歐의 이론과 실천』, 성명옥 옮김, 창지사, 2004.

노대명, 「사회통합의 현황과 향후 정책과제」, 『보건복지포럼』, 2009(4), 6-19.

노대명 · 강신욱 · 전지현, 『한국 사회통합지표 연구』, 사회통합위원회, 2010.

노대명 · 이현주 · 강신욱 · 강은정 · 전지현 · 이은혜, 『사회통합을 위한 과제 및 추진전략』, 한국보건사회연구원, 2009.

문진영, 「사회적 배제와 국가 간 비교연구: 프랑스, 영구, 스웨덴을 중심으로」, 『한국사회복지학』 56(3), 2004.

______, 「인권과 사회복지: 쟁점 분석」, 『비판사회정책』, 39, 2013.

______, 「한국의 사회적 배제 성격에 대한 연구: 유럽연합 회원국과의 비교를 중심으로」, 『한국사회복지학』 62(2), 2010.

문진영 외, 『사회권 지표개발을 위한 기초연구』, 국가인권위원회보고서, 2008.

민병로, 「헌법상 자기결정권과 후견주의」, 『법학논총』 32(1), 2012.

민소영, 「정신장애인의 지역사회통합에 영향을 미치는 요인의 경로분석」, 『정신보건과 사회사업』 33, 2009.

박선영, 「정신장애인의 사회통합에 대한 고찰」, 『한국사회』 11(1), 2010.

박수경, 「자립생활 패러다임에 따른 장애인의 사회통합에 관한 연구: 생애주기를 중심으로」, 『한국사회복지학』 58(1), 2006.

______, 『장애의 사회적 의미와 사회통합』, 집문당, 2008.

박숙경, 「한국의 장애인 탈시설 현황과 과제」, 『지적장애연구』 18(1), 2016.

박숙경 · 김명연 · 김용진 · 구나영 · 문혁 · 박지선 · 정진 · 정창수 · 조아라, 「장애인 탈시설 방안 마련을 위한 실태조사: 시설에서 지역사회로의 전환을 위한 정책연구」, 『2017년도 인권증진을 위한 실태조사 연구용역보고서』, 국가인권위원회, 2017.

박유미 · 박정란, 「영국 커뮤니티케어정책의 전개: 삶의 질과 비용 절감의 병합」, 『사회복지사연구』 3, 2020.

박정선, 「영국의 사회적 돌봄과 커뮤니티케어의 역사적 변천과 혼합경제」, 『사회복지법제연구』 9(3), 2018.

배화옥 · 김유경, 「여성장애인의 사회적 배제와 빈곤의 실증분석」, 『보건사회연구』 29(2), 2009.

백은령, 「장애인의 지역사회통합(community integration)과 삶의질(quality of life)에 관한 고찰」, 『사회복지리뷰』 7, 2002.

보건복지부, 「한국형 커뮤니티케어(community care) 전문가와 현장의 참여로 함께 만든다」, 보도자료, 5월18일(금) 조간, 2018.

보이스 편집부, 「장애인단체의 최근 흐름과 전망」, 『보이스』 신년호, 2002.

서동명 · 윤상용 · 이승기 · 염태산, 『장애인복지론』(3판), 신정, 2022.

서인환, 『장애인 유형 및 영역별 당사자주의운동의 역사와 과제』, 한국장애인단체총연합회, 2003.

서재경, 「성인 발달장애인의 자기옹호 경험연구-한국 피플 퍼스트를 중심으로」, 성공회대학교 박사학위논문, 2018.

서재경 · 제철웅 · 최윤영, 「한국 장애인 권익옹호 지원체계의 도입과 과제-추진배경과 과정을 중심으로」, 『한국장애인복지학』 32, 2016.

석재은, 「커뮤니티케어와 장기요양 정책과제」, 『월간 복지동향』 238. 2018.

성낙인, 『헌법학』(14판), 법문사, 2014.

성숙진, 「미국 중증장애인 독립생활 운동 개념과 발달과정」, 『재활복지』 6(2), 2001.

손광훈, 『장애인복지론』, 현학사, 2004.

손병돈 · 김기덕 · 권선진 · 박지영 · 이종복 · 이혜경 · 최승희, 『사회복지와 인권』, 양서원, 2008.

송시섭, 「미국 장애인권리옹호체계의 국내법체계 수용가능성」, 『법학논집』 20(2), 2013.

신유리 · 김경미 · 유동철 · 김동기, 「장애인의 사회적 포함(Social Inclusion)의 개념화에 대한 이론적 고찰: 사회적 배제에서 포함으로」, 『한국사회복지학』 65(3), 2013.

신유리 · 김경미 · 유동철 · 김동기, 「장애인의 사회적 포함(Social Inclusion)의 의미에 관한 탐색적 고찰」, 『장애와 고용』 26(1), 2016.

신유리 · 김정석 · 허준기, 「장애인복지에서 사회적시민권의 이론적 적용 가능성 고찰: 자기결정권, 사회적배제, 사회적포함에 대한 비판을 중심으로」, 『한국사회』 18(1), 2017.

신인미, 「장애인복지관의 정상화 실천에 관한 연구-노틀담복지관을 중심으로」, 가톨릭대학교 석사학위논문, 1998.

심창학, 「사회적 배제 개념의 의미와 정책적 함의: 비교 관점에서의 프랑스를 중심으로」, 『한국사회복지학』 44, 2001.

양옥경, 「정신장애인에 대한 사회적 편견」, 『한국사회복지학』 35, 1998.

______, 『사회복지 윤리와 인권』, 공동체, 2017.

여유진 · 정해식 · 김미곤 · 김문길 · 강지원 · 우선희, 『사회통합 실태진단 및 대응방안(Ⅱ): 사회통합과 사회이동』, 한국보건사회연구원, 2015.

염형국, 「미국의 P&A(Protection and Advocacy)제도 검토」, 『장애인 권리옹호체계 확립을 위한 정책토론회 자료집』, 2010.

오세영, 『사회복지행정론』, 신정, 2022.

오세영, 『사회복지학개론』, 신정, 2023.

오영인, 「한국형 지역사회 통합돌봄(커뮤니티케어)의 올바른 추진 방향을 위한 비판적 시각」, 『의료정책포럼』 17(1), 2019.

오정수, 「영국에서의 커뮤니티케어의 발전과 평가」, 『한국사회복지학』 24, 1994.

______, 「영국의 공공사회복지실천: 변화와 쟁점」, 『한국사회복지학회 학술대회 자료집』 한국사회복지학회, 2000.

오혜경, 「영국 지역사회보호서비스의 생성, 변천 및 평가」, 『정신보건과 사회사업』 3, 1996a.

______, 「영국 지역사회보호서비스의 전개와 기본조건」, 『사회복지리뷰』 1, 1996b.

______, 「장애인 자립생활 실천에 관한 연구」, 『사회복지리뷰』 3(1), 1998.

유동철, 「장애운동의 깃발: 당사자주의인가, 인권론인가」, 『시민과 세계』 4, 2003.

______, 「우리나라 장애인 권리옹호체계 현황과 문제점」, 『장애인 권리옹호체계 확립을 위한 정책토론회 자료집』, 장애인차별추진연대 · 탈시설정책위원회, 2010. 8. 25.

______, 『인권의 관점에서 보는 장애인복지론』, 학지사, 2013.

유동철 · 장중탁, 「장애 패러다임 변화에 따른 장애운동의 역사적 고찰」, 『동의법정』 21, 2004.

유범상, 「제3의 길과 큰 사회이론의 이념과 공동체 구상: 샴쌍둥이의 차별화 전략과 복지정치」, 『공간과 사회』 22(1), 2012.

유선우, 「영국 성인 사회돌봄의 재정위기: 전망과 대안」, 『국제사회보장리뷰』 11, 2019.

윤덕경, 「형사법상 성적 자기결정권의 보호에 관한 연구」, 이화여자대학교 박사학위논문, 2012.

윤삼호, 「한국 장애운동의 어제와 오늘: 장애-민중주의와 징애-당사자주의를 중심으로」, 『진보평론』 51, 2012.

윤인진 · 이진복, 「소수자의 사회적 배제와 사회통합의 과제: 북한이주민의 경험을 중심으로」, 『한국사회』 7(1), 2006.

윤재영, 「장애인 자립생활의 의미와 측정: 자립생활센터 이용 장애인을 중심으로」, 성균관대학교 박사학위논문, 2010.

이경준, 「장애인의 자기결정과 보장원리」, 『한국장애인재활협회』 9(2), 2005.

이금진, 「정신장애인의 직업능력개발을 위한 참여적 실행연구: 공공 직업훈련의 가능성 탐구 및 지원체계 준비 중심」, 『한국장애인복지학』 2, 2005.

이동석, 「다중옹호모델에 따른 장애인의 권익옹호 활동 유형분석」, 『장애인복지연구』 13(1), 2022.

______, 「장애학의 다중 패러다임에 따른 한국 장애인 운동의 성격 분석」, 『재활복지』 8(1), 2004.

이명현, 「사회복지에서의 이용자 지원을 위한 권리옹호(Advocacy) 시스템에 대한 고찰」, 『한국사회복지학』 56(2), 2004.

______, 「스웨덴 에델개혁을 통해 본 의료와 케어의 역할분담」, 『한국케어매니지먼트연구』 1, 2008.

이복실, 「지적장애인의 자기결정에 관한 서비스 제공자 인식 연구」, 『지적장애연구』 18(1), 2016.

이봉철, 『현대인권사상』, 아카넷, 2001.

이석구, 「나는 장애인이다! 장애인의 차이에 대한 존중과 수용, 장애인권리협약 날 세우기」, 『주요 주제를 통해서 본 장애인권리협약』, 한국 DPI, 2007.

이선우 · 이수경, 『장애인복지론』, 공동체, 2020.

이성규, 『사회통합과 장애인복지정치』, 나남출판, 2000.

______, 『장애인복지정책과 노말라이제이션』, 홍익재, 2001.

______, 『한국장애인복지발달사』, 집문당, 2011.

이승민 · 이준영, 「자기결정권의 의미와 판단기준 탐색: 성년후견제도를 중심으로」, 『한국케어매니지먼트연구』 34, 2020.

이얼, 「헌법상 자기결정권에 관한 연구」, 성균관대학교 박사학위논문, 2013.

이용표, 「정신건강증진 및 정신질환자복지지원에 관한 법률 입법 과정에 관한 평가와 과제」, 『한국복지교육』 38, 2017.

이익섭, 「세계인권선언과 국제 장애인 권리조약」, 『한국장애인복지학』, 1, 2004.

______, 「장애인 당사자주의와 장애인 인권운동」, 『VOICE』 가을호, 2003a.

______, 「장애인 당사자주의와 장애인 인권운동의 배경과 철학」, 『장애와 사회』 2, 2003b.

______, 「장애인 사회통합의 지수개발과 측정에 관한 연구」, 『한국사회복지학』 38, 1999.

이익섭 · 최정아, 「국제장애인권리조약의 의의와 한계: 장애인의 사회적 배제를 중심으로」, 『한국사회복지조사연구』 13, 2005.

이재열 · 조병희 · 장덕진 · 유명순 · 우명숙 · 서형준, 「사회통합: 개념과 측정, 국제비교」, 『한국사회정책』 21(2), 2014.

이진우, 「PASSING 평가방법을 통한 장애인직업재활시설의 정상화 실천방안 연구: 우리마을을 중심으로」, 성공회대학교 석사학위논문, 2006.

이태진 · 홍경준 · 김사현 · 유진영 · 손기철 · 박형존, 『사회통합을 위한 복지정책의 기본방향』, 한국보건사회연구원, 2010.

임성택, 「장애인 권리옹호체계 도입과 과제」, 『장애인 권리보장법 제정을 위한 연속토론회 3 자료집』, 국회의원회관, 11-50, 2016.

_____, 「한국의 장애인 권리옹호체계 도입에 관하여」, 『장애인 권리옹호체계 확립을 위한 정책토론회 자료집』, 2010. 8. 25.

_____, 「한국의 장애인 권리옹호체계 제도화 방안」, 『장애인 권리옹호체계 확립을 위한 정책토론회 자료집』, 국회의원회관, 22-46, 2014.

장미경, 『페미니즘의 이론과 정치』, 문화과학사, 1999.

장영희 · 염동문, 「발달장애인 자기결정권에 대한 부모의 인식유형과 유형별 특성비교」, 『지역과 세계』 43(3), 2019.

전재현, 「민간복지 분야에서 바라본 커뮤니티케어: 정신장애인 복지서비스를 중심으로」, 『월간 복지동향』 238. 2018.

정동영, 「통합의 패러다임에서 본 정상화의 유산과 함정」, 『지적장애연구』 12(4), 2010.

정무성 · 양희택 · 노승현, 『장애인복지개론』, 학현사, 2006.

정상양, 「영국 커뮤니티케어의 발전: 시봄보고서에서 1989년 커뮤니티케어 백서까지」, 『사회과학연구』 50, 1995.

정영진, 「장애인 권리옹호체계의 개선에 관한 연구」, 대구대학교 박사학위논문, 2020.

정종화, 「장애인의 자립생활 개념에 관한 일고찰」, 『사회복지정책』 5, 1997.

정종화 · 주숙자, 『자립생활과 활동보조서비스』, 양서원, 2008.

정해식 · 김미곤 · 여유진 · 김문길 · 우선희 · 김성아, 『사회통합 실태진단 및 대응방안(Ⅲ): 사회통합 국민 인식』, 한국보건사회연구원, 2016.

정해식 · 김미곤 · 여유진 · 전진아 · 김문길 · 우선희 · 최준영, 『사회통합 실태진단 및 대응방안(Ⅳ): 사회문제와 사회통합』, 한국보건사회연구원, 2017.

정해식 · 김미곤 · 여유진 · 김성근 · 류연규 · 우선희 · 김근혜, 『사회통합 실태 진단 및 대응방안 연구(Ⅴ): 사회갈등과 사회통합』, 한국보건사회연구원, 2018.

조성혜,「독일의 성년후견인 제도와 자기결정권」, 『법과 정책연구』, 16(1), 2016.

조윤화 · 권오용 · 이선화, 「정신장애인 지역사회통합 개념에 관한 고찰」, 『장애인복지연구』 6(1), 2015.

조효제, 『인권의 문법』, 후마니타스, 2007a.

______, 『인권의 지평』, 후마니타스, 2017b.

존 글래스비 · 로즈마리 리틀차일드 엮음, 『장애인 중심 사회서비스 정책과 실천』, 김용득 · 이동석 옮김, 한국장애인재단, 2013.

존스튜어트 밀 지음, 『자유론』, 서병훈 옮김, 책세상, 2014.

최윤영, 「장애인 자립생활의 개념 이해와 함의」, 『한국장애인복지학』 18(1), 2005.

최윤영 · 이경준, 『장애인복지론』, 학지사, 2010.

최윤정, 「정신장애인의 회복에 대한 지역사회통합의 매개효과에 관한 연구」, 『정신보건과 사회사업』 34, 2010.

최은영, 「영국 지역사회보호의 최근 동향과 시사점」, 『생활과학연구논총』 19(2), 2015.

최창현, 「정신장애인 '당사자' 운동의 가능성: 정신장애인 운동 내 당사자성 논란과 정신장애차별주의적 보조금 지원 정책의 문제점」, 『한국문화인류학』 55(3), 2022.

하경의, 「정신보건제도의 도입과 토착화에 관한 연구: 정신질환자의 탈원화와 지역사회정신보건을 중심으로, 『한국사회와 행정연구』 30(1), 2019.

______, 「한국에서의 정신장애인 당사자운동의 현황과 과제」, 『비판사회정책』 71, 2021.

홍석민, 「D. 캐머런 '큰 사회론(Big Society)'과 영국 보수주의 전통」, 『영국연구』 31, 2014.

황기식, 「영국 빅 소사이어티 정책에 대한 이론적 고찰과 실천적 평가」, 『EU연구』 39, 2015.

ヴォルフェンスベルガー, W. 著, 中園康夫 · 青水降則訳, 『ノーマリゼーション一社会福祉サービスの本質』, 学苑社, 1982.

____________________, W. 著, 冨安芳和訳, 『ソーシャルロールバロリゼーション入門』, 学苑社, 1995.

ジム · マンセル/ケント · エリクソン編著, 『脱施設化と地域生活-英国 · 北欧 · 米国における比較研究』, 中園康夫 · 末光茂監訳, 相川書房, 2000.

ニィリエ, B. 著, 河東田博 · 橋本由紀子 · 杉田穏子訳編, 『ノーマリゼーションの原理 ー普遍化と社会変革をもとめて』(増補改訂版), 現代書館, 2001.

____________, 河東田博 · 橋本由紀子 · 杉田穏子訳編, 『ノーマリゼーションの原理 ー普遍化と社会変革をもとめて』, 現代書館, 1998.

レイモン, S. 著, 中園康夫 · 小田兼三 · 青水降則訳, 『コミュニティケアを超えてーノーマリゼーションと統合の実践』雄山閣出版, 1995.

江草安彦, 『ノーマリゼーションへの道』, 全社協, 1982.

岡村正幸 · 緒方由紀, 「障害者福祉の新たな展開」, 佛教大学通信教育部編, 『21世紀の社会福祉を目指して一新しいパラダイムの構築』, ミネルヴァ書房, 2001.

岡原正幸, 「コンフリクトへの自由ー介護関係の模索ー自立生活運動の生成と展開」, 安積純子・岡原正幸・尾中文哉・立岩真也, 『生の技法』, 藤原書店, 1995.

高島昌二, 『スウェーデンの家族・福祉・国家』, ミネルヴァ書房, 2000.

________, 『スウェーデンの社会福祉』, ミネルヴァ書房, 2001.

渡邊洋一, 『コミュニティケア研究ー知的障害者をめぐるコミュニティ・ソーシャルワークの展望ー』, 相川書房, 2000.

鈴木勉・田中智子編著, 『新現代障害者福祉論』, 法律文化社, 2019.

木下康二, 『福祉社会スウェーデンと老人ケアー真の豊かさへの遠近法ー』, 勁草書房, 1992.

砂原茂一, 『リハビリテーション入門』, 岩波新書, 2000.

上田敏, 『リハビリテーションを考えるー障碍者の全人間的復権』, 青木書店, 1983.

世界保健機関, 『国際生活機能分類ー国際障害分類改正版ー』, 中央法規出版, 2002.

小沢温編, 『よくわかる障害者福祉』(第6版), ミネルヴァ書房, 2016.

松友了, 「『リハビリテーション』の理念と実現への動向①」, 『月刊福祉』, 6月号, 1996.

阿部秀雄, 『弱者を捨てるーアメリカ型福祉観への問い』, 田畑書店, 1978.

伊東敬文, 『デンマークの高齢者医療対策』, エイジング総合センター, 1991.

障害者福祉研究会編, 『国際生活機能分類(ICF)ー国際障害分類改定版』, 中央法規出版, 2002.

齋藤彌生, 「エーデル改革の政治経済学」, 岡沢憲芙・奥島孝康著, 『スウェーデンの経済』, 早稲だ大学出版部, 1997.

佐藤久夫, 「ICIDHからICFへ」, 『精神医学』 45(11), 2003.

________, 『障害構造論入門ーハンディキャップ克服のためにー』, 青木書店, 1992.

竹原健二編, 『現代障碍者福祉学』, 学文社, 2004.

中園康夫, 「バンクーミッケルセンーノーマリゼーションの理論の展開」, 『社会保障論の新潮流』 第1部7, 有斐閣, 1995.

進藤雄三・玉月誠訳, 『医療と専門家支配』, 恒星社厚生閣, 1992.

村上武志, 「ノーマリゼーションの原理とアドボカシー：知的障害をもつ人々のセルフ・アドボカシー」, 『Tomorrow』, 9(1), あまがさき未来協議会, 1994.

八代英太・富安芳和, 『ADAの衝撃ー障害をもつアメリカ人法ー』, 学苑社, 1991.

河東田博, 『ノーマリゼーション原理とは何かー人権と共生の原理の探求』, 現代書館, 2009.

花村春樹訳, 『「ノーマリゼーションの父」N・E・バンクーミケルセンーその生涯と思想』, ミネルヴァ書房, 1994.

安藤房治, 『インクルーシブ教育の真実ーアメリカ障害児教育リポート』, 学苑社, 2001.

Bank-Mikkelsen, N. E., The Principle of Normalization, *FLASH*, No.39. Denmark, 1976.

Barbara Meredith, *The Community Care Handbook,* 1993(バーバラ, M. 著, 杉岡直人・平岡公一・吉原雅昭, 『コミュニティケアハンドブック一利用者主体の英国福祉サービスの展開』, ミネルヴァ書房, 1997).

Barbro Tuvesson & Kent Ericsson, 「施設の閉鎖に関する親族の意見」, ｼﾞﾑ・マンセル/ケント・エリクソン編著, 『脱施設化と地域生活-英国・北欧・米国における比較研究』, 中園康夫・末光茂監訳, 相川書房, 2000.

Bradley, V. J. & Knoll, J. A., Shifting paradigms in services for people with developmental disabilities, in The Community Revolution in Rehabilitation Services(eds O.C. Karan and S. Greenspan), Andover Press, Andover, MA.

Brisenden. S., *Independent Living and the Medical Model of Disability*, Disability, Handicap & Society, 1986.

Brown, H. & Smith, H., *Normalization: A reader for the nineties*, Tavistock/ Routledge, 1992(中園康夫・小田兼三訳, 『ノーマリゼーションの展開』, 学苑社, 1994).

Charlton, James I, Nothing about Us without Us: Disability Oppression and Empowerment, University of California Press, 1998.

Crewe, N. M. & Irving, K. Z., *Independent living for physically disabiled people*, People with Disabilities Press, 2001.

Dejong. G., Independent Living: From Social Movement to Analytic Paradigm, *Arch Phys Med Rehabilitation*, 60, 1979.

Donald Shumway, 「ラコニア施設の閉鎖」, ｼﾞﾑ・マンセル/ケント・エリクソン編著, 『脱施設化と地域生活-英国・北欧・米国における比較研究』, 中園康夫・末光茂監訳, 相川書房, 2000.

Jan Tøssebro, 「福祉國家ノルウェーにおける脱施設化」, ｼﾞﾑ・マンセル/ケント・エリクソン編著, 『脱施設化と地域生活-英国・北欧・米国における比較研究』, 中園康夫・末光茂監訳, 相川書房, 2000.

Jim Ife 지음, 『인권과 사회복지실천』, 김형식・여지영 옮김, 인간과 복지, 2001.

Jim Mansell & Kent Ericsson, 「結論: 経験の統合」, ｼﾞﾑ・マンセル/ケント・エリクソン編著, 『脱施設化と地域生活-英国・北欧・米国における比較研究』, 中園康夫・末光茂監訳, 相川書房, 2000.

Jim Mansell, 「英国における地域サービスの諸問題」, ｼﾞﾑ・マンセル/ケント・エリクソン編著, 『脱施設化と地域生活-英国・北欧・米国における比較研究』, 中園康夫・末光茂監訳, 相川書房, 2000.

Johans Sandvin,「ノルウェーにおける地域サービスへの移行」, ジム・マンセル/ケント・エリクソン編著,『脱施設化と地域生活-英国・北欧・米国における比較研究』, 中園康夫・末光茂監訳, 相川書房, 2000.

Johnes, Kathleen, *Asylums and After: A Revised History of the Mental Health Service: from the Early 18th Century to the 1990s*, The Athlone Press, 1993.

Johnes, K. & A. J. Fowles, Ideas on Institutions, London: Routledge, 1984.

Kent Ericsson & Jim Mansell,「序論: 脱施設化に向けて」, ジム・マンセル/ケント・エリクソン編著,『脱施設化と地域生活-英国・北欧・米国における比較研究』, 中園康夫・末光茂監訳, 相川書房, 2000.

Kent Ericsson, 「知的障害者のための住宅」, ジム・マンセル/ケント・エリクソン編著,『脱施設化と地域生活-英国・北欧・米国における比較研究』, 中園康夫・末光茂監訳, 相川書房, 2000.

Mansell. J. & Ericsson. eds., Deinstitutionalization and Community Living. Chapman & Hall, 1996. (ジム・マンセル/ケント・エリクソン編著,『脱施設化と地域生活-英国・北欧・米国における比較研究』, 中園康夫・末光茂監訳, 相川書房, 2000).

Nosek. M. A., Independent Living and Rehabilitation Counseling Robin, Standard E. & Rubin, Nancy M.(ed)., *Contemporary Challenge to the Rehabilitation Counseling Profession*, Paul H. Brookes Publishing Co, 1988.

Sainsbury, S., *Normal Life: A Study of War and Industrially Injured Pensioners*, England: Avebury, 1993.

Oliver, M., *The Politics of Disablement*, Macmillan, 1990.

Wolfensberger, W., Definition of Normalization, in R. J. Flynn & K. E. Nitsch eds., *Normalization, Social Integration, and Community Services*, Univ. Park Press, 1980.

Wolfensberger, W., *The principle of normalization*, Toronto: National Institute on Mental Retardation, 1972.

Wong, Y. I. & Solomon, P. L., Community Integration of Persons with Psychiatric Disabilities in supportive Independent Housing: A Conceptual Model and Methodological Considerations, Mental Health Services Research. 4, 2002.

오세영

현재 원광대학교 사회복지학과 교수로 재직하고 있다. 일본 북교대학(Bukkyo University) 대학원에서 사회복지학을 전공하여 박사학위를 받았으며, 사회복지의 사상과 역사를 비롯하여 사회복지정책, 사회복지행정, 그리고 장애인복지 분야에 관심을 가지고 저술과 강의를 해오고 있다. 저서로는 신정에서 펴낸『장애인복지의 사상』,『한국 장애인복지의 역사』,『사회복지역사』,『사회복지정책론』,『사회보장론』,『사회복지행정론』,『사회복지학개론』을 비롯해『사회복지학입문』(양서원),『자원봉사론』(창지사),『노인복지의 정책과 과제』(공저, 양서원),『사회복지개론』(공저, 학지사) 등이 있으며, 일본에서『よくわかる社会福祉の歴史』(공저, ミネルヴァ書房)를 펴냈다.

장애인복지의 사상

초판발행 2025년 9월 10일 **1판 1쇄**

지은이 오세영
펴낸이 최용구 | **펴낸곳 도서출판 신정**
주소 (04316) 서울시 용산구 원효로 89길 19 (원효로1가)
전화 02)3211-4782, 0266(영업부), 3211-4783(편집부), 3211-4784(팩스)
이메일 sjbook2002@naver.com | **홈페이지** www.sjbook.co.kr
등록 2001년 5월 11일 제13-702호
기획마케팅 최용구 장만동 최충구 송대용 | **책임편집** 석기은 황가연

ISBN 978-89-5912-949-2 93330
정가 **20,000원**